择伴而行

中国与东盟国家开展
经济外交的理论与实践

孙忆◎著

Choosing Partners

Theory and Practice of
Economic Diplomacy Between
China and ASEAN Countries

中国社会科学出版社

图书在版编目（CIP）数据

择伴而行：中国与东盟国家开展经济外交的理论与
实践／孙忆著. -- 北京：中国社会科学出版社，2024.
8. -- ISBN 978 - 7 - 5227 - 4035 - 5

Ⅰ. F125.4；F133.54

中国国家版本馆 CIP 数据核字第 2024FQ6514 号

出 版 人　赵剑英
责任编辑　张　林　李育珍
责任校对　闫　萃
责任印制　戴　宽

出　　　版　中国社会科学出版社
社　　　址　北京鼓楼西大街甲 158 号
邮　　　编　100720
网　　　址　http：//www. csspw. cn
发 行 部　010 - 84083685
门 市 部　010 - 84029450
经　　　销　新华书店及其他书店

印　　　刷　北京明恒达印务有限公司
装　　　订　廊坊市广阳区广增装订厂
版　　　次　2024 年 8 月第 1 版
印　　　次　2024 年 8 月第 1 次印刷

开　　　本　710×1000　1/16
印　　　张　13.5
插　　　页　2
字　　　数　217 千字
定　　　价　79.00 元

目　　录

图表索引

第 一 章

导论:中国在东盟地区的
经济伙伴选择

一 问题的提出

(一) 研究背景:经济伙伴外交的兴起与中国的参与

在世界各国经济联系紧密的当下,经济外交成为一个越来越热门的话题,且已经成为国际社会广泛关注的焦点。随着各国之间相互依赖程度的提高,[①] 经济与发展因素对国家本身以及国家间关系的影响越发凸显,经济问题在国家外交议事议程中的重要程度逐渐提升,这意味着国家有必要对外开展相应的外交活动以解决和处理关乎自身利益的、需要国际合作与协调的诸多经济事项,即有必要与其他国家进行经济外交往来。由此,经济外交(economic diplomacy)就被视为一个国家的中央政府及其所属具体职能部门围绕经济事务而开展的对外官方交往活动,其活动的对象主体包括他国政府、国际组织,有时也会涉及一些跨国公司。[②]

国家开展经济外交常常是为了实现"财富与权力之间的相互转化"[③],这意味着经济外交的实施在很大程度上服务于国家发展的战略目标。要使目标顺利达成,除了国家自身的主观意愿及努力之外,还需要外交对

[①] Robert O. Keohane, and Joseph S. Nye, *Power and Interdependence*, 4th edition, Cambridge: Pearson, 2011, p. 3.

[②] 李巍、孙忆:《理解中国经济外交》,《外交评论》2014 年第 4 期。

[③] 张晓通:《中国经济外交理论构建:一项初步的尝试》,《外交评论》2013 年第 6 期。

象国的配合。这是因为，从本质上看，国家间开展的经济外交是一种主体间关系；换言之，一国发出的经济外交信号及其采取的相应举措都需要有对象国接收并且作出相应的反馈。并且，经济外交行动终将产生结果，除了行动失败可能导致或加剧的单边制裁或对抗等消极结果外，国家间通过经济外交形成的比较积极的共识结果往往会需要制度化形式加以保障。不管是遵守约定俗成的承诺还是签署约束力更强的协约文本，经济外交参与方总要根据自身利益以及相互协商情况，明确要采取何种制度形式确立及巩固相互间经济外交成果，这种制度形式可以是非正式制度，也可以是正式制度。

各国对经济外交越来越积极的态度促成了近年来经济外交活动在全球范围内的兴起。根据具体经济内容的不同，各国开展的经济外交可以细化分为围绕国家间贸易问题开展的贸易外交、围绕国家间跨国直接投资及跨国生产问题开展的投资外交、围绕国家间货币关系安排开展的货币外交等多个类别。而与国家共同开展经济外交的对象国可被视为该国的经济伙伴，与之相应的，一国的经济伙伴也可以按照经济内容的分类进行具体细分。在本书的研究语境下，"经济伙伴"事实上指的是"制度化经济伙伴"（institutionalized economic partner），它表示一个国家与另一个国家在开展经济外交过程中通过相互签署制度化水平较高的国际经济合作协议所赋予对方的伙伴身份，两国由此也就结成了经济伙伴关系（economic partnership）。很明显，本书所称的"经济伙伴"并不等同于开展普通经济往来的国家对彼此在一般意义上的称呼。本书所讨论的经济伙伴关系均有"制度门槛"，因而并不是所有经济外交对象国都能被称为"经济伙伴"。

如此一来，选择合适的高制度化水平国际经济合作协议对一国经济伙伴的判定而言是一个重要且必要的前提。对于诸多国际经济合作协议，自由贸易协定、双边投资协定、本币互换协议可以说是国际贸易领域、国际投资领域、国际货币领域最具有代表性的几项经济协议，它们对协议参与国如何在相关领域开展经济外交往来有着较为明确的制度要求，同时它们也在不同程度上带有政治意味，即这些协议的签署往往表示协议参与方对彼此在外交政治立场上的肯定与支持。因此，本书为简化研究，主要对国家间在签订这三项国际经济合作协议中的表现进行观察，国家间通过签订自由贸易协定（free trade agreement，FTA）、双边投资协定（bilateral investment treaty，BIT）、双边本币互换协议（bilateral swap agreement，BSA）① 建立起来的经济伙伴关系可分别称为自贸伙伴关系、投资伙伴关系、货币伙伴关系。

根据这样的界定进行观察，可以发现，世界各国对外构建经济伙伴关系的步伐不曾停止，甚至还在不断加快；中国也没有例外，改革开放以来，中国的经济伙伴数量逐渐增多，截至2023年11月，中国已与全球近140个国家建立了不同程度的经济伙伴关系。可见，中国并非不加挑选地寻求与其他国家构建经济伙伴关系。随之而来的一个疑问是，中国是如何选择经济伙伴的呢？这是有待深入研究的问题，亦是本书主要的关切所在。

（二）研究问题：中国对地区经济伙伴的优先选择

在中国崛起进程中，不可避免地与世界其他国家形成诸多外交联系，经济伙伴正是中国经济外交历程中不容忽视的重要一环。面对世界上的众多国家，中国并不是与所有国家无差别地建立经济伙伴关系。观察中国现有的投资伙伴、自贸伙伴、货币伙伴情况，各伙伴对象国具有的身份数量不尽相同，它们有的可能只具有某一类经济伙伴身份，有的可能具备双重身份，有的还可能具有三重身份。具有双重身份的国家，有些兼为中国投资伙伴和货币伙伴，如南非、俄罗斯、哈萨克斯坦等；有些则兼为中国投资伙伴和自贸伙伴，如秘鲁、毛里求斯、哥斯达黎加等。很明显，在中国经济外交历程中，对不同的国家，中国与之建立的经济伙伴关系类型和数量可能有所不同。

同时也应注意到，在世界多极化格局之下，中国需要与世界各地区都保持一定的友好联系，包括要争取各地区内国家对中国崛起的善意与支持，这样才能更大限度地规避崛起障碍，甚至跨越潜在的"修昔底德陷阱"。因此，中国在经济外交层面会比较重视与世界各地区都建立起相应的经济伙伴关系。需要说明的是，中国这种经济伙伴关系的建立确实会在一定程度上受到国际体系的结构性约束，因为中国的崛起国身份可

---

① 在英文材料中，也有表述称 currency swap agreement，二者指代同一种事物。

能会限制其能够采取的争取伙伴的手段及程度。为避免不必要的错误认知与误解，中国在与各地区以及地区内国家开展经济伙伴外交时需要审慎权衡建立伙伴关系的成本与收益。

当中国开始与某个地区开展经济伙伴外交时，常常"由点及面"，即先行与地区内某一个或某几个国家进行接触并建立经济伙伴关系，再逐渐扩大经济伙伴外交范围，与地区内其他国家建立关系。例如，中国在欧洲地区寻求建立投资伙伴关系时，1982 年先与瑞典签订了协议，接着1983 年与联邦德国，1984 年与法国、比利时—卢森堡经济联盟、芬兰、挪威，1985 年与意大利、丹麦，1986 年与英国、瑞士分别建立起投资伙伴关系；20 世纪 90 年代中国与欧洲国家的投资伙伴关系数量快速攀升，进入 21 世纪前，中国已与超过七成的欧洲国家形成了投资伙伴关系，目前中国投资伙伴国的范围已覆盖了欧洲大部分地区。此外，中国在拉丁美洲和加勒比地区也是先与智利、秘鲁等国先行建立起自贸伙伴关系，有意借助智利等国的"桥梁"作用密切与拉美国家的经贸合作并发挥"南南合作"的典范作用；① 而后与哥斯达黎加也建立起自贸伙伴关系；目前中国正在与巴拿马开展自贸协定谈判，将来巴拿马也很有可能成为中国的自贸伙伴。

事实上，"由点及面"地与一个地区及其中的国家群体建立经济伙伴关系，这是一种成本较低、可行性较高的经济外交方式。在经济外交意义上，当一个地区被视为由域内国家及其相互间经济伙伴关系组成的集合，一种地区经济伙伴网络便形成了。若有域外国家尝试进入这一地区网络，与地区内国家建立经济伙伴关系的单次成本要低于与地区网络整体建立经济伙伴关系的成本。并且，由于地区网络内的国家往往存在着较明显的经济联动效应，域外国家与不同域内国家建立经济伙伴关系所要付出的边际成本实际上也是逐渐降低的。因此，若采取由点及面、各个击破的方式，域外国家能比较有效率地打开在一个地区内的经济伙伴外交格局。

---

① 商务部新闻办公室：《商务部有关司局负责人就中国与智利签署自由贸易协定答记者问》，中国自由贸易区服务网，http://fta.mofcom.gov.cn/article/chinachile/chilenews/201005/2695_1.html，2005 年 11 月 22 日。

那么,如何在地区内诸多国家中选择适合首先建立经济伙伴关系的对象国呢?显而易见,即使在同一地区内,不同国家之间也存在着客观异质性。对象国的异质性条件及其与中国目标需求相匹配的程度,或将影响中国对不同类型经济伙伴对象国的挑选结果。由此,要回答中国如何选择经济伙伴优先行动对象的问题,首先便要对潜在伙伴对象国所具有的异质性条件进行考察,符合一定条件标准的国家才有可能成为中国进入新地区的"桥梁"或"跳板"国家。

本书重点聚焦中国与东盟地区之间的经济伙伴关系构建情况来对上述问题进行探讨并开展接下来的研究。这主要是基于以下几点考虑。第一,东盟地区及主要的十个东盟国家①在中国经济伙伴关系网络中的重要性非比寻常。周边外交在中国外交序列中长期占据非常重要的地位,而东盟国家则是中国周边外交发展的优先方向,近年来在"亲、诚、惠、容"周边外交理念的指引下,东盟也成为建设中国"一带一路"经济外交发展大战略的重点地区。2003 年中国加入《东南亚友好合作条约》时,东盟是中国的第五大贸易伙伴,中国是东盟的第三大贸易伙伴;20 年后,中国和东盟已连续三年互为对方的最大贸易伙伴,也互为重要投资来源地和目的地,双边贸易额在 2022 年达 9753 亿美元,同比增长 11.2% ,②是 2003 年贸易额的 12.5 倍,年均增速 14.2% ,占全球贸易的比重从 2003 年的 10.12% 上升到 30.18% 。对十个东盟国家而言,中国均为其前五大贸易伙伴,除了文莱和老挝外,中国是其他八个东盟国家的最大贸易伙伴国。可见,中国和东盟国家对彼此都有着突出的经济意义。无论从政治外交方面还是经济合作方面来看,东盟国家在中国经济外交发展进程中都体现出了某种独特性,这使得探讨中国与东盟国家之间的经济伙伴关系构建具有了更高的理论研究价值。

---

① 2022 年 11 月 11 日,东南亚国家联盟(ASEAN)领导人第 40 届和第 41 届峰会原则上同意东帝汶加入东盟,成为该组织第 11 个成员国。不过,由于东帝汶目前仍被联合国列为全球最不发达国家之一,它履行东盟成员国义务的能力仍然备受质疑;而且东帝汶作为东盟新成员,其在东盟地区的重要性和影响力仍然相对有限;东帝汶与中国也尚未签署自由贸易协定、双边投资协定、本币互换协议等制度化水平较高的国际经济合作协议。因此,本书在讨论中国与东盟地区之间的经济伙伴关系情况时,暂不将东帝汶列入研究范围之内。

② 驻东盟使团经济商务处:《贸易快报 | 2022 年中国—东盟贸易增长强劲》,http: // asean. mofcom. gov. cn/article/jmxw/202301/20230103379201. shtml,2023 年 1 月 13 日。

第二,东盟国家兼具了整体性与个体性的特点,为研究地区层次上的中国经济伙伴关系形成保留了足够的空间。在"10+1"、"10+3"、东亚峰会等一些经济外交场合中,东盟国家往往作为"东盟"这一整体与其他国家进行协商,体现着东盟这一国际组织在东亚地区合作中的一种中心地位,① 能帮助研究者在研究过程中理解东盟国家的整体国家特性。不过,与一体化程度较高的欧盟明显不同,东盟客观上是以维护各成员国主体地位为基础,不以超主权的区域合作组织替代主权国家,这种地区合作的灵活性和包容性使得各个东盟国家自身在开展经济外交时依旧能保留一定的自主性。而且,东盟国家内部也会相互建立不同类别的经济伙伴关系(见表1-1),在东南亚地区内形成相应的经济伙伴网络,不同东盟国家在网络中的位置有所差异,这为分析各东盟国家作为中国经济伙伴时的国家特性提供了很好的观察窗口。

第三,对中国与东盟国家经济伙伴关系的研究具有比较强的可操作性,能有效地简化研究过程以提炼研究结论。目前主要的东盟国家有十个,涉及国家数量范围相对较小,在探讨其国家间关系时,研究的复杂性是相对可控的。并且,这些国家历年研究数据比较完整,这意味着数据收集工作相对容易开展。通过先行研究中国与东盟国家的经济伙伴关系网络的形成情况,以小见大,有利于未来研究范围的拓展,即能为下一步继续讨论中国与更大区域内国家开展经济外交的行动与选择提供相应的经验与参考。

由此,本书所研究的中心问题便具体化为:当中国尝试打开与东盟地区的制度化经济外交格局时,有哪些因素对中国经济伙伴的优先对象选择产生了影响?也就是说,本书意图探究中国优先选择作为经济伙伴的东盟国家与其他东盟国家相比是否具有差异性,以及为何有此差异性。

① 董贺:《东盟的中心地位:一个网络视角的分析》,《世界经济与政治》2019年第7期。

表1—1　东盟国家内部经济伙伴协议签订情况

国家／年份	文莱	柬埔寨	印度尼西亚	老挝	马来西亚	缅甸	菲律宾	新加坡	泰国	越南
1977			东盟货币互换安排（ASA）		东盟货币互换安排（ASA）		东盟货币互换安排（ASA）	东盟货币互换安排（ASA）	东盟货币互换安排（ASA）	
1990			印度尼西亚—新加坡 BIT	老挝—泰国 BIT				印度尼西亚—新加坡 BIT	老挝—泰国 BIT	
1991			印度尼西亚—越南 BIT						泰国—越南 BIT	印度尼西亚—越南 BIT；泰国—越南 BIT
1992	东盟自由贸易区（AFTA）		东盟自由贸易区（AFTA）	老挝—马来西亚 BIT	东盟自由贸易区（AFTA）；老挝—马来西亚 BIT；马来西亚—越南 BIT		东盟自由贸易区（AFTA）；菲律宾—越南 BIT	东盟自由贸易区（AFTA）；新加坡—越南 BIT	东盟自由贸易区（AFTA）	马来西亚—越南 BIT；菲律宾—越南 BIT；新加坡—越南 BIT

续表

国家＼年份	文莱	柬埔寨	印度尼西亚	老挝	马来西亚	缅甸	菲律宾	新加坡	泰国	越南
1994		柬埔寨—马来西亚 BIT	印度尼西亚—老挝 BIT；印度尼西亚—马来西亚 BIT	印度尼西亚—老挝 BIT	柬埔寨—马来西亚 BIT；印度尼西亚—马来西亚 BIT					
1995		柬埔寨—泰国 BIT					菲律宾—泰国 BIT		柬埔寨—泰国 BIT；菲律宾—泰国 BIT	东盟自由贸易区（AFTA）
1996		柬埔寨—新加坡 BIT		老挝—越南 BIT				柬埔寨—新加坡 BIT		老挝—越南 BIT
1997				老挝—新加坡 BIT；东盟自由贸易区（AFTA）		东盟自由贸易区（AFTA）		老挝—新加坡 BIT		

续表

国家\年份	文莱	柬埔寨	印度尼西亚	老挝	马来西亚	缅甸	菲律宾	新加坡	泰国	越南
1998			印度尼西亚—泰国 BIT			缅甸—菲律宾 BIT	缅甸—菲律宾 BIT		印度尼西亚—泰国 BIT	
1999		柬埔寨—印度尼西亚 BIT; 东盟自由贸易区 (AFTA)	柬埔寨—印度尼西亚 BIT							
2000	清迈倡议	清迈倡议; 柬埔寨—菲律宾 BIT	清迈倡议	清迈倡议	清迈倡议	清迈倡议; 缅甸—越南 BIT	清迈倡议; 柬埔寨—菲律宾 BIT	清迈倡议	清迈倡议	清迈倡议; 缅甸—越南 BIT
2001		柬埔寨—越南 BIT	印度尼西亚—菲律宾 BIT				印度尼西亚—菲律宾 BIT			柬埔寨—越南 BIT
2003				老挝—缅甸 BIT		老挝—缅甸 BIT				

续表

国家\年份	文莱	柬埔寨	印度尼西亚	老挝	马来西亚	缅甸	菲律宾	新加坡	泰国	越南
2005	跨太平洋战略经济伙伴关系协定（P4）							跨太平洋战略经济伙伴关系协定（P4）		
2008		柬埔寨—老挝BIT		柬埔寨—老挝BIT		缅甸—泰国BIT			缅甸—泰国BIT	
2018	全面且先进的跨太平洋伙伴关系协定（CPTPP）				全面且先进的跨太平洋伙伴关系协定（CPTPP）			全面且先进的跨太平洋伙伴关系协定（CPTPP）		全面且先进的跨太平洋伙伴关系协定（CPTPP）
2019						缅甸—新加坡BIT		缅甸—新加坡BIT		
2020	区域全面经济伙伴关系协定（RCEP）	区域全面经济伙伴关系协定（RCEP）	区域全面经济伙伴关系协定（RCEP）	区域全面经济伙伴关系协定（RCEP）	区域全面经济伙伴关系协定（RCEP）	区域全面经济伙伴关系协定（RCEP）	区域全面经济伙伴关系协定（RCEP）	区域全面经济伙伴关系协定（RCEP）	区域全面经济伙伴关系协定（RCEP）	区域全面经济伙伴关系协定（RCEP）

资料来源：笔者综合东盟官方网站、联合国贸易和发展会议（UNCTAD）投资政策中心（Investment Policy Hub）网站、中国自由贸易区服务网等权威网站信息自制表格。

二 既有的理论解释及其不足

（一）国家间经济制度关系的选择与形成

本书关注的国家经济伙伴选择问题，实质上是国家间制度合作关系特别是经济制度合作关系的形成问题，即国家间建立经济制度合作会受到哪些因素的影响。为什么一国与这些国家建立关系却没有与那些国家建立关系，为什么与这些国家缔结协议而不与那些国家缔结协议，这种国家间制度关系的差异性长久以来吸引着许多国际关系学者的关注。讨论这种"无政府状态下的合作"①，其实也是对国际合作背后的国家理性、利己考量的具体考察。

总的来说，既有研究对国家间形成经济制度合作的探讨可主要分为市场驱动、权力博弈、跨国联系三种研究视角。

1. 市场驱动视角

市场驱动视角侧重讨论国际经济活动对国家间经济制度关系形成的自发动力影响，其中一些研究在一定程度上受到了经济学思想的启发与影响。随着国际经济往来越加频繁紧密，一国经济的健康发展不仅仅取决于国内经济状况，也会因外部经济环境及对外经济关系的变化而变化。爱德华·曼斯菲尔德（Edward D. Mansfield）与埃里克·莱因哈特（Eric Reinhardt）的研究已经指出，暴露于全球市场的国家，其面对贸易冲击的脆弱性会有所增加，因而各国政府寻求通过加入国际经济制度的方式来减少因经济贸易波动而带来的损失。② 并且，在国际经济衰退的背景下，较之于单边提高贸易关税或实施进口配额等措施，国家间协商缔结双边优惠协议并对外实施歧视性贸易壁垒能减少遭到报复的风险。③

① 这一经典表述源于肯尼迪·奥耶（Kenneth A. Oye）1986 年的编著，参见 Kenneth A. Oye, ed., *Cooperation under Anarchy*, Princeton, N. J.: Princeton University Press, 1986。

② Edward D. Mansfield, and Eric Reinhardt, "International Institutions and the Volatility of International Trade," *International Organization*, Vol. 62, Iss. 4, October 2008, pp. 621 – 652.

③ Richard Pomfret, *Unequal Trade: The Economics of Discriminatory International Trade Policies*, Oxford: Basil Blackwell, 1988, p. 158. 转引自 Edward D. Mansfield, and Helen V. Milner, *Votes, Vetoes, and the Political Economy of International Trade Agreements*, Princeton: Princeton University Press, 2012, p. 75。

随之而来的便是国家间开展经济合作时可能出现的问题，寻求制度关系的建立正是帮助国家解决合作问题的需要。比如信息不对称问题，在国际经贸体系中，各国无不希望在打开他国市场的同时保护本国市场不受外来冲击，而在开放经济国家间重复博弈的背景下，各国将有可能建立制度化联系以克服合作中的不完全信息等问题并追求共同的自由化，杰弗里·加勒特（Geoffrey Garrett）用欧洲内部市场的形成作为案例阐明了这一点。① 又如行为体机会主义倾向问题，贝思·亚伯勒（Beth V. Yarbrough）与罗伯特·亚伯勒（Robert M. Yarbrough）运用交易成本理论分析发现，为防范国际经贸合作中可能出现的机会主义行为，国家确有意愿精心设计并参与相关经济制度以促进正常经贸往来；② 而如何对这些制度形式进行选择，田野也给出了国家基于交易成本模型作出判断的一些假说与标准。③ 此外，国家在经济往来中的信誉表现也常常通过国际经济制度得到确认，例如乔瓦尼·马吉（Giovanni Maggi）认为像 WTO 这样的多边经济制度能记录核查国家对外合作中的违规行为并通报第三方国家知晓；④ 从双边关系的角度上看，一个国家若是能与声誉表现比较好的国家签订经济合作协议并成为它的经济伙伴，那么这个国家的信誉往往也会得到国际社会其他国家的认可与肯定，从而能获得更为可观的经济收益，茱莉亚·格雷（Julia Gray）和雷蒙德·希克斯（Raymond P. Hicks）在他们的研究中论证了这一点。⑤

如果用新制度经济学区分的以市场调节机制为代表的自发性治理（spontaneous governance）和以企业科层权威为代表的意向性治理（inten-

① Geoffrey Garrett, "International Cooperation and Institutional Choice: The European Community's Internal Market," *International Organization*, Vol. 46, Iss. 2, March 1992, pp. 533 – 560.

② Beth V. Yarbrough, and Robert M. Yarbrough, "Institutions for the Governance of Opportunism in International Trade," *Journal of Law, Economics, & Organization*, Vol. 3, No. 1, Spring 1987, pp. 129 – 139.

③ 田野：《国际制度的形式选择——一个基于国家间交易成本的模型》，《经济研究》2005 年第 7 期。

④ Giovanni Maggi, "The Role of Multilateral Institutions in International Trade Cooperation," *The American Economic Review*, Vol. 89, No. 1, March 1999, pp. 190 – 214.

⑤ Julia Gray, and Raymond P. Hicks, "Reputations, Perceptions, and International Economic Agreements," *International Interactions*, Vol. 40, Iss. 3, July/August 2014, pp. 325 – 349.

tional governance）来类比,① 国家在某种程度上也可被视为一种意向性治理模式。在詹姆斯·卡波拉索（James A. Caporaso）、罗琳·伊登（Lorraine Eden）和芬·汉普森（Fen Osler Hampson）等学者看来,当国际体系结构的自发性治理模式失灵时,例如出现了效率低下、分配矛盾、宏观经济不稳定、安全困境等危机状况,国家将加强彼此间合作并可能通过建立制度关系加以应对。② 也就是说,在复杂运行的国际经济社会,国家为解决合作问题而选择构建的制度联系,实际上已深嵌于普遍的经济活动当中并受到这种社会背景的约束。③

可以看出,市场驱动视角为国家间经济制度关系的形成提供了一种功能主义的解释,即关系的形成主要源于国家解决问题的需要。但这类研究无法解释为什么现实世界中一些经济活动非常频繁的国家（如中美两个世界最大经济体）之间并没有形成高制度化水平的经济合作协议。

2. 权力博弈视角

权力博弈视角注重分析行为体间权力结构及权力分配情况对国家形成经济制度关系的影响,具体而言又可分为国际层面与国内层面的权力影响因素。在国际层面,根据霸权稳定论的观点,霸权国为国际体系提供自由开放的贸易市场环境等公共物品;但当霸权国实力出现相对衰落趋势的时候,公共物品的供给无法得到继续满足,各国将转向缔结少边或小多边国际经济协议以继续维持贸易自由化,这促成了优惠贸易协定（Preferential Trade Agreements, PTA）等一批国际经济制度

---

① Olive E. Williamson, "Economic Institutions: Spontaneous and Intentional Governance," *Journal of Law, Economics, & Organization*, Vol. 7, Special Issue: [Papers from the Conference on the New Science of Organization, January 1991], 1991, pp. 159 – 187.

② James A. Caporaso, "International Relations Theory and Multilateralism: The Search for Foundations," *International Organization*, Vol. 46, Iss. 3, Summer 1992, pp. 599 – 632; Lorraine Eden, and Fen Osler Hampson, "Clubs are Trump: The Formation of International Regimes in the Absence of a Hegemon," in J. Rogers Hollingsworth, and Robert Boyer, eds., *Contemporary Capitalism: The Embeddedness of Institutions*, Cambridge: Cambridge University Press, 1997, pp. 361 – 394.

③ J. Rogers Hollingsworth, and Robert Boyer, eds., *Contemporary Capitalism: The Embeddedness of Institutions*, Cambridge: Cambridge University Press, 1997, p. 11.

的兴起。[①] 爱德华·曼斯菲尔德（Edward D. Mansfield）认为霸权衰落与全球经济衰退都阻碍了国际经贸体系开放，因而刺激了各国对优惠贸易协定的追捧。[②] 不过，这种霸权衰落的解释并非共识，如保罗·克鲁格曼（Paul R. Krugman）通过福利分析发现，霸权是否衰落对国家特别是邻近国家缔结贸易协议而言并不是主要影响因素。[③]

除霸权体系结构外，其他类型的国际权力结构也会影响国家对经济伙伴的选择。例如，均势理论将国与国之间的结盟行为与其经济行为相联系，乔安妮·高娃（Joanne S. Gowa）通过研究冷战期间美苏两极对抗格局下的国际贸易活动发现，由于贸易存在着明显的安全外部性，因此各国更愿意与自己同盟内的国家开展贸易并构建经济伙伴关系，这种经济伙伴关系进而能提升同盟整体政治军事能力。[④] 此外，应该注意到，国家维护或提升自身权力地位的意愿，不论在哪种类型的国际权力体系格局中几乎都不会改变，国家可能通过对外签订经济伙伴协议的方式为实现自身战略目标提供助力，李巍、张玉环对美国自贸区战略的研究发现，美国在不同阶段会通过有针对性地选择不同的自贸伙伴以达到施压多边贸易谈判、强化安全联盟、重建国际规则的三大战略目的，这使得美国的自贸伙伴网络成为美国在全球范围内实现自身政治战略的权力工具。[⑤]

---

① 参见 Charles P. Kindleberger, *The World in Depression：1929 - 1939*, Berkeley：University of California Press, 1973；Robert Gilpin, *U. S. Power and the Multinational Corporation：The Political Economy of Foreign Direct Investment*, New York：Basic Books, 1975；Stephen D. Krasner, "State Power and the Structure of International Trade," *World Politics*, Vol. 28, Iss. 3, 1976, pp. 317 - 347；等文献。

② Edward D. Mansfield, "Proliferation of Preferential Trading Arrangements," *Journal of Conflict Resolution*, Vol. 42, No. 5, October 1998, pp. 523 - 543.

③ 参见 Paul R. Krugman, "The Move to Free Trade Zones," in Federal Reserve Bank of Kansas City, ed., *Economic Review*, Kansas City, M. O.：Federal Reserve Bank, November/December 1991, pp. 5 - 25；Paul R. Krugman, "Regionalism versus Multilateralism：Analytical Notes," in Jaime de Melo, and Arvind Panagariya, eds., *New Dimension in Regional Integration*, New York：Cambridge University Press, 1993, pp. 58 - 79。

④ Joanne S. Gowa, *Allies, Adversaries, and International Trade*, Princeton, N. J.：Princeton University Press, 1994.

⑤ 李巍、张玉环：《美国自贸区战略的逻辑———一种现实制度主义的解释》，《世界经济与政治》2015 年第 8 期。

在国内层面,国家—社会的权力分野以及政治制度框架下政府内部权力制衡,都可能影响国家最终的经济伙伴外交决策。国家—社会权力分野主要指的是社会集团或利益集团对国家政策制定所能发挥的影响力大小,即从利益集团理论角度进行的分析。寻求获利是利益集团游说政府对外采取某些政策或缔结某种经济协议的主要动力。一方面,一些国内利益集团希望政府对外签订相关经济协议以确保他们通过国外联系获利的渠道不会被中断,如卡罗琳·弗洛因德(Caroline Freund)和伊曼纽尔·奥尼拉斯(Emanuel Ornelas)的研究表明国内利益集团会游说政府签订主要产生贸易转移效应的地区贸易协定以满足其利益需求。① 马克·曼格(Mark S. Manger)的分析指出,承接了外国直接投资的跨国企业为维护自身资金及商品渠道,有更强的动力推动国家开展自贸外交。② 米雷娅·索利斯(Mireya Solís)对日本选择自贸伙伴的研究发现,日本国内农业利益集团的需求促使日本选择墨西哥签订自贸协定,从而能避免在农业议题上作较大让步。③ 亚力克·斯通—斯威特(Alec Stone Sweet)等人对欧洲地区及国家制度化进程的研究发现,利益集团为确保其国外联系利益不受损,会在各国政府甚至欧洲议会形成影响势力施压政府签订制度化协议。④

另一方面,国家内部不同行业领域的利益集团常常有着不尽相同甚至截然相反的偏好,各个利益集团为使自身利益得到保障而各自向政府游说施压,这样一来,政策结果就取决于各利益集团与政府的联系情况以及政府的考量了。譬如,杰弗里·弗莱登(Jeffrey A. Frieden)考察国家制定汇率政策的过程,发现与国际贸易、国际投资等有关的利益行为

① Caroline Freund, and Emanuel Ornelas, "Regional Trade Agreements," *Annual Review of Economics*, Vol. 2, Iss. 1, 2010, pp. 139 – 166.

② Mark S. Manger, "Competition and Bilateralism in Trade Policy: The Case of Japan's Free Trade Agreements," *Review of International Political Economy*, Vol. 12, Iss. 5, December 2005, pp. 804 – 828; Mark S. Manger, *Investing in Protection: The Politics of Preferential Trade Agreements between North and South*, New York: Cambridge University Press, 2009.

③ Mireya Solís, "Japan's New Regionalism: The Politics of Free Trade Talks with Mexico," *Journal of East Asian Studies*, Vol. 3, Iss. 3, 2003, pp. 377 – 404.

④ Alec Stone Sweet, Wayne Sandholtz, and Neil Fligstein, eds., *The Institutionalization of Europe*, New York: Oxford University Press, 2001.

体更倾向于相对稳定的汇率政策以规避汇率波动风险，并且商品交换商们还更偏好本国货币相对贬值的汇率以在国际市场上获得更大的竞争优势，但这可能与其他利益行为体的偏好相悖。① 迈克尔·吉利根（Michael J. Gilligan）、克里·蔡斯（Kerry A. Chase）等人的研究则表明，国内出口商特别是依赖规模经济效应行业中的出口商比进口商有更强的意愿推动国家对外缔结优惠贸易协议以期赚取高额利润。② 安德里亚斯·杜尔（Andreas Dür）和杰玛·马特奥（Gemma Mateo）以各利益集团对"跨大西洋贸易与投资伙伴关系协定"（TTIP）的偏好冲突为一个切入点，观察到代表欧洲商业联盟的利益集团支持这种旨在促进美欧贸易投资自由化的协议谈判，而市民群体和劳工组织却对此持反对态度。③ 在许多学者看来，利益集团确实会对国家最终的经济外交决策产生影响，这其中也包括了政府有意通过迎合利益集团偏好以进行寻租或换取政治支持的原因。④ 不过斯蒂芬·克拉斯纳（Stephen D. Krasner）则提供了一种相对不同的国家自主性解释，虽然国内利益集团和跨国利益集团确有可能对国家政府制定的政策产生影响，但国家权力决策者终将以维护并实现国家利益为第一要务，而不会主要满足特定团体的偏好，他通过分析美国对外原材料投资的案例进行了论证。⑤

除利益集团的国内因素影响外，国内政治制度中的权力制衡探讨了

---

① Jeffrey A. Frieden, *Currency Politics: The Political Economy of Exchange Rate Policy*, Princeton and Oxford: Princeton University Press, 2015.

② Michael J. Gilligan, *Empowering Exporters: Reciprocity, Delegation, and Collective Action in American Trade Policy*, Ann Arbor, M. I.: University of Michigan Press, 1997; Kerry A. Chase, *Trading Blocs: States, Firms, and Regions in the World Economy*, Ann Arbor, M. I.: University of Michigan Press, 2005.

③ Andreas Dür, and Gemma Mateo, *Insiders Versus Outsiders: Interest Group Politics in Multilevel Europe*, Oxford: Oxford University Press, 2016. 在他们两人合写的另外一篇文章中，作者更进一步论述了权力较小的利益集团一方如何影响政府政策并最终实现自己制度偏好的手段及过程，参见 Andreas Dür, and Gemma Mateo, "Public Opinion and Interest Group Influence: How Citizen Groups Derailed the Anti-Counterfeiting Trade Agreement," *Journal of European Public Policy*, Vol. 21, No. 8, 2014, pp. 1199–1217。

④ Giovanni Maggi, and Andrés Rodríguez-Clare, "The Value of Trade Agreements in the Presence of Political Pressures," *Journal of Political Economy*, Vol. 106, No. 3, June 1998, pp. 574–601.

⑤ Stephen D. Krasner, *Defending the National Interest: Raw Materials Investments and U. S. Foreign Policy*, Princeton, N. J.: Princeton University Press, 1978.

实施不同政治制度的国家在开展经济伙伴外交时的动因及行动差异。国家政府在政体类型上的差异前提性地决定了各国外交政策制定过程或程序的不同，民主政体国家中政策制定权力比较分散，设法参与外交决策过程的行为体相对较多，而威权政体国家在制定和出台外交政策过程中所遇到的限制性环节比较少。① 爱德华·曼斯菲尔德（Edward D. Mansfiled）和海伦·米尔纳（Helen V. Milner）在其著作中详细论述了这种政体差异对国家签订自贸协定可能带来的影响。他们将那些处在能阻碍政策现状改变的制度位置上的群体或个人称为"否决者"（veto players），一国拥有的否决者数量越多，该国对外签订国际贸易协定的可能性越会降低；同时，他们还认为，实施竞争性选举的民主国家相对更倾向于签订贸易协定，因为这种贸易协议提供了一种再保证机制（reassurance mechanism），使得执政者能向选民发出可信度更高的开放贸易政策信号并缓解因经济形势不好而失去选民支持的风险，选民也能依据这种贸易协议对政府进行更密切的监督并降低信息不对称带来的风险。② 此外，政府的官僚政治模式也可能影响政府外交决策结果，③ 政府内部决策者之间不同程度地存在着利益分歧与讨价还价，这可能导致国家经济外交政策的不连贯或不协调，④ 也可能使得国家与其他对象国经济协议谈判或签署迟迟难以推进。

由此可见，权力博弈视角剖析了不同层次行为体权力结构对国家间经济制度关系产生的促进或阻碍作用，它们回答了国家是否能、为何能缔结有关国际经济协议并构建经济伙伴关系的问题，但对经济伙伴关系

---

① Juliet Kaarbo, Jeffrey S. Lantis, and Ryan K. Beasley, "The Analysis of Foreign Policy in Comparative Perspective," in Ryan K. Beasley, Juliet Kaarbo, Jeffrey S. Lantis and Michael T. Snarr, eds., *Foreign Policy in Comparative Perspective*: *Domestic and International Influences on State Behavior*, Los Angeles, Washington D. C.: Sage Publication/CQ Press, 2nd edition, 2013, p. 16.

② Edward D. Mansfield, and Helen V. Milner, *Votes*, *Vetoes*, *and the Political Economy of International Trade Agreements*, Princeton: Princeton University Press, 2012.

③ 关于官僚政治模式与国家外交决策的关系的综述性研究，可参见周琪《官僚政治模式与美国外交决策研究方法》，《世界经济与政治》2011 年第 6 期。

④ Yang Jiang, "The Limits of China's Monetary Diplomacy," in Eric Helleiner, and Jonathan Kirshner, eds., *The Great Wall of Money*: *Power and Politics in China's International Monetary Relations*, Ithaca and London: Cornell University Press, 2014, Chapter 6.

建立过程及与此相关的伙伴选择先后顺序却尚未予以解答。

3. 跨国联系视角

跨国联系视角主要刻画国家间互动情况，不同形态、状态下的国家间互动可能会对国家选择对象并形成国际经济制度合作产生差异化影响。

国家间互动往往呈现出多种表现形态，相互依赖是其中比较普遍的一种。随着货币、商品、信息和人跨境流动日益增多，国家间日益加深的相互依赖关系逐渐引起了政治经济学家们的注意。[①] 相互依赖理论的开山之作——罗伯特·基欧汉（Robert O. Keohane）和约瑟夫·奈（Joseph S. Nye）撰写的《权力与相互依赖》这本书曾明确指出，国家间的相互依赖深刻影响着世界政治与国家行为，[②] 这其中自然也就包括了国家对交往对象及交往方式的选择。在相互依赖背景下，国与国之间建立的自贸伙伴关系常常会因由此产生的贸易转移效应而对第三方国家的利益造成损害，而这个第三方国家为减少自身面临的歧视性贸易待遇，也会寻找合适的对象国签订自贸协定，即使该第三国原先并无强烈意愿要加入一个自贸协定。[③] 这样一来，各国纷纷愿意与其他国家签订自贸协定，这就形成了如理查德·鲍德温（Richard Baldwin）、丹尼·杰莫维奇（Dany Jaimovich）等学者所说的"多米诺效应"（或称具有传染性）。[④] 在此基础上，斯科特·拜尔（Scott L. Baier）、杰弗里·伯格斯特兰德（Jeffrey H. Bergstrand）、罗纳德·马里乌托（Ronald Mariutto）通过更进一步研究指出，不仅国家间相互依赖关系会影响各国选择，由国家组成的自贸协定之间也存在着一定的"相互依赖"关系，对国家 I 和国家 J 而言，国家

---

① 例如，Richard N. Cooper, "Economic Interdependence and Foreign Policy in the Senventies," *World Politics*, Vol. 24, No. 2, January 1972, pp. 159 – 181; Richard Rosecrance, and Arthur Stein, "Interdependence: Myth or Reality," *World Politics*, Vol. 26, No. 1, October 1973, pp. 1 – 27; Peter J. Katzenstein, "International Interdependence: Some Long-term Trends and Recent Changes," *International Organization*, Vol. 29, No. 4, Autumn 1975, pp. 1021 – 1034 等。

② Robert O. Keohane, and Joseph S. Nye, *Power and Interdependence*, 4th edition, Cambridge: Pearson, 2011, p. 5.

③ Peter Egger, and Mario Larch, "Interdependent Preferential Trade Agreement Memberships: An Empirical Analysis," *Journal of International Economics*, Vol. 76, Iss. 2, 2008, pp. 384 – 399.

④ Richard Baldwin, "A Domino Theory of Regionalism," NBER Working Paper No. 4465, 1993; Richard Baldwin, and Dany Jaimovich, "Are Trade Agreements Contagious?" *Journal of International Economics*, Vol. 88, Iss. 1, 2012, pp. 1 – 16.

K 与国家 L 结成的自贸伙伴关系也会刺激国家 I、国家 J 签订自贸协定，不过这种自贸协定交叉型相互依赖（cross-FTA interdependence）的刺激效果要弱于自贸协定自我型相互依赖（own-FTA interdependence），也即先前所提及的"多米诺效应"①。

相互依赖除了使国家通过权衡经贸利益得失而作出是否开展经济制度合作的决定外，也影响着国家实施合作的可能方式。相互依赖特别是不对称相互依赖的一对行为体（国家）中，依赖程度较小的一方相对而言处于强势，另一方则相对弱势，强势一方有可能采取强迫（coercion）等方式要求弱势一方签订经济协议。斯蒂芬·赫特（Stephen R. Hurt）认为欧盟与"非加太集团"（ACP，即非洲、加勒比和太平洋地区国家集团）签订的《科托努协定》（Cotonou Agreement）就是这种强制手段得以应用的表现。② 不过，如果将签约过程拆分来看，吉尔伯特·温汉姆（Gilbert R. Winham）和伊丽莎白·德布尔—阿什沃思（Elizabeth DeBoer-Ashworth）发现这种由经济不对称依赖带来的强制手段只在协议谈判开始前发挥作用，而在谈判过程中却难以转化成相应的谈判强制力，因为各方签订经济协议的主要目的还是要寻求双赢，这便提升了弱势一方拒绝的权利，美国与加拿大签署自贸协定的过程验证了这一点。③ 此外，国家间相互依赖还抑制了国家在面对冲突或威胁时诉诸武力的做法，在贺凯（Kai He）和李巍等学者看来，相互依赖中的国家转而会采取制度制衡或制度竞争的方式应对来自体系结构或对手国的危险或压力，④ 这成为国家

① Scott L. Baier, Jeffrey H. Bergstrand, and Ronald Mariutto, "Economic Determinants of Free Trade Agreements Revisited: Distinguishing Sources of Interdependence," *Review of International Economics*, Vol. 22, Iss. 1, 2014, pp. 31 – 58.

② Stephen R. Hurt, "Co-operation and Coercion? The Cotonou Agreement between the European Union and ACP States and the End of the Lomé Convention," *Third World Quarterly*, Vol. 24, No. 1, 2003, pp. 161 – 176.

③ Gilbert R. Winham, and Elizabeth DeBoer-Ashworth, "Asymmetry in Negotiating the Canada-US Free Trade Agreement, 1985 – 1987," in I. William Zartman, and Jeffrey Z. Rubin, eds., *Power and Negotiation*, Ann Arbor, M. I.: The University of Michigan Press, 2002, Chapter 2.

④ Kai He, "Institutional Balancing and International Relations Theory: Economic Interdependence and Balance of Power Strategies in Southeast Asia," *European Journal of International Relations*, Vol. 14, Iss. 3, pp. 489 – 518；李巍：《国际秩序转型与现实制度主义理论的生成》，《外交评论》2016 年第 1 期。

热衷建立经济伙伴关系的新动力。

此外,在全球化与信息技术革命的双重推动下,国家间关系出现网络化趋势,国家在这样的国际社会网络背景中展开互动,有学者称之为"网络外交"(network diplomacy)[①]。运用社会网络分析的方法看待并研究国际关系,可分为着眼于行为体位置的位置取向以及着眼于行为体相互间关系的关系取向,其中位置取向关注在结构上地位相等或相似的行动者之间社会关系的模式化,[②] 这也意味着不同行为者在网络中的位置可能不尽相同。

在呈现出不同网络形态的国际关系结构当中,一国所处的网络位置或网络地位情况往往限定了该国经济外交选择的可行选项。曹珣(Xun Cao)观察到,在国际体系网络中位置相似的国家可能会互为竞争者,彼此间的竞争压力会使得两者实施的政策具有相互依赖的特性;而在国际体系结构网络中位置相邻近的国家,彼此间则可能通过学习与模仿而实施趋同的政策。[③] 由此,扎卡里·埃尔金斯(Zachary Elkins)、安德鲁·古兹曼(Andrew T. Guzman)、贝思·西蒙斯(Beth A. Simmons)等人对双边投资协定扩散的研究结果也就很好理解了,他们认为 BIT 的扩散主要是受到潜在东道国对外国直接投资的竞争所驱动,在国际经济网络中处于"结构对等"地位的国家更有可能形成资本竞争关系,为了更好地吸引外国资本,这些国家会争相与他国建立 BIT 联系,从而导致了 BIT 浪潮在全球范围内的扩散。[④] 米雷娅·索利斯(Mireya Solís)和片田纱织(Saori N. Katada)在总结 FTA 扩散机制时也概述了类似的观点。[⑤] 丹妮

---

① Jamie F. Metzl, "Network Diplomacy," *Georgetown Journal of International Affairs*, Vol. 2, No. 1, Winter/Spring 2001, pp. 77 – 87.

② 陈冲、刘丰:《国际关系的社会网络分析》,《国际政治科学》2009 年第 4 期。

③ Xun Cao, "Global Networks and Domestic Policy Convergence: A Network Explanation of Policy Changes," *World Politics*, Vol. 64, No. 3, July 2012, pp. 375 – 425.

④ Zachary Elkins, Andrew T. Guzman, and Beth A. Simmons, "Competing for Capital: The Diffusion of Bilateral Investment Treaties, 1960 – 2000," *International Organization*, Vol. 60, Iss. 4, fall 2006, pp. 811 – 846.

⑤ Mireya Solís, and Saori N. Katada, "Explaining FTA Proliferation: A Policy Diffusion Framework," in Mireya Solís, Barbara Stallings, and Saori N. Katada, eds., *Competitive Regionalism: FTA Diffusion in the Pacific Rim*, New York: Palgrave Macmillan, 2009, Chapter 1.

拉·萨班(Daniela Saban)、弗莱维娅·波诺莫(Flavia Bonomo)、尼古拉斯·斯蒂尔—摩西(Nicolás E. Stier-Moses)从网络节点(国家)加入 BIT 网络的时间早晚来对各节点在网络中的位置角色进行区分,他们发现,当新节点出现时,既有节点对新节点的接受度即其与新节点形成投资协定联系的可能性,以及新节点对网络度数中心度较高的既有节点的选择,共同影响了新的 BIT 联系生成与否的结果,也就是说;这两个要素会影响国家对投资伙伴对象国的选择,进而影响到全球双边投资协定网络的成长轨迹。[1] 此外,莱里奥·伊帕德雷(P. Lelio Iapadre)和露西亚·塔乔利(Lucia Tajoli)考察新兴国家在国际贸易网络中的地位及其所扮演的角色,发现以金砖国家为代表的新兴国家更多扮演了全球经济一体化进程的推动者角色,而在其各自的地区层面,它们作为主要出口国或地区供应者的身份使其得以作为网络"桥梁"连接地区内其他国家及更大的国际市场,金砖国家有意打造的地区贸易协定因而进一步巩固了其外向型中心的地位。[2]

其他一些研究也为回答网络结构下国家间是否可能形成经济制度合作这一问题提供了有趣的解释。比如埃琳娜·麦克林(Elena V. Mclean)和黄泰熙(Taehee Whang)事实上关注了国家在贸易领域的个体网情况,制裁发起国可以通过分析受制裁国的贸易伙伴网络,拉拢受制裁国最主要的贸易伙伴并与其开展相关合作,使该国支持制裁发起国的强制行动,由此发动并实现成功的经济制裁。[3] 古泽太极(Taiji Furusawa)和小西秀夫(Hideo Konishi)的系列研究从全球自贸协定网络的二元稳定状态入手分析国家间可能缔结 FTA 的情形,他们认为,若某个自贸协定网络中各参与国实力平均,且国家彼此间商品并非高度可替代,那么该自贸协定网络将呈现二元稳态,即没有国家有动力建立或终止其当前所拥有的自

---

[1] Daniela Saban, Flavia Bonomo, and Nicolás E. Stier-Moses, "Analysis and Models of Bilateral Investment Treaties Using a Social Networks Approach," *Physica A: Statistical Mechanics and Its Applications*, Vol. 389, Iss. 17, September 2010, pp. 3661 – 3673.

[2] P. Lelio Iapadre, and Lucia Tajoli, "Emerging Countries and Trade Regionalization: A Network Analysis," *Journal of Policy Modeling*, Vol. 36, Supplement 1, 2014, pp. S89 – S110.

[3] Elena V. Mclean, and Taehee Whang, "Friends or Foes? Major Trading Partners and the Success of Economic Sanctions," *International Studies Quarterly*, Vol. 54, Iss. 2, June 2010, pp. 427 – 447.

贸联系。①

跨国联系视角考察了国家间互动关系的形态与状态,不仅能帮助理解国家是否能、为何能建立经济制度合作关系,还在很大程度上为回答国家如何能进行经济制度合作的问题做出了解释的努力。从定位上看,本书采用的也是跨国联系视角,即试图从中国与东盟国家的互动关系中寻找中国与特定东盟国家建立经济伙伴关系的原因。

(二) 中国经济外交中的伙伴关系

除了在普遍意义上回顾影响国家经济伙伴选择的因素外,还需要进一步对中国的具体情况进行探究。

一个显而易见的事实是,目前有比较多文献讨论中国伙伴关系的建设,但却少见中国"(制度化)经济伙伴"的表述,其中部分原因在于,本书主要以"(制度化)经济伙伴"的表述来概括国家对外经济制度合作关系的研究,许多文献事实上对相关话题进行了讨论,但并未在研究中使用这种表达。那么,"伙伴"与"经济伙伴",它们之间是什么关系?

从内涵上看,伙伴关系意指的领域范围相对宏观,而经济伙伴关系仅仅涉及经济领域,但两者都是对中国外交关系形式的一种描述,亦都以正式协议或文件的签署作为标志。在门洪华、刘笑阳发表的关于中国伙伴关系战略的综述式文章中,伙伴关系被界定为"国家间基于共同利益,通过共同行动,为实现共同目标而建立的一种独立自主的国际合作关系……伙伴关系是不结盟框架下的一种战略安排,是更具弹性的新型双边合作关系"②。伙伴关系常常被用于与结盟关系作对比,这体现出伙伴关系的战略与安全色彩。在托马斯·威尔金斯(Thomas S. Wilkins)、孙德刚等学者看来,伙伴关系对安全合作的重视并不及结盟关系,甚至还要弱

---

① 参见 Taiji Furusawa, and Hideo Konishi, "Free Trade Networks with Transfers," *The Japanese Economic Review*, Vol. 56, No. 2, June 2005, pp. 144 – 164; Taiji Furusawa, and Hideo Konishi, "Free Trade Networks," *Journal of International Economics*, Vol. 72, Iss. 2, 2007, pp. 310 –335。

② 门洪华、刘笑阳:《中国伙伴关系战略评估与展望》,《世界经济与政治》2015 年第 2 期。

于准联盟外交关系;① 乔治·史翠佛（Georg Strüver）更进一步表示，伙伴关系更多是双方国家基于相似或相近的利益目标和意识观念建立起来的结构性框架联系。② 对于中国而言，"结伴不结盟"是中国现在以及未来坚持的一项重要外交原则。李葆珍、凌胜利、孙茹等学者指出，与国际关系中一度盛行并且现实国际社会中依然存在的"结盟"相比，当前中国以"结伴"的方式建立伙伴关系，摒弃了曾经的冷战思维，是中国加强与世界大国及重要地区国家合作、发展当今世界国家间关系的一种新形式和显著体现，其目的在于提高中国对外关系的质与量。③ 可见，伙伴关系在很大程度上是具有宏观战略意义的，是在整体概念上帮助中国在全球范围拓展有益的外交战略格局。

中国与其伙伴对象往往在合作内容上更为综合、多样化，在合作形式上更有灵活性，具有平等互利、不针对第三方、合作领域广泛、面向未来等基本特点，这在陈志敏、李宝俊、苏浩、金正昆等许多学者对中国伙伴战略的总结中可见一斑。④ 这也表明，中国实施的伙伴战略以及对外结交的伙伴关系在某种程度上是带有利益导向的，或者说是具有发展导向的。这与中国经济伙伴关系的建立目标是相一致的，因为在中国经济外交进程中，谋求互利共赢是中国与经济伙伴对象国顺利建立关系的基础。可以说，中国对外寻求建立伙伴关系是其实施伙伴战略的一个明显体现;⑤ 而中国经济伙伴关系又是中国伙伴关系在经济议题领域可操作

①　Thomas S. Wilkins, "'Alignment', not 'alliance' -the Shifting Paradigm of International Security Cooperation: Toward a Conceptual Taxonomy of Alignment," *Review of International Studies*, Vol. 38, No. 1, January 2012, pp. 53 – 76;孙德刚:《多元平衡与"准联盟"理论研究》，时事出版社 2007 年版，第 11—58 页。

②　Georg Strüver, "China's Partnership Diplomacy: International Alignment Based on Interests or Ideology," *The Chinese Journal of International Politics*, Vol. 10, No. 1, 2017, pp. 31 – 65.

③　李葆珍:《结盟—不结盟—伙伴关系:当代中国大国关系模式的嬗变》，《郑州大学学报》（哲学社会科学版）2009 年第 2 期;凌胜利:《中国为什么不结盟》，《外交评论》2013 年第 3 期;孙茹:《构建伙伴关系网:中国不结盟政策的升级版》，《世界知识》2015 年第 6 期。

④　可参见陈志敏《伙伴战略:世纪之交中国的现实理想主义外交战略》，《太平洋学报》1999 年第 3 期;李宝俊《历史的抉择:中国 50 年外交政策的战略性调整》，《教学与研究》1999 年第 6 期;苏浩《中国外交的"伙伴关系"框架》，《世界知识》2000 年第 5 期;金正昆《伙伴战略:中国外交的理性抉择》，《教学与研究》2000 年第 7 期等相关文献。

⑤　唐健:《伙伴战略与伙伴关系:理论框架、效用评估和未来趋势》，《国际关系研究》2016 年第 1 期。

化的形式表现。

不论是对中国在伙伴对象还是经济伙伴对象方面的选择，既有研究都已有一定的认识与成果。比如，肖晞和马程认为中国在全球范围内根据地缘、经济、安全、人文关系的自然状况布局伙伴关系，由此形成周边国家、欧亚大陆、区域大国、发展中国家这四个以中国为中心的四个伙伴关系同心圆；[1] 埃文·梅代罗斯（Evan S. Medeiros）、戴维来（Weilai Dai）和杜薇薇（Weiwei Du）、陈永等人分别认为追求良好国际形象、维持国内稳定发展、营造有利外部环境是驱动中国构建伙伴关系的多种动因。[2] 可见，中国在选择对象建立伙伴关系时不可避免会考虑如何能使本国发展环境最优化，使国家在战略崛起过程中所面临的国际压力最小化，这为探讨中国经济伙伴的选择问题提供了启发，即政治安全因素往往是中国伙伴选择过程中必不可少的考虑因素。

具体到中国经济伙伴的选择，一些学者已经对单一类别的中国经济伙伴外交进行经验分析，尝试总结归纳出中国经济伙伴选择过程中可能遵循的权衡标准。一般而言，与中国建立伙伴关系有利于伙伴对象国的市场扩大及经济发展，[3] 中国也能从中获取经济利益，即经济伙伴关系可能在一定程度上是服务于中国扩大出口的需求的，[4] 经济导向明显。同时，经济伙伴关系中可能蕴含较强的政治意味，这种政治性有时会阻碍

① 肖晞、马程：《中国伙伴关系：内涵、布局与战略管理》，《国际观察》2019 年第 2 期。

② Evan S. Medeiros, *China's International Behavior: Activism, Opportunism, and Diversification*, Santa Monica, C. A.: Rand Corporation, 2009, pp. 82 – 86; Weilai Dai, and Weiwei Du, "China's Strategic Partnership Diplomacy," *Contemporary International Relations*, Vol. 26, No. 1, 2016, pp. 101 – 116；陈永：《中美倡导的伙伴关系比较研究：演变过程与概念界定》，《国际政治研究》2016 年第 5 期。

③ 例如，Mansoo Jee, "Korea's Dynamic Economic Partnership with a Rising China," *Journal of International and Area Studies*, Vol. 19, No. 2, 2012, pp. 63 – 75; M. Jashim Uddin, "Prospects and Challenges for Bangladesh-China Comprehensive Economic Partnership: A Bangladesh Perspective," *Journal of International Affairs*, Vol. 19, Nos. 1&2, June & December 2015, pp. 35 – 37; Maria Levchenko, Andrii Levchenko, "Ukrainian-Chinese Economic Partnership as a Factor of Effective Economic Development and It's Perspectives," *International Journal of Economics and Society*, Iss. 1, April 2015, pp. 152 – 155; Lei Yu, "China-Australia Strategic Partnership in the Context of China's Grand Peripheral Diplomacy," *Cambridge Review of International Affairs*, Vol. 29, No. 2, 2016, pp. 740 – 760。

④ Jonathan Holslag, "Unequal Partnerships and Open Doors: Probing China's Economic Ambitions in Asia," *Third World Quarterly*, Vol. 36, No. 11, 2015, pp. 2112 – 2129.

双边伙伴关系在经济合作上的进一步深化。[1] 因此，对中国经济伙伴标准的归纳，常常会同时考虑经济、政治两方面因素。

对于自贸伙伴的选择标准，已有相对较多的文献予以关注。2007 年 5 月，时任商务部副部长易小准在采访中提道，"中国在自贸区实践中已经形成了一套比较综合的不成文的自贸伙伴选择标准：第一，双方应具有良好的政治和外交关系；第二，双方产业和进出口商品结构应具有较强的互补性；第三，对方具有一定的市场规模与贸易辐射作用；第四，双方都具备建立自贸区的共同意愿"[2]。从实践检验上看，约翰·雷文希尔（John Ravenhill）和江洋（Yang Jiang）发现中国会有意识地优先选择如东盟国家、小型发达国家这样的对象国建立自贸伙伴关系；[3] 斯蒂芬·霍德利（Stephen Hoadley）和杨健（Jian Yang）认为这体现了中国力图以较小的竞争风险逐步对外开放市场、避免经济歧视、倒逼国内改革的意图，[4] 因而这一定程度上体现了中国自贸伙伴选择的经济动机。不过，似乎仍然缺少足够的证据证明中国在选择自贸伙伴对象时是以经济考量为重的。曾卡（Ka Zeng）的研究表明，鲜有证据显示中国自贸协定的订立是为了拓宽海外市场准入或是保障原材料的基本供应。[5] 因此，中国在选择自贸伙伴对象时，经济贸易条件的重要性可能不甚突出。

与此相对应，高树超（Henry Gao）、孔庆江（Qingjiang Kong）、宋国友（Guoyou Song）和袁文锦（Wenjin Yuan）等不少学者认为，对象国是否与中国保持良好的政治外交关系反而是中国自贸伙伴选择中重点考虑

---

[1] Jeffrey Schubert, and Dmitry Savkin, "Dubious Economic Partnership: Why a China-Russia Free Trade Agreement is Hard to Reach?" *China Quarterly of International Strategic Studies*, Vol. 2, No. 4, 2016, pp. 529 – 547.

[2] 俞岚：《易小准：中国选择自贸区合作伙伴有四大标准》，中国新闻网，2007 年 5 月 29 日。（注：原文链接已失效，转引自 http://business. sohu. com/20070529/n250292867. shtml）

[3] John Ravenhill, and Yang Jiang, "China's Move to Preferential Trading: A New Direction in China's Diplomacy," *Journal of Contemporary China*, Vol. 18, Iss. 58, January 2009, p. 30.

[4] Stephen Hoadley, and Jian Yang, "China's Cross-Regional FTA Initiatives: Towards Comprehensive National Power," *Pacific Affairs*, Vol. 80, No. 2, East Asian Cross-Regionalism, Summer 2007, pp. 327 – 348.

[5] Ka Zeng, "China's Free Trade Agreement Diplomacy," *The Chinese Journal of International Politics*, Vol. 9, No. 3, Autumn 2016, pp. 277 – 305.

的条件，或者说，政治关系因素可能比经济关系因素更为重要。① 由此，学者们发现中国似乎更倾向于与和自身政治关系更为密切的国家开展自贸区谈判。② 此外，潜在伙伴国是否能给中国带来一定的政治战略收益，也是中国在选择自贸伙伴时会参考的指标。譬如，弗雷德·伯格斯坦（C. Fred Bergsten）、伊莱恩·奎（Elaine S. Kwei）等学者指出，中国倾向于选择一些周边国家作为自贸伙伴，因为这可为中国发展塑造比较和平的周边发展环境，同时也能一定程度地提升中国在地区中的领导地位。③ 李巍、孙忆等人认为，中国选择某些自贸伙伴国的原因在于这些国家能在不同程度上帮助中国化解国际制度竞争压力，避免在国际贸易秩序重塑过程中陷入被动；④ 陈兆源进一步表示，除了要争取伙伴支持以应对国际制度规则竞争外，中国选择相关自贸伙伴还有一个突出的外交战略动机，即要对外释放经济开放改革、互利共赢、与睦邻友好的信号。⑤

一些国内政治因素也可能会对中国自贸伙伴的选择造成一定的影响。孔庆江梳理了中国对外贸易政策制定机制并指出，选择什么样的自贸伙伴有一部分原因是基于领导者全图景式的顶层设计。⑥ 但具体的自贸谈判是需

---

① Henry Gao, "China's Strategy for Free Trade Agreements: Political Battle in the Name of Trade," in Ross P. Buckley, Richard Weixing Hu, and Douglas W. Arner, Cheltenham, eds., *East Asian Economic Integration: Law, Trade and Finance*, UK: Edward Elgar, 2011, pp. 111 – 113; Qingjiang Kong, "China's Uncharted FTA Strategy," *Journal of World Trade*, Vol. 46, No. 5, October 2012, pp. 1202 –1205; Guoyou Song, and WenJin Yuan, "China's Free Trade Agreement Strategies," *The Washington Quarterly*, Vol. 35, No. 4, Fall 2012, pp. 107 –119.

② Ka Zeng, "China's Free Trade Agreement Diplomacy," *The Chinese Journal of International Politics*, Vol. 9, Iss. 3, Autumn 2016, pp. 277 –305.

③ C. Fred Bergsten, "A Partnership of Equals: How Washington Should Respond to China's Economic Challenge," *Foreign Affairs*, Vol. 87, Iss. 4, July/August 2008, p. 60; Elaine S. Kwei, "Chinese Trade Bilateralism: Politics Still in Command," in Vinod K. Aggarwal and Shujiro Urata, eds., *Bilateral Trade Agreements in the Asia-Pacific: Origins, Evolution, and Implications*, New York: Routledge, 2006, p. 117.

④ 李巍：《现实制度主义与中美自贸区竞争》，《当代亚太》2016 年第 3 期；孙忆：《国际制度压力与中国自贸区战略》，《国际政治科学》2016 年第 3 期。

⑤ 陈兆源：《中国自由贸易协定的伙伴选择——基于外交战略的实证分析》，《世界经济与政治》2019 年第 7 期。

⑥ Qingjiang Kong, "China's Uncharted FTA Strategy," *Journal of World Trade*, Vol. 46, No. 5, October 2012, p. 1205.

要政府各部门参与完成，各部门的利益可能有所不同，江洋认为，中国对外建立自贸协定过程中出现的部门利益分歧一定程度上是国内贸易保护力量与自由开放力量相抗衡的表现。① 从国内社会力量的角度上看，曾卡认为农业、服务业等有一定保护主义倾向的力量会利用国内制度结构对中国选择什么样的自贸伙伴、多大程度上实现开放施加压力。② 不过，万明（Ming Wan）也指出，尽管中国的自贸伙伴选择及谈判实施可能会受到一定的国内力量干预，但从最终结果上看，国家整体利益的实现仍然是选择相关自贸伙伴的主要导向。③ 总体而言，中国自贸伙伴的选择体现出一种实用主义（pragmatism）特点，盛斌（Bin Sheng）、曾卡（Ka Zeng）等人指出，为了使自贸协定的签署更符合中国在双边或区域层面的经济及战略利益，中国在对自贸伙伴进行选择以及与不同对象国确定相应的自贸协议内容时并没有统一模板可参考，而是以个案分析（case-by-case）的碎片化、渐变方式逐步推行。④ 王贵国（Guiguo Wang）认为，这种多样性与灵活性相结合的方式能助力更便利地推进中国自贸区战略。⑤

　　除了自贸伙伴的选择外，学者们还分析了中国货币伙伴的选择标准。综合史蒂文·廖（Steven Liao）和丹尼尔·麦克道威尔（Daniel McDowell）、艾丽西亚·加西亚—埃雷罗（Alicia Garcia-Herrero）和夏乐（Le Xia）、林

① Yang Jiang, "China's Pursuit of Free Trade Agreements: Is China Exceptional?" *Review of International Political Economy*, Vol. 17, Iss. 2, May 2010, pp. 241 – 250.

② Ka Zeng, "Multilateral versus Bilateral and Regional Trade Liberalization: Explaining China's Pursuit of Free Trade Agreements (FTAs)," *Journal of Contemporary China*, Vol. 19, Iss. 66, September 2010, pp. 645 – 651; John Ravenhill, and Yang Jiang, "China's Move to Preferential Trading: A New Direction in China's Diplomacy," *Journal of Contemporary China*, Vol. 18, Iss. 58, 2009, pp. 42 – 43.

③ Ming Wan, "The Domestic Political Economy of China's Preferential Trade Agreements," in Vinod K. Aggarwal, and Seungjoo Lee, eds., *Trade Policy in the Asia-Pacific: The Role of Ideas, Interests, and Domestic Institutions*, New York: Springer, 2011, pp. 29 – 48.

④ Bin Sheng, "The Political Economy of an Asian Pacific Free Trade Area: A China Perspective," in Charles E. Morrison, and Eduardo Pedrosa, eds., *An APEC Trade Agenda? The Political Economy of a Free Trade Area of the Asia-Pacific*, Singapore: Institute of Southeast Asian Studies, 2007, p. 59, 68; Ka Zeng, "Multilateral versus Bilateral and Regional Trade Liberalization: Explaining China's Pursuit of Free Trade Agreements (FTAs)," *Journal of Contemporary China*, Vol. 19, Iss. 66, September 2010, pp. 636 – 638.

⑤ Guiguo Wang, "China's FTAs: Legal Characteristics and Implications," *The American Journal of International Law*, Vol. 105, No. 3, July 2011, pp. 498 – 504.

志涛（Zhitao Lin）、詹文杰（Wenjie Zhan）和张贤旺（Yin-Wong Cheung）等多位学者的研究结论来看，中国寻找签订本币互换协议的对象国时相对更重视经济因素的考量，即对方经济规模越大、对华投资贸易额越多，越有可能进入中国货币伙伴选择的考虑范围，这一点与中国自贸伙伴选择倾向略有不同；在可能起作用的政治因素中，与中国存在战略伙伴关系能增加该对象国与中国建立货币伙伴关系的可能性；从制度因素上看，若中国与对象国已具有优惠贸易协议或双边投资协议基础，双方也更容易进一步成为彼此的货币伙伴；此外，潜在对象国的法治化水平、稳定性程度等也是中国选择货币伙伴的考虑因素。[1] 值得注意的是，根据李巍和朱红宇的判断，中国目前正在逐步建立起多层次货币合作伙伴网络，为推进人民币国际化进程提供相应的政治基础，在能力和意愿上能对人民币国际使用提供关键性支持作用的国家将被视为战略支点国，[2] 这意味着中国货币伙伴重要性事实上是具有差异的。此外，劳伦斯·布罗兹（J. Lawrence Broz）和张志文（Zhiwen Zhang）的研究发现，越是对当前美国主导下的国际经济金融秩序有所不满的国家，越有可能与中国建立货币伙伴关系，这也给中国挑选合适的货币伙伴提供了新思路。[3]

如果综合不同类型的中国经济伙伴进程图景来看，不同类型关系建立的先后顺序似乎也体现出了某种特点。孙忆和孙宇辰发现，对中国贸易依赖度更高或政治立场与中国更一致的国家更容易与中国形成多种类型的经济伙伴关系；并且，对于立场相似度高且对华贸易依赖度强的对象国，中国有更大可能先与其建立像自贸伙伴这样政治意味较强的经济

---

[1] Steven Liao, and Daniel McDowell, "Redback Rising: China's Bilateral Swap Agreements and Renminbi Internationalization," *International Studies Quarterly*, Vol. 59, No. 3, 2015, pp. 401 – 422; Alicia Garcia-Herrero, and Le Xia, "RMB Bilateral Swap Agreements: How China Chooses Its Partners?" *Asia-Pacific Journal of Accounting & Economics*, Vol. 22, No. 4, 2015, pp. 368 – 383; Zhitao Lin, Wenjie Zhan, and Yin-Wong Cheung, "China's Bilateral Currency Swap Lines," *China & World Economy*, Vol. 24, No. 6, 2016, pp. 19 – 42.

[2] 李巍、朱红宇：《货币伙伴外交与人民币崛起的战略支点国》，《外交评论》2015 年第 1 期。

[3] J. Lawrence Broz, and Zhiwen Zhang, "Explaining Foreign Interest in China's Global Economic Leadership: Bilateral Currency Swap Agreements," August 15, 2018, available at SSRN: https://papers.ssrn.com/sol3/papers.cfm? abstract_id = 3278954.

伙伴关系，而后建立像货币伙伴这样政治意味稍弱的经济伙伴关系。①

总的来看，尽管目前还没有关于中国经济伙伴选择标准的官方明文规定，但中国似乎在实践过程中已经逐渐形成了综合考虑下的选择标准，并在往后的经济外交过程中不断被检验与改善，这也为后续研究提供了相应的借鉴和参考。既有研究对中国经济伙伴选择标准的归纳与推论大多为基于对象国特征以及对象国与中国互动关系情况作出的判断，属于跨国联系研究视角的范畴。本书也将沿用这种研究视角，对中国与东盟国家开展经济伙伴关系的过程做出分析与判断。

（三）既有研究的缺漏与本书的创新

既有文献从市场驱动、权力博弈、跨国联系三大视角为国家间经济伙伴的选择提供了整体思考的方向；并且，对目前中国经济伙伴国的特征情况进行的归纳总结也在一定程度上为中国经济伙伴群体画了像，帮助辨别潜在的经济伙伴选项。不过，既有的研究成果仍然存在深入探讨的空间。

第一，对中国经济伙伴关系进行整体研究的视角比较缺乏。按照本书对经济伙伴的定义，即以国际经济合作协议的签订为标志观察和分辨国家间经济伙伴关系，确实有许多文献对国家开展的经济伙伴外交进行探讨，其中也有一些文献讨论中国是如何与不同国家形成并管理彼此间经济伙伴关系的。但这些文献往往只聚焦某一类中国经济伙伴关系的形成与发展，并且主要集中于对中国贸易/自贸伙伴、货币伙伴的现状说明、福利分析和原因追踪，鲜有对多类别的中国经济伙伴外交进行的整体性研究。显然，在全球化程度比较高的当下，中国的经济伙伴彼此之间往往相互联系、相互联动，孤立地追踪某一类经济伙伴的情况可能还是难以完整地描述出中国经济伙伴关系状况的整体全局。这意味着在解析中国经济伙伴关系时缺乏对研究议题本身的整体性、连贯性叙述，因此难以深入分析中国与外交对象群体之间在经济伙伴关系模式上的定位与互动。

---

① 孙忆、孙宇辰：《中国经济伙伴网络中的多重制度联系》，《世界经济与政治》2019 年第 4 期。

第二,中国经济伙伴关系形成过程中的阶段性差异未得到足够的重视,这一点其实与第一项不足是有所联系的。中国经济伙伴关系建立过程具有明显的阶段性,改革开放后中国首先大量发展的是投资伙伴关系,2002 年起开始结交自贸伙伴关系,2009 年起寻求建立货币伙伴关系,近年来主要推进的是自贸伙伴关系与货币伙伴关系。既有的相关研究已经暗示了中国的自贸伙伴选择与货币伙伴选择在侧重点上可能一个更倾向于政治考量、一个更倾向于经济激励,但由于缺少整体性研究框架,既有文献很难对中国在不同阶段开展经济伙伴外交展开更进一步的对比分析,阶段性差异问题因而也没能得到很好的解答。

第三,中国经济伙伴关系的理论化解释机制有所缺位。由于中国对外建立经济伙伴关系是比较具体的外交政策,因此相关的时效性、政策性研究居多,而理论性研究不足;具体到经济伙伴类别上看,对自贸伙伴选择的理论性讨论相对较多,对投资伙伴、货币伙伴选择的理论性探讨相对较少。建立理论化解释机制之所以重要,是因为理论不仅能为现实世界提供解释,一定程度上还能为未来实践提供预测。为对当前蓬勃发展的中国经济伙伴外交进程有更深刻的理解,合理构建一种科学解释的理论框架不仅是重要的,也是必要的。

鉴于既有文献存在一定的不足,本书力图在整合当前研究成果的基础上有所延展,完善对中国经济伙伴外交关系特别是对中国与东盟国家经济伙伴关系的探讨。具体而言,本书在以下几个方面有一定的创新性。

第一,从理论谱系上看,本书属于探讨跨国联系对国家政策选择的影响作用的研究视角,可作为国家发展战略、对外经济政策相关理论的一种佐证与丰富,并首次将中国建立的多类别经济伙伴关系纳进统一的研究分析框架,为国家间双边制度化关系的形成提供了一个比较综合的理论解释机制。发展伙伴关系显然是目前中国实施对外战略中一个不容忽视的组成部分,本书对当前中国大力推行的伙伴关系战略进行细化研究,以中国经济外交进程中的伙伴选择作为分析的切入点,使伙伴关系研究落脚到经济层面,从而使分析更具有议题针对性。此外,本书将对多类别的中国经济伙伴外交进行的整体性研究并构建相应的理论机制,力图展示更加综合的中国经济伙伴图景,而非像许多既有文献那样仅仅表现出对单一类别经济伙伴关系的关注。

第二，本书关注中国经济伙伴关系在数量与类别上的历时性阶段变化，而不仅仅局限于静态的对象国伙伴特征分析，尝试以动态视角更准确地描述中国经济伙伴关系发展的演变经过。中国对外寻求多类别经济伙伴关系的建立，这是个逐渐多样化、复杂化的过程，不仅在伙伴数量上，有越来越多的国家被纳入中国的经济伙伴网络之中，在伙伴类型上，中国与不同国家建立的经济伙伴类型也在不断丰富。由于这个过程始终处于一种动态变迁的状态，纯粹静态的特征分析常常很难准确刻画中国经济伙伴关系的建立与发展历程，因此本书尝试为既有研究补充一种动态研究视角，对这一发展历程中各阶段的异同情况进行分析。

第三，本书侧重对"关键时期"（critical period）的探讨，一定程度上丰富了国家—地区关系的相关研究。由于中国与不同东盟国家构建不同类别的经济伙伴关系时存在着先后次序的选择，这意味着中国在进入东盟地区的"关键时刻"需要对最合适作为经济伙伴的对象国进行衡量与判断，否则中国进入东盟地区的行为可能遭遇失败。本书首次从国家进入地区的"关键时期"这一角度切入，更贴合中国发展经济伙伴外交的现实状况，为理解中国经济伙伴选择提供了具有更强可操作性的时间落脚点。

第四，在研究方法上，本书尝试将社会学研究方法纳入具体的研究过程中，以为本书的研究提供更加科学合理的论证，并力争呈现可视化的中国经济伙伴网络关系图。本书此次尝试运用社会网络分析方法对网络节点国家的重要性进行衡量，判断在不同时期各节点国家在东盟地区经济网络中的地位，进而引入计量模型的实证分析方法进行部分论证说明，此后再纳入传统的案例分析方法进行综合阐述。因此，本书试图在研究方法上体现出综合学科的特色，并综合运用"定性＋定量"的研究方法，使得本书内容的完整性、真实性能更充分地体现出来。

三　研究思路、方法、不足与结构安排

（一）研究思路

本书意在为中国经济伙伴外交进程中的双边国家制度关系构建提供一个相对合理的理论化解释，在本书的研究语境下主要解释的是中国与东盟国家建立经济伙伴关系时的行为逻辑。

本书主要从跨国联系角度探讨中国经济伙伴的选择标准,实际上是探讨国家对外经济政策制定的国际根源,某种意义上遵循的是"颠倒的第二意象"[1] 研究路径。中国在崛起过程中,需要选择合适的经济伙伴,特别是要在周边地区选择合适的经济伙伴来为自身在国际政治经济体系中的战略发展提供必不可少的伙伴支持。那么,什么样的对象国能为中国提供支持以及支持程度如何,这是理解当前中国经济外交发展进程的重要方面,也是展望未来中国经济外交走向的必要前提。对于当前遍布全球的诸多中国经济伙伴关系,需要找到合适的研究切入点才能更好地理解这种关系构建的逻辑。因此,本书首先从中国与东盟地区(周边地区的重要组成部分)内国家建立经济伙伴关系的实践过程入手,侧重分析中国进入东盟地区之时优先选择的经济伙伴对象国的特征或特点,以此探究中国选择地区经济伙伴时可能参照的考量条件及标准。从理解中国—地区经济伙伴关系出发,有助于下一步继续研究中国—全球经济伙伴关系的构建逻辑。

本书在研究过程中始终将国家视为理性行为体,即在面临不同的国际约束条件下,国家作出的政策选择都是为了要尽可能地实现自身的战略目标。在国家行为理性的前提下,当一个国家试图与一个地区建立更深入的制度化经济联系,理性的做法是要力图使关系建立的成本最小化、通过关系得到的获益最大化。这样一来,选择合适的经济伙伴国作为进入地区的突破口就凸显出了其必要性。

在选择伙伴的过程中,需要对对象国的国家特点进行观察,并按一定的标准条件进行分值高低排序,从而才能确认哪个国家才是要寻找的优先经济伙伴。由于经济伙伴外交是国家围绕经济事务寻找合适的对象国并与该对象国开展的相关官方交往活动,这意味着经济伙伴关系的建立既带有明显的经济特性,即经济伙伴之间需要存在经济上的互惠互利联系,同时也蕴含着不可忽视的政治色彩,即经济伙伴之间应保有相对友好的外交关系;因此,在探讨中国经济伙伴的选择逻辑与标准时,往往可以从经济

---

[1] Peter Gourevitch, "The Second Image Reversed: The International Source of Domestic Politics," *International Organization*, Vol. 32, No. 4, Autumn 1978, pp. 881 – 912.

和政治(甚至安全)两方面入手,思考可能的核心影响因素。

经济方面的标准可以重点衡量对象国能使中国潜在获益的程度。一方面,中国经济外交迅速发展壮大的前提很大程度上依赖中国经济实力的快速崛起与中国经济红利的外溢,这种强大的经济实力以及空间巨大的国内市场对潜在对象国而言具有强烈的吸引力,并可能使对象国在贸易上对中国产生依赖;对象国对中国依赖程度越深,中国在关系中的经济不对称优势越明显,这意味着中国在与潜在对象国相处时或能占据更为主动的地位,从而使经济伙伴关系的实施更符合中国的意愿。这可谓是一种"经济关系收益"。另一方面,由于东盟国家客观上存在地区内的经济伙伴关系网,而处于地区网络中心的国家往往因与其他地区内国家有较多联系而相应地具有更大影响力和重要性;中国与这样的国家首先建立经济伙伴关系能更有利于未来进一步打开在东盟地区的经济外交格局,因为东盟地区网络内其他国家可能会效仿网络中心国的经济外交选择而与中国建立经济伙伴关系,从而降低了中国与其他东盟国家建立经济伙伴关系的成本。这可谓是一种"网络拓展收益"。如果对象国能给中国带来的潜在收益越高,中国或许越有意愿与其先行建立经济伙伴关系。

政治(安全)方面的标准可以侧重衡量中国与对象国建立经济伙伴关系的成本高低。在东盟地区,美国是东盟国家与中国关系发展变化的一个重要影响因素,"经济上靠中国,安全上靠美国"是许多东盟国家采取的对冲式外交策略,东盟国家因为实施对冲操作而选择拒绝大国"拥抱"、在大国之间谨慎平衡,这会大大增加中国改善与东盟国家政治关系的难度。[①] 因此,如果要考察中国和东盟国家构建经济伙伴关系的情况,美国是不可忽视的存在。在中美战略竞争的背景下,一般而言,与美国关系密切程度相对不高或受美国影响较小的东盟国家可能与中国相对更亲近一些,这样的国家可能更易于接受与中国形成经济伙伴关系。此外,与中国高层互访频繁程度也能在一定程度上衡量出对象国与中国的关系亲密程度,对象国与中国在外交上越亲密也越能降低双边制度化经济关系的建立难度。如果对象国与中国建立经济伙伴关系的成本较低,中国可能会比较愿意选择这样的对象国作为自己的经济伙伴。

---

① 王玉主:《对冲策略及对中国—东盟关系的意义》,《世界经济与政治》2021 年第 1 期。

由此，本书将从经济与政治（安全）两方面入手，尝试构建具有一定解释力的理论机制，解析中国与东盟国家经济伙伴关系的构建与形成过程。

（二）研究方法

现实世界中存在的种种现象与问题是社会科学主要的研究对象，对这些现象与问题的分析与解释需要采用相关的科学研究方法，其中便涉及理论构建（theory construction）、资料收集（data collection）与资料分析（data analysis）。[1] 本书力求基于现实问题的讨论建立可能的理论解释机制，是一项综合采用定性与定量方法而开展的研究。[2]

第一，文献分析法。任何一项研究都不能脱离前人研究成果而孤立存在。本书研究的中国经济伙伴外交，其理论定位属于国家对外经济政策制定的范畴，这一范畴的研究成果非常丰富，学者们在分析和总结国家政策选择的多个影响因素方面已有比较深厚的理论积累，这为本书的研究提供了非常宝贵的文献基础和可供借鉴的研究视角。

第二，在定量研究方面，本书主要采用社会网络分析法（Social Network Analysis，SNA）与实证分析法。首先，尽管在经济、安全、卫生等多个议题领域都存在大大小小的网络，但这些网络在国际关系研究中常常被视为一种与传统国家等级结构或讨价还价型市场结构所不同的组织模式，[3] 以专门的网络分析方法解析这些网络的研究仍然不占多数。事实上，社会网络分析法早已被广泛应用于传染病、生物、物理、数学、计算机科学等自然科学领域的研究中；20世纪50年代初以来，心理学、社会学、经济学也开始越来越多地使用社会网络分析方法；20世纪60年代晚期至70年代初，政治科学领域才开始尝试使用社会网络分析方法；讽

---

① ［美］艾尔·巴比：《社会研究方法（第十一版）》，邱泽奇译，华夏出版社2009年版，第12页。

② 中国学者唐世平曾经指出，在面对实际的研究问题时，需要充分了解定性方法与定量方法各自的优劣处，灵活运用不同的方法组合才能比较好地解决研究问题。可参见唐世平《超越定性与定量之争》，《公共行政评论》2015年第4期。

③ Emilie M. Hafner-Burton, Miles Kahler, and Alexander H. Montgoery, "Network Analysis for International Relations," *International Organization*, Vol. 63, Iss. 3, Summer 2009, p. 560.

刺的是，直到 2000 年，采用社会网络分析法对国际体系进行研究的大多是社会学家而非政治学家。[1] 社会网络分析方法遵循的是结构分析路径，主要关注点在于行为体间的"位置及其相对关系"，[2] 这恰好满足本书的研究需要，因为本书力图解释的问题涉及东南亚地区网络中东盟各国所处的网络位置及其相对关系可能导致的差异化结果。

此外，本书基于 1980—2022 年中国与东盟国家的各项面板数据运用计量方法进行实证检验。这种定量方法从有待检验的假设出发，将假设中的概念转化为可操作可统计的变量进行标准化、系统化的测量，然后通过对现实的观察收集并生成数据，进而对数据进行统计分析，最终对假设进行检验，这具有透明度高、可重复性等优势。[3] 将复杂的国际关系问题有效地简洁化，能更利于最终研究结论的归纳与总结。

第三，在定性研究方面，本书主要采用案例分析法（case study）和过程追踪法（process tracing）。在定量研究对假说检验的基础上，本书还将进一步筛选合适的案例展开研究。作为对某一历史事件的详细描述，案例分析法能检验本书所提出的理论机制是否具有普适的解释力。[4] 另外，在对历史案例进行解析的过程中，实际上本书也运用了过程追踪法，即对案例中初始条件转化为案例结果的经过进行考察，从而探究系列事件或国家决策的过程。[5] 本书分别对中国与东盟国家建立投资伙伴关系、货币伙伴关系的过程进行了追踪，以验证本书提出的相关理论解释机制。

---

[1] Zeev Maoz, *Networks of Nations: The Evolution, Structure, and Impact of International Networks*, 1816 – 2001, New York: Cambridge University Press, 2011, p. 5.

[2] 可参见 Zeev Maoz, Lesley G. Terris, Ranan D. Kuperman, and Ilan Talmud, "International Relations: A Network Approach," in Alex Mintz, and Bruce Russett, eds. , *New Directions for International Relations: Confronting the Method-of-analysis Problem*, New York: Lexington Books, 2005, Chapter 3；陈冲、刘丰《国际关系的社会网络分析》，《国际政治科学》2009 年第 4 期等相关文献。

[3] 庞珣：《国际关系研究的定量方法：定义、规则与操作》，《世界经济与政治》2014 年第 1 期。

[4] Alexander L. George, and Andrew Bennett, *Case Study and Theory Development in the Social Science*, Cambridge, Massachusetts: MIT Press, 2004, p. 4.

[5] ［美］斯蒂芬·范埃弗拉：《政治学研究方法指南》，陈琪译，北京大学出版社 2006 年版，第 61 页。

（三）潜在不足

作为一项政治科学研究，要对现实中的国家选择及国家间关系进行精准完美的刻画，那将是一项几乎无法完成的任务，因为现实世界中的一些政治学变量客观上难以精确测度，还有因主观文献知识的界限而尚未企及的未知变量。因此，本书力图为中国经济伙伴的选择逻辑提供最大近似回答，但不可避免会存在着一些不足，不过这些不足也为研究的继续深化与细化提供了方向。

本书的第一项不足可能在于样本数量相对偏少。作为一项探讨中国与其他地区国家互动关系的研究，本书的研究对象范围聚焦在东盟地区，而东盟地区主要包含的国家仅有十个。总体上看，用以分析的历史案例选择范围比较有限。并且，正如世界上没有一模一样的两个鸡蛋一样，有限的东盟国家案例中也没有政治经济禀赋完全相同的国家以供对比研究。为了缓解样本数量有限性问题，本书适当扩大研究时间范围以增加可供观察的样本量，例如在定量模型中采用的就是1980—2022年长达43年的面板数据进行的分析。

对本书的第二项批评可能出于对"经济伙伴"内涵的商榷。本书对"经济伙伴"的界定是：签署了制度化水平较高的国际经济合作协议的国家互为彼此的经济伙伴国；对此的具体化表现是通过签署双边投资协定、自由贸易协定、本币互换协议而建立起的投资伙伴、自贸伙伴、货币伙伴关系。显然，这是从研究可行性出发进行的操作，用三种协议分别表示国家之间在投资、贸易、金融三个主要的经济领域大类下的伙伴关系构建。批评者或许会质疑这三种协议的代表性，或是批判仅对这三种经济伙伴类别的探讨仍显粗略。

对前一种质疑，所选经济协议是否具有代表性，一看其"经济性"，即是否具有明确的特定经济领域特征；二看其"门槛性"，即是否具有相当的签约难度。本书所选的三种经济协议是国与国之间在投资、贸易、金融领域的具体往来安排，具有鲜明的经济性。并且，这三种协议在不同程度上都带有较为突出的政治意味，签订协议即意味着协议方国家对彼此经济身份的肯定或对外交立场的支持，因此与其他同类经济协议相比，这三种协议更难签署。由此，在本书的研究语境下，选择双边投资协定、自由贸易协定、本币互换协议作为国家间建立经济伙伴关系的表现便具有了比较充分的代表性。

对后一种批判，诚然，在全球经济活动更新迭代、经济外交内涵不断拓展的当下，电子商务、数字经济、知识产权等经贸领域中的新兴议题大量涌现，改变着各国传统的经济合作方式，国家通过商签与之相关的双边经济协议摸索着在新的贸易议题领域中应当遵守的行为准则，中国也没有例外。例如，2019 年 7 月，中国与哥伦比亚签署了关于电子商务合作的谅解备忘录，鼓励通过电子商务推动双边优质特色产品贸易；2019 年 11 月，中国与欧盟签署了关于地理标志保护与合作协定谈判的联合声明，这是中国与其他经济体签订的第一份全面的、具有高水平的地理标志双边协定，体现着中国有意强化包括地理标志在内的知识产权保护的决心；中国先后于 2021 年 9 月和 11 月正式申请加入《全面与进步跨太平洋伙伴关系协定》（CPTPP）和《数字经济伙伴关系协定》（DEPA），并积极推进相关进程，这两个协定都是中国对接国际高标准经贸规则的重要努力，在电子商务、数字经济等新兴领域加快推进高水平对外开放。在重要的新兴议题领域率先立章建制，是国家参与国际经济秩序重塑、争取未来经贸规则制定权的重要方式，因此有必要在未来的研究中将一些对国家经济战略发展有关键意义的新兴议题经济协议纳入考察范围。不过就目前而言，在新兴贸易议题领域，中国对外商签的双边协议数量还比较少，并且也多为框架性协议，纳入研究的意义不大。因此，本书的这一不足或许可以得到适当的宽容。

最后，国内政治因素的暂时缺位可能是对本书存在的第三项不足。本书出于简化逻辑链条的考虑，暂时没有将国内政治因素纳入研究分析当中，只探讨了国家间关系及对象国条件等国际政治因素所发挥的影响作用。然而，这并不意味着国内政治因素不重要；与之相反，笔者认为，中国经济伙伴的顺利构建从根本上看有赖于中国国内政治经济实力的有效凝结与发挥。从现实情况来看，尽管中国在对外与经济伙伴对象国交往时往往呈现出统一的对外形象及立场，但中国经济外交政策的制定分属不同部委，客观而言各部委的需求与利益不尽相同，在推进经济外交过程中需要进行部际协调。[①] 如果往更深层次挖掘，中国经济发展中的各行业部门在中国实施对外开放的过程中所收获的利益份额亦有所不同，多方的博弈协调以及相关利益格局的波动变化都可能影响中国经济伙伴的选择。中国制定经济伙伴外交决策的国内协调确实是值得更深入研究和探讨的问题，但本书囿于篇幅的限制以及对简洁逻辑链条的追求，暂时未能对国内因素进行讨论。

（四）结构安排

基于上述研究思路和研究方法，本书共分为六章。第一章导论部分对本书的研究背景进行说明，对既有研究进行梳理与回顾，并明确提出研究问题，指出研究中可能出现的一些不足。

第二章主要对中国与东盟国家建立经济伙伴关系的过程进行描述性说明，并解析中国对东盟国家开展经济伙伴外交的战略意图与意义。在描述过程中，本书区分了作为整体的东盟和作为个体的东盟国家分别与中国建立经济伙伴关系的情况，而本书的主体研究实际上是围绕后者进行的。

第三章具体提出并阐述中国与东盟国家构建经济伙伴关系的理论机制。本书主要从经济与安全角度分别构建了经济指数和安全指数，用以衡量作为潜在经济伙伴国的东盟国家可能给中国带来的潜在收益情况以及建立关系所要付出的成本情况。在此基础上，本书提出了中国选择经济伙伴的整体解释框架，为下一步研究建立起可操作化的理论基础。

第四章、第五章为经验研究部分，主要基于本书提出的理论解释框架对中国—东盟国家经济伙伴关系发展的不同阶段进行实证分析与案例检验。第四章讨论的是中国与东盟国家建立投资伙伴关系的经过。在经过计量模型的实证检验后，本书选择泰国与菲律宾、新加坡与马来西亚进行案例比较分析，前者对比的是对象国经济指数差异对中国经济伙伴

---

① 宋国友：《中国周边经济外交：机制协调与策略选择》，《国际问题研究》2014 年第 2 期；Yang Jiang, "The Limits of China's Monetary Diplomacy," in Eric Helleiner, and Jonathan Kirshner, eds., *The Great Wall of Money：Power and Politics in China's International Monetary Relations*, Ithaca and London：Cornell University Press, 2014, Chapter 6。

选择的影响,后者对比的是对象国安全指数差异所产生的影响。第五章讨论的是中国在东盟地区选择货币伙伴的过程。同样也是在实证分析后进行案例分析。由于目前中国在东盟地区已有的货币伙伴数量较少,因此本书对先行成为中国货币伙伴的东盟国家与尚未成为中国货币伙伴的东盟国家进行总体上的对比分析,探讨前者率先与中国建立制度关系的原因。

　　第六章结论部分对经验研究结果进行了理论发现的归纳总结,进而阐述了本书的理论与实践意义,并指出了本书在未来可进一步深入研究的方向。

第 二 章

中国与东盟国家经济
伙伴关系的现状

中国与世界潮流同步，加快与其他国家建立经济伙伴关系的步伐进程，经济伙伴数量逐渐增加，并且还有意在不同地区都建立这样的经济伙伴关系。其中，地处中国周边的东盟地区是中国布署经济伙伴关系的重点区域，东盟各国在不同时期与中国相继建立起了不同程度的经济伙伴关系，成为中国经济伙伴外交格局中的重要构成。

一 经济伙伴外交的流行与中国
建立的经济伙伴关系

根据本书的定义，国家对外寻找经济伙伴，实际上就是要与其他国家签订如自贸协定、双边投资协定、本币互换协议等制度化水平比较高的国际经济合作协议。由此进行观察，可以发现，经济伙伴外交在全球范围内得以流行，中国也通过相关经济协议的签订与越来越多的国家建立起了经济伙伴关系。

（一） 全球经济伙伴外交的兴起与流行

在全球范围内，国家间建立经济伙伴关系的行为并不少见；并且，总体上看，各国寻找经济伙伴的积极性越发高涨。比如，在国际贸易领域，20 世纪 90 年代后涌起的"新一波经济地区主义浪潮"[1] 使得国家

---

① Edward D. Mansfield, and Helen V. Milner, "The New Wave of Regionalism," *International Organization*, Vol. 53, No. 3, Summer 1999, pp. 589 – 627.

间签订的自由贸易协定数量越来越多；虽然当下出现了一些反全球化迹象，但国家间构建自贸伙伴关系的脚步依旧没有停滞，一些国家为加快实现本国发展战略目标，更加主动寻求来自更多自贸伙伴的支持。21 世纪以前，国家或地区之间签订的自贸协定数量还不足 30 个；经过了 20 余年的迅猛增长，截至 2023 年年底，世界各国或地区在世界贸易组织备案并已生效的自贸协定已达 315 个，目前已生效的区域贸易协定（Regional Trade Agreements，RTA）数量变化情况如图 2－1 所示。①

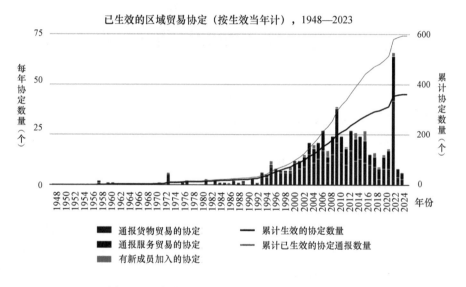

图 2－1　全球已生效自贸协定的历年数量变化图

注：横坐标为年份（单位：年），纵坐标为自贸协定数量（单位：个）。图为笔者根据 WTO 相关数据自制，数据来源可参见 WTO 网站 http://rtais.wto.org/UI/PublicAllRTAList.aspx。

在国际投资领域，国家或地区之间建立投资伙伴关系的热情也表现得极为明显，尤其在 20 世纪 90 年代，双边投资协定的签约数量出现爆发性增加（见图 2－2）；截至 2023 年年底，各个国家或地区已签署共计 2828 份双

①　参见世界贸易组织网站 http：//rtais.wto.org/UI/PublicAllRTAList.aspx。需要说明的是，世贸组织统计的区域贸易协定的种类繁多，根据经济一体化程度差异，包括了自由贸易协定（FTA）、关税同盟（Customs Union，CU）、经济一体化协议（Economic Integration Agreement，EIA）、局部贸易协定（Partial Scope Agreement，PSA）等形式。

边投资协定，全球范围内的双边投资伙伴网络已涉及约 200 个国家。①

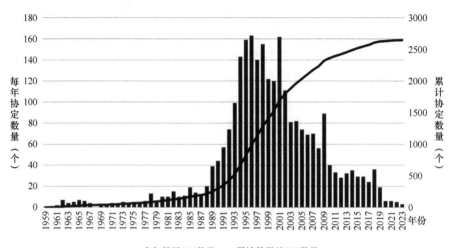

图 2 - 2 全球双边投资协定的历年数量变化图

注：横坐标为年份（单位：年），纵坐标为双边投资协定数量（单位：个）。图为笔者根据联合国贸发会议网站的相关数据自制，可参见联合国贸发会议网站 https：//investmentpolicy. unctad. org/international-investment-agreements。

国与国之间积极地开展经济伙伴外交，很大程度上也是各国努力适应并应对复杂国际形势的表现。随着国际政治经济格局发生深刻转变，既有的国际经济秩序与明显发生改变的国际权力格局之间出现错位，既有秩序的守成国与倡导新秩序的崛起国之间就国际经济秩序重塑问题进行角逐较量；为此，双方都需要获得更广泛的经济伙伴支持，才能使更有利于自身的制度方案在更广的范围内推行。因此，经济伙伴外交的兴起可以说是一种必然的趋势。

（二）中国建立经济伙伴关系的现状

中国作为一个崛起中的发展中国家，自然没有落后于当前声势浩大的经济伙伴外交浪潮。改革开放后，中国为更好地参与并融入国际经济

———————————

① 参见联合国贸发会议投资政策中心（Investment Policy Hub，UNCTAD）网站 https：//investmentpolicy. unctad. org/international-investment-agreements。

体系，启动了经济伙伴关系的建立历程。中国最早开始的是以签订双边投资协定为标志的投资伙伴外交。1982 年，瑞典是第一个与中国签署了双边投资协定的对象国；随后，中国的投资伙伴数量以平均每年约3.5 个的速度接连增加。据不完全统计，截至 2023 年年底，中国已与超过 130 个国家签订过 145 份双边投资协定。① 从中国这些投资伙伴的地理分布上看，涉及的国家范围从欧洲、亚洲逐渐扩大并覆盖到大洋洲、美洲、非洲等地，主要集中地是欧洲、亚洲和非洲。

进入 21 世纪后，中国顺利加入世界贸易组织（WTO），得以凭借国际经济体系正常成员的身份开展经济外交活动，能更深入地参与国际经济制度建设并逐步熟悉国际经济规则。在这一时期，中国启动了与建设自由贸易区相关的经济伙伴外交进程。对于首个自贸伙伴的选择，中国是从自己的周边地区国家来入手的。2000 年，中国时任总理朱镕基首次提出了中国与东盟建立自由贸易区的构想；2002 年，朱镕基总理与东盟十个国家的领导人共同签署了《中国—东盟全面经济合作框架协议》，建立起了双方自贸伙伴关系的基本框架，并开始了涉及货物、服务、投资等各领域的自贸区建设。而后，中国接连与巴基斯坦、新西兰、智利、瑞士、马尔代夫、毛里求斯等各个地区的国家形成了自贸伙伴关系。截至 2023 年年底，中国已与 29 个国家和地区签署了 22 个自贸协定，自贸伙伴覆盖亚洲、大洋洲、拉丁美洲、非洲和欧洲，中国与自贸伙伴贸易额占外贸总额的1/3，逐步建立起立足周边、辐射"一带一路"、面向全球的高标准自贸区网络。② 与中国投资伙伴不同的是，中国自贸伙伴不仅数量上相对较少，而且其分布也相对集中在亚太地区（14 个）③。

2008 年美国金融危机爆发，以美元为中心的现行国际货币体系的缺陷暴

---

① 参见联合国贸发会议投资政策中心（Investment Policy Hub，UNCTAD）网站 https：//investmentpolicy. unctad. org/international-investment-agreements。

② 参见中国自由贸易区服务网 http：//fta. mofcom. gov. cn。需要注意的是，本书讨论的国际经济伙伴协议均是经济外交意义上的，主要指的是国家行为体层面的经济往来。港澳台地区同属于一个中国，不适用经济外交的概念。因此，此处不计入《内地与港澳更紧密经贸关系安排》。在本书的研究中均不将中国港澳台地区对外签订的国际经济伙伴协议列入考察范围。

③ 此处采取的是国际货币基金组织（IMF）对亚太国家的定义，包括澳大利亚、文莱、柬埔寨、印度尼西亚、韩国、老挝、马来西亚、马尔代夫、缅甸、新西兰、菲律宾、新加坡、泰国、越南 14 个国家。关于详细的亚太国家列表，可参见 IMF 网站 https：//www. imf. org/external/oap/about. htm。

露无遗,而中国经过改革开放后的经济高速发展,在这一时期的国际经济舞台上已具备了一定的引领经济外交发展的实力与能力,有意通过推行人民币国际化重塑国际经济金融秩序。为此,中国开始逐步推动货币伙伴外交进展。2009年,中国率先与马来西亚、白俄罗斯、印度尼西亚、阿根廷、韩国签订了本币互换协议,协议有效期三年,经中国与伙伴国同意可以展期。在此之后,中国货币外交进程加速,截至2023年年底,中国已对外签订了37份本币互换协议,涉及国家数量55个,[①] 主要分布在欧洲、亚洲和非洲。

由此可以看出,中国经济伙伴数量正在不断增加(见图2-3);并且,目前中国经济外交发展历程体现出阶段性特点,即早期大量发展的是投资伙伴,近年来主要推进的是自贸伙伴和货币伙伴的结交。究其原因可能有如下几点。一方面,当期的国家能力或实力状况是中国建立不同经济伙伴关系类型的一个约束条件。早期时中国经济改革才刚启动不久,整体经济实力水平还相对有限,也不太熟悉国际经济规则,与其他国家特别是先与多个发达国家构建投资伙伴关系,既能有效地接触并了解国际经济体系运作规律,又能保证这种接触是有限度的;并且,在20世纪八九十年代第二波BIT扩散浪潮中,中国通过"理性效仿或规范层叠"[②] 的方式签订较多双边投资协定,能对外传递出改革开放的信号。近年来中国对外建立投资伙伴关系的步伐有所放缓,有一部分原因可能还在于,目前中国已是全球超过55%的国家的投资伙伴,在全球国家数量有限的情况下,中国投资伙伴数量很难会再出现爆炸式增长。

另一方面,对不同经济伙伴类型的寻求体现了中国国家发展战略的侧重点的变化。在20世纪八九十年代中国对外开放并逐渐形成"走出去"战略,到2001年在《国民经济和社会发展第十个五年计划纲要》中,"走出去"战略正式升级成为中国的国家战略。在国家政策的引导下,中国对外结交了多个投资伙伴。随着"走出去"战略的持续推进,中国参与的国际经济活动越发丰富,市场化程度越来越高,与世界的相互依存程度也越来

[①] 参见中国人民银行宏观审慎管理局网站 http://www.pbc.gov.cn/huobizhengceersi/214481/214511/214541/index.html。

[②] Srividya Jandhyala, Witold J. Henisz, and Edward D. Mansfield, "Three Waves of BITs: The Global Diffusion of Foreign Investment Policy," *The Journal of Conflict Resolution*, Vol. 55, No. 6, December 2011, pp. 1051-1056.

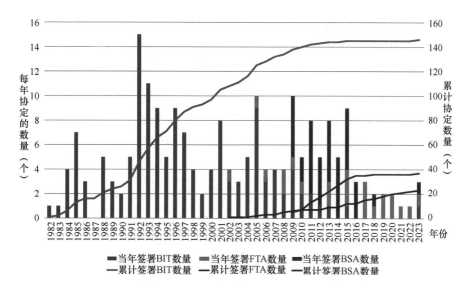

图 2-3　中国经济伙伴历年数量变化图（截至 2023 年年底）

注：横坐标为年份（单位：年），纵坐标为中国与经济伙伴国签订的双边投资协定、自由贸易协定、本币互换协议数量（单位：个）。制图所用数据由笔者收集整理得出，相关数据来源可参见联合国贸发会议"投资政策中心"（Investment Policy Hub，UNCTAD）网站、中国自由贸易区服务网、中国人民银行宏观审慎管理局网站等。

越密切，也接连构建起自贸伙伴关系、货币伙伴关系，逐渐融入了世界。在新的经济外交实践蓬勃发展过程中，相关经济发展战略逐步成型。例如，自由贸易区战略作为中国新一轮对外开放的重要内容，在 2007 年中国共产党第十七次全国代表大会上被提升为国家战略；2012 年党的十八大又进一步提出要加快实施自由贸易区战略；2015 年 12 月，中国发布了启动自贸区进程以来首个战略性、综合性文件《关于加快实施自由贸易区战略的若干意见》；党的二十大报告进一步指出，中国将"实施自由贸易试验区提升战略，扩大面向全球的高标准自由贸易区网络"，政府官方的高度重视加快了中国对外构建自贸伙伴关系的步伐。在货币外交方面，近年来人民币国际化正在逐渐成为中国发展的中长期战略，提升人民币的国际货币功能与地位需要货币伙伴的支持，因此中国货币伙伴数量也越来越多。

　　如果考察中国经济伙伴关系的地区分布情况，还可以发现，亚太地区是中国布局经济伙伴关系的重点地区，因为同时拥有自贸伙伴、投资伙伴、货币伙伴这三重中国经济伙伴身份的国家多分布在亚太地区，比如韩国、澳大利亚、新西兰、智利，以及泰国、新加坡、马来西亚、印度尼西亚等部分东南亚国家。其中，东南亚地区又是中国经济伙伴关系格局里的重中之重，因为东盟国家中多数都与中国形成了多重经济伙伴关系。欧洲地区也有许多具有多重中国经济伙伴身份的国家，这些欧洲国家大多兼为中国投资伙伴和货币伙伴；也有个别国家，如瑞士和冰岛，具有三重中国经济伙伴身份。非洲国家则有很多仅仅是中国的投资伙伴（见图2-4）。

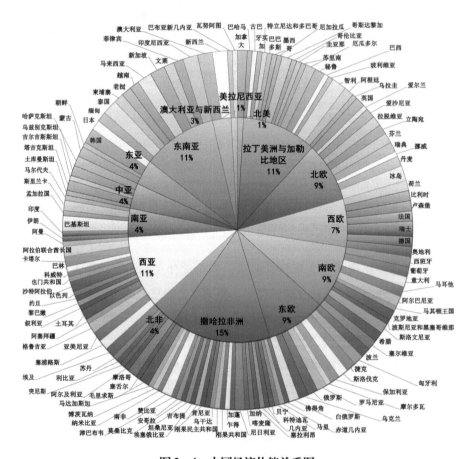

图2-4 中国经济伙伴关系图

注：本图展示世界各国所具有的中国经济伙伴身份数量情况，数量取值范围为｛1、2、3｝，因此图中不包含非中国经济伙伴国。各国具有的身份数量越多，在饼图中所占比例越大。制图所用数据由笔者收集整理得出，相关数据来源可参见联合国贸发会议"投资政策中心"（Investment Policy Hub，UNCTAD）网站、中国自由贸易区服务网、中国人民银行宏观审慎管理局网站等。图中各国所属地区情况参照了联合国对世界各国及地区的划分标准，可参见联合国网站 https：//unstats.un.org/unsd/methodology/m49/。

可见，中国经济伙伴在类型与数量上的增加事实上也是随着中国经济的发展而不断往前推进的，在不同地区中对特定经济伙伴的选择也一定程度上体现着中国的战略考量。那么，中国如何在某一地区中挑选出最适合率先建立经济伙伴关系的对象国呢？本书聚焦于中国在东盟地区选择经济伙伴的实践过程，因而首先需了解中国在东盟地区开展的经济伙伴外交情况。

二　中国在东盟地区开展的制度化经济外交往来

东盟地区是中国周边外交中优先及重点发展的方向。改革开放后，中国注重与世界各国首先是周边国家发展友好关系，与东南亚国家改善和发展关系成为中国外交关系中重要的组成部分，1991 年中国与作为组织的东盟开启了对话进程并开始逐步建立合作。进入 21 世纪后，中国与东盟发展双方关系的重要性凸显，为消除周边国家对中国崛起的疑虑与猜忌，中国在包括东盟地区在内的周边地区实施"睦邻、安邻、富邻"的周边外交政策，其中最突出的表现就是与东盟开展相关经济合作。① 2013 年中国"一带一路"倡议提出后，东南亚也很快成为"一带一路"建设的重点区域。可以说，东盟在以发展为导向的中国对外战略中已经成为中国重要的合作伙伴，东盟国家也在地缘与全球化的作用下与中国联系紧密。② 中国在东盟地区主要分为两个层次开展经济伙伴外交，一是与作为整体的东盟，二是与单独的东盟国家，两个层次彼此间是相互联系的。

（一）作为整体的东盟与中国的经济伙伴外交

中国与东盟正式展开接触最早可追溯到 1991 年，时任国务院副总理兼外交部部长钱其琛受邀参加在马来西亚吉隆坡举行的第 24 届东盟外长

---

① 曹云华、徐善宝：《睦邻外交政策与中国—东盟关系》，《当代亚太》2004 年第 2 期；王光厚：《从"睦邻"到"睦邻、安邻、富邻"——试析中国周边外交政策的转变》，《外交评论》2007 年第 3 期。

② 王玉主、张蕴岭：《中国发展战略与中国—东盟关系再认识》，《东南亚研究》2017 年第 6 期。

会议,由此正式开启了双方的对话进程。尽管双方关系起步较晚,但中国与东盟之间的经济外交关系却发展得十分迅速,不仅在贸易、投资、金融等多个经济领域上形成了日益紧密的联系,而且这些经济联系在一定程度上也具备了相当的制度化水平。目前中国与东盟已经形成了以"清迈倡议"(Chiang Mai Initiative, CMI)的签署为标志的货币伙伴关系,以及以中国—东盟自贸协定的订立为标志的自贸伙伴关系。

1. 货币伙伴关系:"清迈倡议"下的制度化货币合作

中国与东盟的货币伙伴关系脱胎于 1997 年亚洲金融危机爆发后的东亚货币金融合作进程,是在"10 + 3"机制框架内形成的制度化货币合作关系。来势汹汹的亚洲金融危机暴露了当时国际货币金融体系内在的安全缺陷以及身处其中的发展中国家的脆弱性,而且危机爆发后国际货币基金组织(IMF)的救助不及时以及苛刻的贷款条件性都使得东亚国家越发深切地意识到要尽快加强区域货币金融合作。在此背景下,东亚国家决心谋求地区合作路径以共同应对危机。1997 年 12 月,中国与日本、韩国共同参加了由东盟发起的东亚首脑非正式会晤,"10 + 3"峰会机制由此成型;而后各方在"10 + 3"框架之下推进地区货币金融合作,包括建立财长和央行行长会议机制等,建立货币伙伴关系的条件逐渐成熟。

在 2000 年 5 月于泰国清迈召开的"10 + 3"财长会议上,各方签署了"建立双边货币互换机制"的协议,即"清迈倡议",以填补现有国际机制存在的缺陷,[①] 并向市场释放地区合作的信号。根据"清迈倡议"的协议规定,东盟内部原有的货币互换机制[②]从原来的五国扩展到东盟所有十个成员国,互换资金规模也从 2 亿美元提升至 10 亿美元;同时建立起

---

① "The Joint Ministerial Statement of the ASEAN + 3 Finance Ministers Meeting," May 6, 2000, Chiang Mai, Thailand, available at ASEAN website: https://www.asean.org/wp-content/uploads/images/2012/Economic/AFMM/Agreement _ on _ Finance/The% 20Joint% 20Ministerial% 20Statement% 20of% 20the% 20ASEAN.pdf.

② 东盟内部原有的货币互换机制指的是由印度尼西亚、马来西亚、菲律宾、新加坡、泰国于 1977 年 8 月共同签订的为期一年,每年进行修订的"东盟货币互换安排"(ASEAN Swap Arrangement, ASA),其成立目的主要是为出现国际收支困难的成员国提供短期流动性支持。ASA 在建立之时货币互换规模为 1 亿美元,1978 年扩大到 2 亿美元,各成员国为此要提供的货币额度最高为 4000 万美元,而最大能获得的货币借款额度为 8000 万美元。由于规模不大,难以真正解决国家面临的国际收支危机,因此 ASA 在亚洲金融危机时没有被启动。

中日韩与东盟国家的双边货币互换协议，即在"10＋3"范围内构建区域货币互换网络。在"清迈倡议"中，当一国出现流动性短缺或国际收支困难时，该国可以通过两两之间相互签署的货币互换协议向另一国申请贷款应对危机，提高自身的国家金融安全性，从而能帮助维持地区金融市场稳定。货币互换的资金中有10%可自主动用，其余90%需与IMF的条件性贷款相挂钩。根据这样的协议规定，中国在"10＋3"框架下就与东盟结成了货币伙伴关系，实际操作上是接连与泰国、马来西亚、菲律宾、印度尼西亚签署了双边货币互换协议;① 其中，中国与泰国、马来西亚、印度尼西亚三国签署的是以美元与对方本币互换的协议，与菲律宾签署的是以人民币进行的双边货币互换（见表2－1）。

表2－1　　　"清迈倡议"下中国与东盟（国家）货币互换情况

互换对象	互换币种	签约日期	互换规模（亿美元）
中国—泰国	美元/泰铢	2001 年 12 月 6 日	20
中国—马来西亚	美元/林吉特	2002 年 10 月 9 日	15
中国—菲律宾	人民币/比索	2003 年 8 月 29 日	10
中国—印度尼西亚	美元/印尼盾	2003 年 12 月 30 日	10
	美元/印尼盾	2005 年 10 月 17 日（修订）	20
	美元/印尼盾	2006 年 10 月 18 日（修订）	40

资料来源：笔者综合亚洲发展银行及各官方媒体信息整理而得。②

　　不过，"清迈倡议"下各国约定的货币互换规模有限，且与IMF条件

　　①　理论上，东盟与中日韩三国在"清迈倡议"框架下应形成33份双边货币互换协议，即东盟十国分别与中、日、韩签署的共计30份BSA，以及中日韩三国彼此间两两签订的3份BSA；但实际签订的BSA数量甚至没有达到应有数量的一半。由于优惠外国援助比货币互换更能为经济较弱的东盟国家提供帮助，这就使得泰国、马来西亚、菲律宾、印度尼西亚这四个新兴市场国家成为与中日韩三国签订BSA的主要国家。参见 C. Randall Henning, *East Asian Financial Cooperation*, Washington, D. C. : Peterson Institute for International Economics, October 2002, pp. 15 – 16。

　　②　详细数据信息可参见 "Progress Report on the Chiang Mai Initiative: Current Status of the Bilateral Swap Arrangement Network as of 10 November 2004," available at Asian Development Bank website: https://aric.adb.org/pdf/ProgressReportontheCMI10Nov04.pdf；《人民银行与印尼央行签署双边货币互换协议修订稿》，中国政府网，http://www.gov.cn/gzdt/2006 – 10/18/content_416113.htm，2006 年 10 月 18 日。

性贷款的不挂钩比例偏小，① 因此"清迈协议"下各国的货币合作事实上并未帮助解决实际问题，仅仅体现出了东亚合作自助的象征意义。在实践过程中，中国与其他"10＋3"国家也逐步提升货币伙伴合作的质量。2003 年 10 月，在"10＋3"领导人会议上，中国时任国务院总理温家宝第一次提出了"推动清迈倡议多边化"的倡议，要逐步将双边货币互换网络整合成多边资金救助机制；2006 年 5 月，"10＋3"财长会议决定成立由中国和泰国牵头的清迈倡议多边化工作组对相关方案进行具体研究；2007 年 5 月，"10＋3"财长会议决定采用自我管理的区域外汇储备库作为实施"清迈倡议多边化"（Chiang Mai Initiative Multilateralisation，CMIM）的具体形式；在各方就东亚外汇储备库建设中的一些具体实施问题协调一致后，2009 年 5 月，"10＋3"财长会议对筹建中的区域外汇储备库的规模及份额、出资结构、贷款额度、决策机制等主要要素达成了共识性意见，将零散的双边互换协议整合成统一的多边协议，推动"清迈倡议多边化"取得里程碑式的实质进展；2010 年 3 月 24 日，清迈倡议多边化协议正式生效，东亚外汇储备库作为一个区域性危机救助机制由此建立了起来。② 至此，中国与东盟得以在更具有实质性意义的合作层面维持货币伙伴关系。

从具体内容上看，"清迈倡议多边化"框架下的中国—东盟货币伙伴关系体现出一种不对称性。东亚外汇储备库的规模在 2008 年时为 800 亿美元，到 2009 年增加至 1200 亿美元，其中中国和日本各出资 32%（384 亿美元），韩国出资 16%（192 亿美元），东盟各国累计出资 20%（240 亿美元），不与 IMF 条件性贷款挂钩的资金比例为 20%；到 2012 年时规模再次扩容达到 2400 亿美元，与 IMF 贷款规划"不挂钩比例"也上升到了 30%。而从借款乘数上看，出资最多的中国和日本能从中得到的借款反而最少，为 0.5 倍，即中日两国从清迈倡议多边化协议中最多能获得的借款数额为其出资额的一半；韩国乘数为 1；东盟国家乘数为 2.5 或 5。

---

① 2005 年 5 月在"10＋3"财长会议上，货币互换协定中不与 IMF 条件性贷款挂钩的资金比例从 10% 扩大到 20%。

② 陈凌岚、沈红芳：《东亚货币金融合作的深化：从"清迈倡议"到"清迈倡议多边化"》，《东南亚纵横》2011 年第 5 期；周士新：《清迈倡议多边化的演进与前景》，《金融与经济》2012 年第 5 期。

可以说,"清迈倡议多边化"机制对中国而言实际上是一种为东盟的货币伙伴们提供金融安全公共物品的安排。值得注意的是,为确保区域内的宏观经济金融稳定,2011 年 4 月"东盟 + 3"宏观经济研究办公室(ASEAN + 3 Macroeconomic Research Office,AMRO)在新加坡成立,以监测宏观经济、支持"清迈倡议多边化"实施、为成员国提供技术支持等,2016 年 2 月 AMRO 又升级成了国际机构。有学者认为,以 AMRO 为代表的相关制度特征使得"清迈倡议多边化"似乎成了 IMF 的"亚洲版",即它是一种包括了金融资源、贷款工具、贷款条件、监督与执行机制等多种制度化安排的亚洲货币基金组织。[①] 这在某种程度上也意味着中国与东盟的货币伙伴关系具备了比较强的制度性特点。

2. 自贸伙伴关系:中国—东盟自贸区的建立与发展

东盟是中国对外商谈的第一个自贸区,是中国第一个自贸伙伴对象。2002 年 11 月,中国与东盟十国的领导人共同签署《中国—东盟全面经济合作框架协议》(以下简称"框架协议"),以此作为中国—东盟自贸区的基本架构;在此框架下双方首先实施了"早期收获计划"。2004 年 11 月,中国与东盟又共同签订《货物贸易协议》和《争端解决机制协议》,其中前者为自贸区建设进程奠定基础,后者强化了《框架协议》的法律效力和社会影响力,使得中国与东盟之间得以形成更加规范化、制度化的自贸合作关系。2007 年 1 月中国与东盟签署了自贸区《服务贸易协议》,2009 年 8 月双方又签署了《投资协议》,至此中国—东盟自贸区协议的主要谈判已全部完成,中国东盟自贸伙伴关系的主体内容都已基本形成法律文件上的规定。2010 年,中国—东盟自贸区最终如期顺利地实现了全面建成的目标。

中国与东盟构建的是"南南型自贸区",但与其他同类型自贸区不同,中国与东盟经济互补性强,且中国蕴含可观的内部市场潜能,双方开展经贸合作有着极大的发展空间。从中国—东盟自贸伙伴关系的具体内容上看,中国与东盟根据协议规定,对来往的货物贸易进行关税减免,自 2010 年 1 月 1 日起,中国与东盟的六个老成员国之间超过九成的产品关税清零,中国对东盟的平均关税从 9.8% 大幅降至 0.1%,而东盟六个

---

① 曲博:《后金融危机时代的东亚货币合作:一种亚洲模式?》,《当代亚太》2012 年第 6 期。

老成员国对中国的平均关税则从 12.8% 降至 0.6%；柬埔寨、老挝、缅甸、越南四个东盟新成员迟至 2015 年实现 90% 零关税，达到同样的贸易自由化水平。[①] 在服务贸易方面，中国与东盟都根据各自服务业的特点和需求对彼此做出开放承诺，进一步提高各自服务部门的开放水平以推进服务贸易自由化。在投资方面，中国与东盟相互给予对方投资者国民待遇、最惠国待遇和投资公平公正待遇，营造有法律制度保障的良好投资营商环境，以促进双方投资便利化。总体来看，中国与东盟建立起的自贸伙伴关系在内容上比较全面，也照顾了双方各自的经济利益关切，而且在关系建立的过程中也根据双方各国实际情况调整了合作进展的节奏，最终使得双方自贸伙伴关系的建立得以顺利推进。考虑到中国—东盟自贸协定是中国首个对外商签的自贸协定，这可以说是中国对外建立自贸伙伴关系的"开门红"。

很快，东盟又创造了中国自贸伙伴外交中第二个"第一"。2013 年10 月时任中国国务院总理李克强在中国—东盟领导人峰会上提出要打造中国—东盟自贸区升级版的倡议；2014 年 8 月双方正式启动升级谈判；2015 年 11 月双方结束了自贸区升级谈判并顺利签成了升级议定书。这是中国在当时已有自贸区基础上完成的第一个自贸协定升级，在内容上对原有协定进行了议题的丰富完善以及规则的补充提升，即覆盖了货物贸易、服务贸易、投资、经济技术合作等多个领域，以期深化和拓展中国—东盟经贸合作关系，符合双方经济发展的新特点、新需求。[②] 具体而言，货物贸易领域的原产地规则和贸易便利化措施得到完善，更切实地降低了域内企业的贸易成本；服务贸易和投资领域相互开放的内容和规则水平都更加明确；在经济技术合作领域双方同意为农业、渔业等十多个领域开展合作并提供资金支持；此外也纳入了跨境电子商务等新兴贸易议题。[③] 2016 年 7 月 1 日，中国—东盟自贸区升级议定书率先对中国和

① 《中国东盟自贸区即将全面建成》，中国自由贸易区服务网，http：//fta. mofcom. gov. cn/article/chinadongmeng/dongmengnews/201001/2023_1. html，2009 年 12 月 31 日。

② 《中国与东盟结束自贸升级谈判并签署升级〈议定书〉》，中国自由贸易区服务网，http：//fta. mofcom. gov. cn/article/chinadongmeng/dongmengnews/201511/29455_1. html，2015 年 11 月 23 日。

③ 《中国—东盟自贸区"升级版"让各方收益》，中国自由贸易区服务网，http：//fta. mofcom. gov. cn/article/chinadm/chinadmgfguandian/201909/41378_1. html，2019 年 9 月 4 日。

越南生效，而后陆续有其他东盟成员国完成国内核准程序，最终 2019 年 10 月自贸区升级议定书对协议所有成员全面生效。

中国—东盟自贸伙伴关系的建立与升级的过程也是双边经贸关系快速发展、愈加紧密的过程。2002 年中国与东盟刚刚结成自贸伙伴关系时，双边贸易额仅为 548 亿美元，到 2022 年已达 9753.4 亿美元，[①] 增长近 18 倍；2003 年中国与东盟的双向投资额为 33.7 亿美元，而截至 2023 年 7 月，中国同东盟国家累计双向投资额已经超过 3800 亿美元。[②] 显然，中国与东盟地区的贸易投资自由化便利化水平得益于双边自贸关系建设而快速提高。不仅如此，中国—东盟自贸伙伴关系的经营也对中国自身对外贸易格局带来了明显的影响。截至 2010 年，中国前三大贸易对象都被美国、欧盟、日本所占据；2011 年，东盟超越日本位列第三，这正好时值中国—东盟自贸区全面建成的一周年；2019 年，东盟在中国主要贸易对象中的位次再前进一位，超越美国成为中国第二大贸易伙伴；到 2020 年，东盟取代欧盟首次成为中国第一大贸易伙伴。截至 2022 年年底，在中国—东盟经贸合作关系中，中国已经连续 14 年保持东盟最大贸易伙伴地位，双方连续三年互为最大贸易伙伴。可见，中国与东盟通过自贸区建设不仅实现经济层面上的互惠互利，在发展层面也相互助力，依据实际情况变化订立并遵守双方均满意的经贸规则。这种自贸伙伴关系的收益性与可控性正是符合中国国家发展进程需要的关系特点。

2020 年 11 月 15 日，随着"区域全面经济伙伴关系协定"（RCEP）的正式签署，中国与东盟又有了新一层自贸伙伴身份。严格来说，这并不是中国与东盟的双边自贸伙伴关系，因为 RCEP 实质上是由东盟最早于 2011 年提出并发起，要以东盟—中国、东盟—日本、东盟—韩国、东盟—澳大利亚—新西兰以及东盟—印度五个自由贸易协定为基础，寻求建立一个覆盖亚太主要国家的大规模自贸区，以改善亚太自贸区建设的碎片化效应；换言之，这层自贸伙伴关系不仅包含中国与东盟，还囊括

---

① 驻东盟使团经济商务处：《贸易快报 | 2022 年中国—东盟贸易增长强劲》，中国商务部网站，http：//asean. mofcom. gov. cn/article/jmxw/202301/20230103379201. shtml，2023 年 1 月 13 日。

② 《2023 年 9 月 14 日外交部发言人毛宁主持例行记者会》，中国外交部网站，https：//www. mfa. gov. cn/fyrbt_673021/202309/t20230914_11142916. shtml，2023 年 9 月 14 日。

了其他几个亚太国家。从 RCEP 的最初发起背景来看，该自贸协定包含着东盟在大国战略竞争背景下维持其在亚太地区自贸网络中的中心地位的目标，但"小马拉大车"的尴尬状况使得 RCEP 的谈判进程异常艰难曲折。历经 8 年、31 轮正式谈判，在谈判的最后关头，印度决定退出以及日本接受印度的退出，为 RCEP 谈判的达成扫除了最为关键的障碍。15 国共同签署了 RCEP 协定，这标志着当前全球人口最多、经贸规模最大、最具发展潜力的自由贸易区正式启航，也意味着中国与东盟的自贸伙伴关系含金量进一步提升。2022 年 1 月 1 日 RCEP 正式生效；2023 年 6 月 2 日，RCEP 对菲律宾正式生效，至此，协定对 15 个签署国全面生效，RCEP 进入全面实施的新阶段。而且，由于 RCEP 总体上是一个现代、全面、高质量、互惠的大型区域自贸协定，15 方货物、服务和投资市场开放承诺，叠加各领域高水平规则，促进成员国更大范围、更高水平、更深层次的开放合作，参与其中的中国和东盟都有意借此追求区域内统一的规格标准更高的国际经贸规则体系，符合两方尤其是中国对自贸伙伴关系的需求。

（二）东盟各国与中国的经济伙伴关系

东盟是东南亚相关各国根据自身特点与需要以低主权让渡的形式形成的国家间联合，以协商形成"集体共识"，以政治承诺落实计划，以"道德与责任"开展治理，遵循各方舒适性、包容性原则处理问题，[①] 因而东盟各国仍保有较强的自主性，在经济外交领域，各国可以根据自己的需求构建有利于自身发展的经济伙伴关系。这意味着中国在东盟地区实施的经济外交还可以在国家层面展开。

总体来看，中国与东盟各国建立经济伙伴关系的过程有着明显的阶段性特征（见图 2 - 5）。第一阶段是从 20 世纪 80 年代到 2001 年，中国与这十个国家逐一构建投资伙伴关系。[②] 中国在这一时期与多个东盟国家

---

① 张蕴岭：《如何认识和理解东盟——包容性原则与东盟成功的经验》，《当代亚太》2015 年第 1 期。

② 越南、老挝、柬埔寨加入东盟的时间分别是 1995 年、1997 年、1999 年，这三国在与中国签订双边投资协议的时间分别是 1992 年、1993 年、1996 年，也就是说，这三国成为中国投资伙伴的年份要早于其成为东盟成员国的年份。尽管如此，考虑到越南、老挝、柬埔寨三国当时在东南亚地区已经成为比较重要的地区行为体，因此将其视为"准东盟国家"进行研究。

之间的外交关系逐步得到恢复与发展，如 1975 年与泰国建立了外交关系，1990 年与马来西亚复交、与新加坡建交等，这意味着中国与这些国家构建并经营双边投资伙伴关系的政治基础越发牢靠。并且，20 世纪 80 年代一些东盟国家受世界经济形势及国家内部因素影响在经济上出现了一些问题，东盟地区各国整体平均经济增速较之于六七十年代有所放缓，1985 年，当时的东盟成员国中除印度尼西亚（GDP 年增长率为 3.48%）和泰国（GDP 年增长率约为 4.65%）外均为经济负增长，缅甸（2.85%）、越南（3.81%）、老挝（5.07%）的经济增速也不高；① 大多数东盟国家存在财政预算赤字，各国国内储蓄率和大宗投资率有所下降，外债数额也在增大。② 此时东盟国家有意加强对外贸易投资合作以带动本国经济发展，与中国签订双边投资协定并加强与中国的经济往来，成为这些东盟国家可选的有利选项。

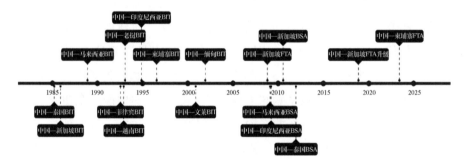

图 2-5　中国与东盟国家建立双边经济伙伴关系的时间轴图

　　由此，中国分别于 1985 年与泰国、新加坡，1988 年与马来西亚，1992 年与菲律宾、越南，1993 年与老挝，1994 年与印度尼西亚，1996 年与柬埔寨，2000 年与文莱，2001 年与缅甸相继签署了双边投资协定并建立起了投资伙伴关系。这些双边投资协定在内容上没有太大差异，遵循了第二次世界大战后国际社会中双边投资协定的基本模式，条款内容大体上都涉及投资的定义、待遇、代位权、征收条件及补偿、支付转移、

---

① 数据来源：世界银行数据库网站 https：//data. worldbank. org。
② 黄勇：《东盟国家经济发展中存在的问题》，《国际展望》1985 年第 7 期。

争端解决程序等。① 后来 2009 年中国—东盟自贸协定框架下的《投资协议》虽也对中国和东盟国家间的投资往来进行了规定，但由于《投资协议》在第二十三条"与其他协议的关系"这一条款中规定了"本协议不得减损一方作为任何其他国际协议缔约方的现有权利和义务"②，因此中国与东盟国家分别签订的双边投资协定适用性优于《投资协议》。

第二阶段大致是从 2002—2008 年，中国重点与东盟国家打造建设自贸伙伴关系。除 2002 年 11 月与作为整体组织的东盟建立的自贸伙伴关系外，2008 年 10 月中国还与新加坡签署了自由贸易协定，单独建立起了双边自贸伙伴关系，这也是中国与亚洲国家签署的首个自贸协定。新加坡是经济最为发达的东盟"老成员国"，中国与之签署自贸协定，对其他东盟国家而言是有较大的示范效应的。中国—新加坡自贸协定基于 WTO 相关规则规范和中国—东盟自贸区规则对双边合作进行深化。中国与新加坡的贸易额在中国与东盟整体贸易额中的比重比较大，两国签署自贸协定前，2007 年中国已成为新加坡第二大贸易伙伴，而新加坡是中国第八大贸易伙伴，第七大外资来源国，第二大劳务市场，双边贸易额达到 471.5 亿美元，③ 在中国与东盟当年 2026 亿美元的双边贸易额中占比接近 1/4。④ 密切的中新经贸联系意味着当时仍在建设中的中国—东盟自贸区在一定程度上难以满足中新关系深入发展的需求；并且，新加坡将经济发展战略调整为"第二只翅膀"战略⑤后，大力发展与中国的经贸关系被置于该战略的重要位置，因此中新两国建立双边自贸伙伴关系可以说是两国外交关系的趋势所在。中国—新加坡自贸协定涵盖了货物贸易、服

---

① 胡斌、程慧:《中国双边投资协定的实践与发展》,《国际经济合作》2013 年第 6 期。

② 《中华人民共和国政府与东南亚国家联盟成员国政府全面经济合作框架协议投资协议》,http://fta.mofcom.gov.cn/dongmeng/annex/touzixieyi_cn.pdf, 2009 年 8 月 15 日。

③ 《中国—新加坡自贸区谈判圆满结束》,中国自由贸易区服务网,http://fta.mofcom.gov.cn/article/chinasingaporeupgrade/chinasingaporeupgradenews/201509/50005_1.html, 2008 年 9 月 5 日。

④ 《中国—东盟自由贸易区》,中国—东盟中心网站,2010 年 6 月 12 日,http://www.asean-china-center.org/2010-06/12/c_13347081_3.htm。

⑤ 李光耀在 1992 年 11 月 15 日人民行动党干部大会上曾表示,新兴工业经济体将有两只翅膀,其中一只是国内经济,另一只是国外经济。"第二只翅膀"战略是要通过扩大向海外投资带动新加坡经济腾飞。

务贸易、人员流动、海关程序等诸多领域，是一份内容全面的自由贸易协定，中新两国在这样的自贸伙伴关系框架下进一步加快贸易自由化进程，拓展双边自由贸易关系与经贸合作的深度与广度。

第三阶段主要是 2009 年至今，中国与东盟国家着力构建货币伙伴关系，同时也继续推进自贸伙伴关系的建设。2008 年，肇始于美国的国际金融危机爆发，以美元为中心的现行国际货币体系的缺陷暴露无遗。为此，中国自 2009 年起加快了人民币国际化进程，其中就包括寻找合适的货币伙伴以为人民币国际化铺垫更牢固可靠的政治基础。[①] 在东盟地区，目前中国已于 2009 年与马来西亚、印度尼西亚，2010 年与新加坡，2011 年与泰国签署双边本币互换协议，建立起了货币伙伴关系。马来西亚、印度尼西亚、新加坡和泰国这四个东盟国家均为东盟老成员国，经济实力在地区中均属于比较强的水平，与中国经贸关系密切，对中国市场的依赖也比较明显，而且在政治外交方面也与中国保持了比较好的关系，因而较早地成为中国的货币伙伴。

此外，中国与东盟国家构建双边自贸伙伴关系的进程还在大力推进。2015 年 11 月，中国与新加坡在宣布共建与时俱进的全方位合作伙伴关系之际，就中新自贸协定启动升级谈判达成共识，两国历经八轮谈判最终于 2018 年 11 月签署自贸协定升级议定书，不仅对原协定内容进行规则升级，还新增了对电子商务等新兴贸易议题进行规定的章节。总的来看，中国与新加坡的这种升级版自贸伙伴关系是"一种适用于中新两国可持续发展、合作层次更高、合作领域更广、合作潜力更大的新型经贸关系"[②]，体现了中国在东盟地区建立双边自贸伙伴关系在质量水平上的新需求。

而除了新加坡外，中国还与东盟国家中的柬埔寨商签了双边自贸协定。中国—柬埔寨自贸协定于 2020 年 1 月启动第一轮谈判，共经三轮谈判，历时近半年结束谈判，成为有史以来中国参与的谈判效率最高的双边自贸协定之一。当时中柬两国对达成自贸协定的需求都比较迫切，中国当时有意加大力度稳固自身在东南亚经济伙伴网络中的地位，缓解中

---

① 李巍、朱艺泓：《货币盟友与人民币的国际化——解释中国央行的货币互换外交》，《世界经济与政治》2014 年第 2 期。

② 刘雅珍、朱锋：《中新自贸协定升级及其影响》，《国际问题研究》2019 年第 6 期。

美经济脱钩和美国及其盟友在中国与东南亚国家之间进行产业转移带来压力,而柬埔寨也急需与中国建立自贸联系来逐步扩大该国的对外开放。柬埔寨于 1999 年才加入东盟,是最后加入东盟的"新成员国",柬埔寨的经济实力水平在所有东盟国家中属于最弱的梯队。在签署自贸协定前,2019 年中柬双边贸易额已达到 94.2 亿美元,同比增长 27.6%,当年中国对柬埔寨投资 6.9 亿美元;截至 2019 年年底,中国对柬埔寨累计投资达79.6 亿美元。① 但中柬经贸关系发展十分迅速,展示了巨大的前景,而且中国与柬埔寨商签双边自贸协定,也是在澜湄合作之后中国经济发展惠及周边的又一重要举措,不仅柬埔寨从中受益巨大,而且也帮助中国开启了与经济发展水平较低的东盟国家升级经贸合作关系的新模式,也能为老挝、缅甸和越南等其他东盟国家尽快与中国商签双边自贸协定提供示范作用。② 在双方共同推动下,中国—柬埔寨自贸协定创下了多个"第一":这是中国与最不发达国家商签的第一个自贸协定;是第一个将"一带一路"倡议合作独立设章的自贸协定;中柬自贸协定货物贸易自由化和服务市场准入都达到目前中国自贸协定最高缔约水平,双方给予对方的货物贸易零关税税目比例都达到双方迄今所有自贸谈判中的最高水平,市场开放承诺也均体现了各自给予自贸伙伴的最高水平。

中国积极与东盟国家发展双边自贸联系,目前一手抓住经济发展水平最高的新加坡,一手抓住经济发展水平较低的柬埔寨,这意味着中国对东盟的经济外交正在进入更加精细、更有力度的新阶段,东盟国家在中国经济伙伴关系网络中的地位不断得到强化。

三 中国经济外交格局中的东盟及东盟国家

东盟以及东盟国家在中国经济外交格局中占有重要地位,一方面是

---

① 《专访:中柬命运共同体建设取得重要阶段性成果——访中国驻柬埔寨大使王文天》,中国政府网,https://www.gov.cn/xinwen/2020-04/28/content_5507160.htm,2020 年 4 月 28 日。

② 李巍、孙忆:《中柬自贸区谈判开启中国东盟经贸关系新进程》,参考消息网,http://column.cankaoxiaoxi.com/g/2020/0218/2402157.shtml,2020 年 2 月 18 日。

因为东盟国家的地理特殊性，地处中国周边，位于亚洲和大洋洲、太平洋和印度洋之间的"十字通道"上，其地缘战略地位的重要性十分明显；另一方面是因为东南亚特别是东盟地区已成为当今世界经济发展最具活力与潜力的地区之一，东盟国家与中国在经济上互补性强，拓展共赢合作的空间比较大。显然，在国家间战略竞争趋于激烈的当下，中国与周边的东盟国家建立并形成友好的制度化经济伙伴关系的必要性越发凸显。

（一）国家战略发展的环境需求

中国的战略发展需要和平稳定的外部环境特别是周边环境。冷战后国际权力格局从两极格局向多极格局转变，中国作为正在崛起的一极，其经济快速发展带来的红利外溢引起世人瞩目，但同时经济发展带来的实力迅速扩大也极易引起他国的猜忌；也就是说，崛起国的身份使得中国在当前国际体系中的战略发展备受关注，同时也一定程度地约束了中国所能采取的外交手段，即中国需要审慎考虑以何种方式与其他国家开展外交往来，才更易于被他国所接受。

在中国周边地区，中国日益崛起的经济实力与逐渐扩大地区影响力引发了周边东盟国家的忧虑，"中国威胁论"的扩散蔓延更是加剧了东盟国家对中国爱恨交加的矛盾心态，[①] 东盟国家认知中的"中国威胁"具体分为来自经济层面的和来自军事层面的，[②] 其中东盟对中国经济竞争的担忧某种程度上甚至超越了对中国军事安全情况的担忧，[③] 因为中国与大部分东盟国家同为发展中国家，在吸引外资、扩大海外市场等方面可能存在竞争关系。为了缓和东盟对华的疑虑与不信任，营造良好的周边发展环境，

---

① Aileen S. O. Baviera, "ASEAN's Changing Perceptions of China," *China Currents*, Vol. 3, Iss. 2, 1992.

② 在艾玛·布鲁姆菲尔德（Emma V. Broomfield）的研究中，除了在经济、军事层面有来自中国的威胁外，还有来自意识形态层面的威胁。参见 Emma V. Broomfield, "Perceptions of Danger: The China Threat Theory," *Journal of Contemporary China*, Vol. 12, Iss. 35, 2003, pp. 265 – 284。不过，自1978年后中国将工作重心转移到经济建设上去，这种所谓的"意识形态威胁"的色彩在中国周边地区明显淡化。

③ 唐翀：《中国—东盟关系：现实与理解的困境》，《太平洋学报》2005年第6期。

中国多次主动向东盟发出要约，① 寻求与东盟发展更为友好和谐的外交关系，特别是经济合作关系，其中就包括了与东盟发展制度化经济伙伴关系。

20世纪80年代末90年代初特别是1989年后，西方国家对中国的外交孤立与制裁使中国面临极大的外交压力，不过东盟在当时的国际背景下依旧表现出了愿意与中国接触的态度，② 虽然这也是东盟出于"大国平衡"、应对国际市场变化等战略因素的考虑，但客观上还是增强了中国以东盟作为外交突破口的信心。1991年，中国率先向东盟发出合作倡议，希望在政治、经济、安全等多个领域建立对话关系，这得到了东盟方面的积极回应，中国发出的这种"主动要约"最终顺利成行。

进入21世纪，中国寻求"入世"的努力加剧了东盟国家对来自中国在外国投资、出口市场等方面与东盟形成经济竞争的担心。为尽快安抚东盟国家的焦虑情绪，也为了淡化来自"中国威胁论"的负面影响，中国在2000年"10＋3"第四次首脑非正式会议期间向东盟提出要对中国与东盟建立自由贸易区的可行性进行研究，试图令东盟国家相信中国加入WTO后市场会更开放、中国经济繁荣能使东盟和中国共同获益；③ 随后在2001年11月举行的中国—东盟领导人非正式会议上，中国与东盟定下了要在十年内建成自由贸易区的目标；2002年11月，中国与东盟正式签署建立自贸区的框架协议，自贸区进程由此启动。总体来看，中国—东盟自贸区的建立可以说是中国与东盟在面对形势变化下的经济与政治挑战对维护双边关系作出的一种再确认举措，特别是对于中国而言，提出建立中国—东盟自贸区的倡议更多是出于政治考量而非经济目的，主要是要以此缓和东盟对中国战略意图的顾虑。④ 不过，尽管从地缘经济学

---

① 王玉主以"要约—回应"分析模型对中国—东盟关系发展的两个主要阶段进行了阐述，一是1991年中国与东盟建立正式合作关系，二是2001年中国—东盟建立自由贸易区倡议的提出，详细解释了在两个不同时期中国发出要约、东盟作出回应的原因。可参见王玉主《"要约—回应"机制与中国—东盟经济合作》，《世界经济与政治》2011年第10期。

② David Shambaugh, "China Engages Asia: Reshaping the Regional Order," *International Security*, Vol. 29, No. 3, Winter 2004/05, p. 68.

③ 冯晓明：《"中国与东盟能够共享繁荣"——访中国社会科学院亚太研究所所长张蕴岭》，《国际经济评论》2002年第C1期。

④ Alice D. Ba, "China and ASEAN: Renavigating Relations for a 21st - century Asia," *Asian Survey*, Vol. 43, No. 4, July/August 2003, p. 643.

的角度来看，中国—东盟自贸区建立是当时东亚地区经济合作的一种历史性突破，为中国营造了比较和平友善的外部崛起环境，[①] 但由于东盟国家对中国经济崛起的政治和战略担忧不会轻易消失，[②] 中国与东盟自由贸易区及相应的自贸伙伴关系建设只能是在较大程度上缓解这种忧虑，并尽可能地通过经济红利的外溢与共享为中国发展创造出相对宽松友好的周边区域环境。

除了要维持周边发展环境的和平稳定外，中国在东盟地区开展经济伙伴外交的另一个重要考量是要推进国家发展战略的顺利实施。2013 年中国提出"一带一路"倡议，这很快便成为中国的一项贯通国内发展与对外关系的战略。[③] 某种意义上，"一带一路"倡议是中国与相关沿线国家推动以基础设施建设、发展制造业为核心的工业化，促进发展中国家合作的一种新型全球化。[④] 它在一定程度上也上升到了国家发展战略层面，因为"一带一路"倡议要与相关国家发展战略形成对接，打造与这些国家共同发展、共同繁荣的蓝图。共建"一带一路"已经成为构建人类命运共同体的一项重大实践，是中国与其他国家共同构建人类命运共同体的重要路径。如今，在协商、实现、分配等各环节实现全过程合作已经成为共建"一带一路"的鲜明标识。[⑤] 其中，东盟地区便是中国推动共建"一带一路"的重点区域，东盟国家则是中国推进"一带一路"建设的重要参与者。"一带一路"倡议实施以来，中国在东南亚地区开展了大规模基础设施建设，这客观上促使东南亚地区秩序结构发生变化和调整，[⑥] 进而又会对中国塑造自身周边发展环境产生重要影响。从这个角度来看，如

①　邱丹阳：《中国—东盟自由贸易区：中国和平崛起的地缘经济学思考》，《当代亚太》2005 年第 1 期。

②　陈琪、周舟、唐棠：《东盟对中国—东盟自贸的顾虑》，《国际政治科学》2010 年第 4 期。

③　李晓、李俊久：《"一带一路"与中国地缘政治经济战略的重构》，《世界经济与政治》2015 年第 10 期；刘建飞：《新时代中国外交战略基本框架论析》，《世界经济与政治》2018 年第 2 期。

④　钟飞腾：《"一带一路"、新型全球化与大国关系》，《外交评论》2017 年第 3 期。

⑤　徐秀军：《全过程合作学理阐释与"一带一路"实践逻辑》，《世界经济与政治》2023 年第 9 期。

⑥　毛维准：《大国海外基建与地区秩序变动——以中国—东南亚基建合作为案例》，《世界经济与政治》2020 年第 12 期。

果中国能与东盟国家建立起更多元、更立体的制度化经济伙伴关系，那将能带来政策联动效应，助力包括"一带一路"倡议在内的国家发展战略得到更好的实施和推进。

一方面，中国与东盟国家构建经济伙伴关系与中国在东盟地区建设"一带一路"倡议在外交目的上具有一定的相似性。经济伙伴关系的建立主要是通过缔约行为为国家间经贸往来提供制度化保障，同时也对外释放彼此间在外交与政治上相互支持的信号，即要提升中国与对象国政治经济关系的质量水平。"一带一路"倡议则通过将中国自身与对象国的利益紧密结合起来，秉持共商共建共享原则深化各领域全面合作，以期形成更进一步的利益共同体、命运共同体，本质上也是要将中国与对象国之间的关系提升到新高度。可见，在东盟地区建立经济伙伴关系与共建"一带一路"倡议殊途同归。事实上，"一带一路"倡议提出以来，中国与东南亚国家秉持共商共建共享原则，取得丰硕的共建成果，"五通指数"一直在所有"一带一路"沿线地区中名列前茅，而且双方发展战略对接日益紧密，不仅双向关系得到进一步提升和深化，还形成了示范引领效应，为高质量共建"一带一路"提供了合作典范。[①]

另一方面，经济伙伴关系的构建能很大程度降低中国在东盟地区推进"一带一路"建设的实施成本。比如，2004年中国与东盟各国在建设自贸区框架下的"早期收获计划"全面实施，逐步减免以农产品为主的多项商品的双边关税，同年货物贸易协定的签订也标志着中国—东盟自贸区建设开始全面降税；2015年中国—东盟自贸协定升级也对包括农产品的货物贸易等多个领域的双边经贸合作进行了完善、补充与提升，这些自贸区建设内容为中国与东盟国家进一步在"一带一路"框架下强化区域粮食合作提供了比较可靠的基础。[②] 此外，中国与马来西亚、印度尼西亚、新加坡、泰国等东盟国家建立货币伙伴关系，加强货币合作，鼓励在双边贸易投资层面更多使用本币结算，减少汇率波动风险；而"一

---

① 杨悦、李正阳：《"一带一路"在东南亚的十年共建与高质量发展的方向》，《国际论坛》2023年第6期。

② 赵予新、马琼：《基于多边合作机制推进"一带一路"区域粮食合作》，《国际经济合作》2015年第10期。

带一路"倡议在东盟地区推进过程中，基础设施项目投资与相关货物服务贸易往来使得大量资金货币在中国与东盟国家之间频繁跨境流动，货币伙伴关系的建立将使得这种货币流动更便利快捷，也一定程度上降低了交易成本。例如，作为中国货币伙伴之一的新加坡同时也是东盟金融中心，新加坡有意成为"一带一路"项目推进的协调者或桥梁，其金融机构通过发行人民币债券等方式积极促成中国与东南亚市场的跨境投资，助力"一带一路"在东南亚的落实与实施。[1]

总的来看，在以发展为导向的中国发展战略布局中，东盟及东盟国家都具有十分重要的地位。[2] 与东盟国家形成制度化经济伙伴关系，既是营造并维持和平稳定的中国周边发展环境的需要，也是继续推动国家发展战略顺利实施的基础。

（二）国际制度竞争的伙伴支持

当今世界已逐渐演化成以发展问题为核心的"规则世界"，大国政治出现新的特征，即以往为捍卫传统安全而开展的结盟对抗正在被争夺规则制定权的国际制度竞争所取代。[3] 在驱动经济全球化向前发展的两个"轮子"中，一个是多边贸易体制，一个是区域贸易安排，而"如今多边慢、区域快"的特点客观上导致一些地区出现多种协定规则错综复杂的"意大利面条碗"[4] 效应或"制度过剩"[5] 的困局（见图2－6）。

随着国际经贸规则体系的重塑，包括中国、美国在内的世界主要大国经济体都有意要率先掌握国际贸易规则制定权，因为若非如此，国家

---

① 王虎、李明江：《支持、参与和协调：新加坡在实施"一带一路"倡议中的作用》，《南洋问题研究》2016 年第 4 期。

② 王玉主、张蕴岭：《中国发展战略与中国—东盟关系再认识》，《东南亚研究》2017 年第 6 期。

③ 李巍：《国际秩序转型与现实制度主义理论的生成》，《外交评论》2016 年第 1 期。

④ "意大利面条碗效应"由哥伦比亚大学的贾格迪什·巴格瓦蒂（Jagdish N. Bhagwati）提出，至诸多双边及区域 FTA 中规定了不同的优惠待遇和原产地规则，就像碗中的意大利面条一样绞在一起，规则乱象严重。参见 Jagdish N. Bhagwati, "US Trade Policy: The Infatuation with FTAs," *Department of Economics Discussion Papers*, No. 726, April 1995。

⑤ "制度过剩"，指区域体系中的制度和机制不仅在数量上超出了区域合作的需要，在效率上也不能满足合作要求。参见李巍《东亚经济地区主义的终结——制度过剩与经济整合的困境》，《当代亚太》2011 年第 4 期。

可能会失去运用规则维护自身利益的制度工具,而这对已经深深嵌入全球经济体系中的各主要大国经济体而言都是极为不利的。中国参与当前的制度竞争特别是国际经贸领域的制度竞争,需要"结伴"以获取支持,东盟国家正是中国极力争取的制度伙伴对象。

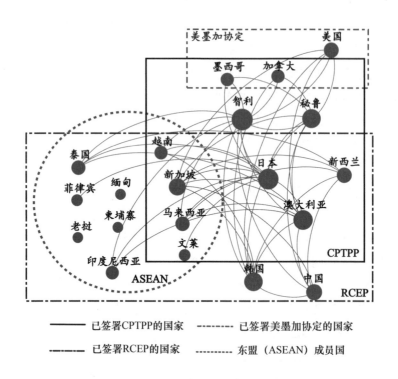

图2-6 亚太地区主要自由贸易协定示意图

注:国家主体间的连线,表示两国存在双边 FTA 联系;圆点的大小表示该国在亚太自贸协定网络中的中心度(centrality)情况,中心度越高,圆点越大,意味着该国与其他国家的自贸联系越多。该图为笔者根据 WTO 网站提供的区域贸易协定数据库(Regional Trade Agreements Database)自制,可参见网址 http://rtais.wto.org/UI/PublicMaintainRTAHome.aspx。

与东盟国家结交经济伙伴关系在一定程度上能帮助中国缓解所面临的国际制度压力。中国在参与国际制度竞争时主要面临两方面压力,一是要尽快升级到更高规格水平的规则压力,二是由其他国家经济联合外延至政治联合所形成的伙伴压力。① 在规则压力方面，中国目前实施的经贸规则在规格标准上仍存在很大的提升空间，距离欧美日等发达国家的规则标准仍有一定的距离。直接与这些实施高标准规格的发达经济体对接规则可能不太实际，但中国可以与东盟国家建立经济伙伴关系从而间接地熟悉发达经济体的高标准规则。目前东盟以及多数东盟国家都与日本签署了双边自贸协定，其中新加坡还是美国、欧盟的自贸伙伴。新加坡既是 CPTPP 的创始成员国，也是目前炙手可热的《数字经济伙伴关系协定》（DEPA）的创始成员国，可以说是亚太地区经济伙伴网络当中的制度节点国家。中国与像新加坡这样处于网络节点的东盟国家先行建立自贸伙伴关系，能使中国间接接触欧美日等西方发达经济体的谈判规则底线，为未来与更发达经济体开展自贸谈判积累经验与谈判筹码。② 2023 年 12 月中国与新加坡又达成了进一步升级《自由贸易协定》议定书，进一步提升双方服务投资自由化的规则水平，并采用负面清单模式作出服务贸易和投资开放承诺，既与 RCEP 有衔接，也纳入了 DEPA 中的一些元素，有助于中国渐进地、稳妥地向更高标准的经贸规则持续迈进。

在伙伴压力方面，中国需要与美日等发达经济体争夺对实施同一规则的伙伴国的支持，以避免被排挤在排他性贸易集团之外。美国奥巴马政府时期大力推行的"跨太平洋伙伴关系协议"（TPP）曾通过不断吸引包括多个东盟国家在内的亚太国家参与区域自贸协定建设，以打造一个将中国排除在外的高标准国际贸易规则体系，③ 而后再通过社会化等方式将中国等新兴经济体纳入规则体系当中，使中国这样的崛起国家不得不依照美国制定的规则框架行事，④ 从而消解中国等国家的影响力及对美的

---

① 孙忆：《国际制度压力与中国自贸区战略》，《国际政治科学》2016 年第 3 期。

② Saori N. Katada, and Mireya Solís, "Cross-Regional Trade Agreement in East Asia: Findings and Implications," in Saori N. Katada, and Mireya Solís, eds., *Cross Regional Trade Agreements: Understanding Permeated Regionalism in East Asia*, Berlin: Springer, pp. 147 – 159.

③ Bernard K. Gordon, "Trading Up in Asia: Why the United States Needs the Trans-Pacific Partnership," *Foreign Affairs*, Vol. 91, No. 4, July/August 2012, pp. 17 – 22.

④ Michael Wesley, "Trade Agreements and Strategic Rivalry in Asia," *Australian Journal of International Affairs*, Vol. 69, No. 5, 2015, pp. 479 – 495.

规则威胁。① 尽管后来美国特朗普总统上台后宣布退出 TPP，TPP 转型成为由日本牵头的 CPTPP，② 但这样高法律化水平的规则体系及经济一体化路径仍然在较大程度上超出了中国当前所能承受的范围，中国相对而言还是更偏好以较低的法律化水平降低缔约成本来建立自贸伙伴关系。③ 因而，中国需要争取更多伙伴对象支持更契合自身发展利益的规则模式，从而避免在制度竞争中陷入被动。为此，中国选择积极参与到兼具规则灵活性与渐进性的 RCEP 的制度建设当中。CPTPP 和 RCEP 这两个超大型自贸协定的目标都是要追求更高标准的国际贸易投资规则，二者都对传统议题的贸易自由化便利化作出了更高的承诺，同时也都积极关注在知识产权、电子商务、竞争政策等新兴议题上的规则制定与引领。不过相较而言，CPTPP 是迄今为止开放程度和规则水平最高的自贸协定，可引领 21 世纪国际经贸规则，④ 在自由贸易的深度和广度上都超过了 RCEP（见表 2 - 2 和表 2 - 3）。

　　作为地区一体化的制度安排，RCEP 更符合中国对谨慎稳步进行经贸规则的需求；并且，RCEP 是东盟为维护自身在亚太地区"中心地位"而打造的合作框架，⑤ 对 RCEP 的支持也更有助于中国更多地争取东盟国家对自身的好感与支持。由此，与东盟及东盟国家在超大型自贸协定框架下深化彼此间自贸伙伴关系也就成为中国化解伙伴压力的一种重要方式。如今，中国已经正式提出加入 CPTPP 的申请，按照加入程序与相关成员进行接触、沟通和磋商，争取成为 CPTPP 新缔约方。而在 CPT-PP 中，有 1/3 成员国是东盟国家。尽可能争取这些东盟国家对自身的认可与支持，也有助于中国突破国际制度准入和规则困境，加快实现制度型开放。

　　① 沈铭辉：《亚太区域双轨竞争性合作：趋势、特征与战略应对》，《国际经济合作》2016 年第 3 期。

　　② 孙忆：《TPP 转型与亚太经济体的应对》，《现代国际关系》2018 年第 8 期。

　　③ 陈兆源：《法律化、制度竞争与亚太经济一体化的路径选择》，《东南亚研究》2017 年第 5 期；孙忆：《CPTPP、RCEP 与亚太区域经济一体化的前景》，《东北亚论坛》2022 年第 4 期。

　　④ 白洁、苏庆义：《CPTPP 的规则、影响及中国对策：基于和 TPP 对比的分析》，《国际经济评论》2019 年第 1 期。

　　⑤ 王玉主：《RCEP 倡议与东盟"中心地位"》，《国际问题研究》2013 年第 5 期。

表 2 - 2   **RCEP 与 CPTPP 在传统议题深化方面的规则对比**

			RCEP	CPTPP
传统议题的深化	货物贸易	货物贸易*	区域内90%以上的货物贸易将最终实现零关税,主要是立刻降税到零和10年内降税到零	各成员零关税产品税目数和贸易额占比约99.5%;过渡期短,85%以上的产品将在协定生效后立即实施零关税
		原产地规则	使用区域累积原则,规定区域价值成分不少于40%。进一步丰富原产地证书类型:传统原产地证书、经核准的出口商声明、出口商的自主声明	使用区域累积原则。不仅允许对原产货物进行累积,还允许对非原产货物的加工增值进行累积。仅提供原产地证书一种证明方式
		海关管理和贸易便利化*	促进海关程序的高效管理,整体水平超过WTO《贸易便利化协定》	强调提升海关程序与信息的透明度,加强海关预裁定,深化海关合作
		贸易救济*	反倾销反补贴税内容与WTO相应条款内容一致,同时设立过渡性保障措施制度提供救济	与现行的WTO相应条款在内容和规则上十分接近
		卫生和植物卫生措施*	在世贸组织《卫生与植物卫生措施协定》的基础上,加强了在病虫害非疫区和低度流行区、风险分析、审核、认证、进口检查,以及紧急措施等执行的条款	主要基于以美国为代表的发达国家的动植物检验检疫标准,且管理机制标准更高
		标准、技术法规和合格评定程序/技术性贸易壁垒*	要求减少不必要的技术性贸易壁垒,并鼓励各方在相关方面加强信息交流与合作	要求取消不必要的技术性贸易壁垒,增强透明度,专门针对葡萄酒和蒸馏酒、信息和通信技术产品等特定产品制定了专门附件
		纺织品和服装		规定了更加严格的纺织服装享受区域内关税减让好处的条件

续表

			RCEP	CPTPP
传统议题的深化		投资*	涵盖了投资保护、自由化、促进和便利化四个方面，是对原"东盟'10＋1'自由贸易协定"投资规则的整合和升级。设置了安全例外条款	侧重于扩大投资自由化和仲裁形式的投资保护，所有成员服务贸易和投资均采取全负面清单模式，且专门针对投资者与国家间争端解决（ISDS）机制设置规则
	服务贸易*	跨境服务贸易	部分缔约方采用负面清单方式进行市场准入承诺，要求现在采用正面清单的缔约方在协定生效后6年内转化为负面清单模式对其服务承诺做出安排	采取负面清单方式作出服务贸易开放的具体承诺
		金融服务	以附件形式存在，除服务贸易章规定的义务外，还包括相关例外条款、危机磋商解决规定等	除国民待遇、最惠国待遇、市场准入等核心义务之外，要求成员以正面清单形式承诺跨境金融服务，同时明确了四种例外情形，在CPTPP附件Ⅲ中列出了各方在具体行业中的金融服务负面清单
		自然人临时移动／商务人员临时入境	承诺水平较以往"10＋1"自贸协定类似或更高，提高人员流动政策透明度，所附承诺表列明了允许各类别人员临时移动的条件和限制	规范入境信息与相关条件，强调商业访客申请入境方面的透明度，鼓励缔约方合作
		电信服务	以附件形式存在，在所有现有"10＋1"电信服务附件基础上，还包括监管方法、国际海底电缆系统等条款	确立缔约方政府在电信服务监管方面的保证义务，对监管方式、公共电信服务的接入和使用、争端解决等方面作出规定
		电子商务	除促进开放、加强监管合作等相关规定外，维持目前不对电子商务征收关税的做法。保留允许例外的做法	除促进开放、加强监管合作等相关规定外，规定永久不对电子传输内容征收关税，在数字产品和服务的非歧视性待遇等方面作出规定

续表

			RCEP	CPTPP
传统议题的深化 *	服务贸易 *	专业服务	以附件形式存在，包括加强有关承认专业资格机构之间的对话、鼓励标准互认等规则	

注：1. 表中第三列为 RCEP 和 CPTPP 协定中对应的章节名称。

2. 标 * 的章节为自贸协定规则的核心条款。

表 2-3　　　RCEP 与 CPTPP 在深度一体化议题、横向新议题、

其他制度性议题方面的规则对比

		RCEP	CPTPP
深度一体化议题	政府采购 *	包含信息交流合作、提供技术援助、加强能力建设等内容，还增加了审议条款，尚无实质性的政府采购出价	在开放市场、国民待遇、公平待遇、信息透明等方面作出规定，各成员均有实质性开放清单
	竞争政策 *	除详细规定竞争立法、竞争执法合作、消费者权益保护等重点内容外，对执法规范化提出了明确、有约束力的要求。对缅甸、柬埔寨、文莱、老挝等成员进行国内立法和完善监管体系提供过渡期	对竞争立法及其实施义务、竞争法实施中的程序正义、私人诉权、合作与技术合作、消费者保护、透明度、强制磋商和争端解决的不适用等作出明确规定
	知识产权 *	整体保护水平较 WTO《与贸易相关的知识产权协定》（TRIPS）有一定加强，总体上注重权利义务平衡和公共利益平衡	标准大幅超越 TRIPS 的范围和水平，扩大知识产权保护范围，延长知识产权保护期，加大对知识产权侵权行为的民事和刑事处罚力度
	劳工		核心是对劳工权利、不破坏规则和争端解决机制的规定

续表

		RCEP	CPTPP
深度一体化议题	环境		除保护环境的一般性规定外，也有针对特定环境问题的特殊规定，新增企业社会责任、海洋保护与渔业捕捞等实质性环境议题条款，还提供了详细的磋商和争端解决规则
横向新议题	国有企业和指定垄断*		对非歧视待遇和商业考虑、非商业援助、不利影响、损害、透明度、技术合作、例外情况、透明度等作了规定
	经济与技术合作/合作和能力建设	实施技术援助和能力建设项目，优先考虑最不发达国家的需求	促进国际合作，并对发展中国家的能力建设提供帮助
	竞争力和商务便利化		促进供应链的发展和增强
	发展		对基础广泛的经济增长，妇女问题，教育、科技、研究和创新，发展合作等方面作出规定
	中小企业	提供中小企业会谈平台，强调涉及中小企业的充分的信息共享	对信息共享作出规定
	监管一致性		倡导加强对良好监管实践的使用，不硬性要求各国采用统一的监管原则与方式
	透明度和反腐败		专门规定公布信息等透明度要求，是迄今为止对透明度要求最高的贸易协定；反腐败条款要求缔约方批准或加入2003年《联合国反腐败公约》

		RCEP	CPTPP
其他制度性议题	争端解决	强调在诉诸对抗性争端解决机制之前进行双边和区域协商	基本上是 WTO 和其他区域协定贸易争端解决条款的组合或重现
	初始条款和总定义	略	略
	机构条款/管理和机构条款	略	略
	一般条款和例外/例外和总则	略	略
	最终条款	略	略

注：1. 表中第三列为 RCEP 和 CPTPP 协定中对应的章节名称。

2. 标*的章节为自贸协定规则的核心条款。

此外，在国际货币领域，由于 2008 年国际金融危机暴露了现行以美元为中心的国际货币体系具有的诸多结构性缺陷，中国真正意义上启动了人民币国际化作为应对之策，即在全球范围内建立货币伙伴关系，增加人民币在国际贸易金融市场的使用份额。严格来说，人民币尚未对美元形成强有力的竞争性替代，[①] 但人民币也为国际市场中的国家提供了有助于防范货币体系结构性风险的替代选项。在方兴未艾的国际货币竞争中，东盟国家作为与中国有着密切经贸联系的周边国家，有更大可能成为中国争取的货币伙伴对象，因为货币使用周边化、区域化是人民币最终实现国际化更为可行的前提条件。[②] 来自东盟国家的货币支持将成为中国应对未来国际货币体系变化调整的重要力量。

可见，发展与东盟国家的经济伙伴关系，赢取东盟国家的伙伴支持，是中国国家发展进程中非常重要也是非常必要的一环，这既是中国稳定并营造良好周边发展环境的需要，也是中国应对未来新形式国家间竞争

---

① 根据环球同业银行金融电讯协会（SWIFT）的数据，美元作为国际支付货币的使用量仍然是最大的，而人民币的全球使用量最好成绩是位列第五，欧元、英镑、日元的全球使用量均大于人民币。相关数据可参见 SWIFT 网站 https：//www.swift.com。

② 李晓：《东亚货币合作为何遭遇挫折？——兼论人民币国际化及其对未来东亚货币合作的影响》，《国际经济评论》2011 年第 1 期。

的举措。

　　不过，东盟国家间具有明显的异质性，中国与不同的东盟国家建立经济伙伴关系所面临的难度可能也会有所不同。中国与东盟国家是陆续而非集中签署双边投资协定、建立投资伙伴关系的，这便是其中一个例证。如今中国也在东盟地区逐步推进货币伙伴、自贸伙伴关系的建立，正逐一与特定东盟国家进行接触、谈判与签约。可见，中国与不同东盟国家建立经济伙伴关系存在某种先后顺序，逐步推进，以期最终打开在东盟地区的经济伙伴外交局面，争取到更多东盟国家的经济伙伴支持。在这个过程中，如何判断并选择出合适的东盟国家，作为中国打开东盟地区战略格局、塑造中国与东盟地区关系的切入点，是一项重要任务。而中国会依据什么考量标准作出的这种判断选择，就将是本书接下来要进行探讨和回答的问题。

第 三 章

中国在东盟地区选择经济
伙伴的理论机制

在世界多极化格局中，中国要想顺利实现国家崛起与战略发展，需要营造和平稳定的周边外交环境并获得来自东盟国家等周边国家的伙伴支持。不过，快速崛起的中国既给当前的国际体系带来强烈的震撼，也极易引起他国的猜忌与误解，这意味着中国需要谨慎选择合适的方式与周边地区及周边国家建立友好关系。中国在应对并处理与东盟地区及东盟各国的关系时，特殊的"政经分离"式地区关系结构使得中国所能采取的经济外交手段及程度受到一定的约束或限制，因而中国在东盟国家群体中挑选经济伙伴时很可能会采取一定的策略，力图以最小的成本或代价打开与东盟地区的关系通道。

一 "政经分离"的东盟地区与
中国的进入策略

（一）东盟地区存在的"政经分离"现象

中国要在东盟地区拓展经济伙伴关系，首先必须了解东盟地区内国际关系格局情况。美国始终是东亚地区①的一个重要存在，包括东盟国家在内的东亚国家在经济和安全领域都不同程度上对美国有所依赖，有

---

① 目前"东亚"一词在概念上仍存在模糊不清的现象，本书所说的"东亚"主要指的是东南亚与东北亚的总称。关于"东亚"在多项研究中存在的概念不清现象，可参见杨贵言《东亚概念辨析》，《当代亚太》2002 年第 2 期；王逸舟《"东亚共同体"概念辨识》，《现代国际关系》2010 年第 S1 期；杨念群《何谓"东亚"？——近代以来中日韩对"亚洲"想象的差异及其后果》，《清华大学学报》（哲学社会科学版）2012 年第 1 期等文献。

学者由此认为东亚地区存在着以美国为中心的等级秩序，不同国家因与美国在经济、安全关系上的紧密程度不同而在这一等级秩序中处于不同的位置。[①] 但冷战宣告结束之后，东亚地区形势状况发生了重大变化。普遍而流行的观点认为，冷战后的东亚地区在安全关系方面并没有发生根本性变化，以美国为主导的安全联盟体系依旧发挥主要作用；但在经济关系方面，随着中国的经济崛起，中国与周边国家的经济联系迅速向更密切的方向发展，一个由中国发挥更为中心作用的地区经济格局正在形成。由此，多数东亚国家的主要经济关系与主要安全关系出现了分离，地区内形成了明显的"经济上靠中国、安全上靠美国"的二元格局。[②]

在东南亚尤其是东盟地区，这种二元格局表现得十分明显。在安全领域，美国不仅始终保持与其正式盟友菲律宾、泰国以及重要安全伙伴新加坡的密切联系，也与非安全伙伴的越南、文莱等开展频繁的军事安全合作，还在柬埔寨、老挝等国清理"二战"、越战遗留下的战争武器遗骸。[③] 奥巴马政府时期，美国试图构建以规则为基础的亚太安全网络；特朗普政府时期，美国则有意构建起动态平衡的亚太安全秩序，[④] 拜登政府时期，美国延续"印太战略"合作框架并加紧扩展亚太联盟体系以维护其本国国家利益和国家安全。[⑤] 这些都意味着美国与多数东盟国家的安全关系在较长时期内都会处于比较紧密相连的状态。但在经济领域，多数东盟国家的最大贸易对象却不是美国而是中国。中国自 2009 年起成为东盟第一大贸易伙伴并延续至今，2020 年东盟也首次成为中国第一大贸易伙伴，到 2022 年已连续三年捍卫了这一地位。1991 年中国与东盟正式形成对话关系之时，中国与东盟六国贸易额为 79.6 亿美元，新批准东盟国家来华外资金额也仅为 3.32 亿美元；[⑥] 经过三十余年的高速发展，到

① David A. Lake, *Hierarchy in International Relations*, Ithaca and London: Cornell University Press, 2009, Chapter 3.

② 对这一格局及现象的详细讨论，可主要参见周方银《中国崛起、东亚格局变迁与东亚秩序的发展方向》，《当代亚太》2012 年第 5 期。

③ 相关信息可查看美国国务院网站中外军事事务局的综合公告，https://www.state.gov/bureau-of-political-military-affairs-releases/。

④ 左希迎：《特朗普政府亚太安全战略的调整》，《世界经济与政治》2017 年第 5 期。

⑤ 凌胜利、李航：《拜登政府的亚太联盟政策探析》，《现代国际关系》2021 年第 4 期。

⑥ 数据来源：《中国商务年鉴（1992）》，详见商务历史网站 http://history.mofcom.gov.cn/book。

2022 年，双方贸易额达 9753.4 亿美元，同比增长 11.2%，再创新高。①
而对单个东盟国家而言，除文莱和老挝外，中国几乎是所有东盟国家的
第一大贸易伙伴，在文莱和老挝的贸易伙伴中也是稳居前三；此外，中
国还是绝大多数东盟国家的主要外资来源国。可见，东盟国家在经济上
与中国的关系更为密切，对中国的经济相互依赖程度比较深。

　　经济关系与安全关系相分离的二元格局使得东盟国家往往会采取特
定的行为策略以最大限度地获取利益。东盟国家一方面积极与中国发展
并强化经济联系，另一方面又通过保持或加强与美国的军事安全联系以
平衡中国在地区内可能形成的安全影响力，借由将主要大国力量纳入地
区机制安排的方式使得地区秩序呈现出一种复合制衡的状态，② 即形成一
种大国平衡态势，从中保护自身安全与利益。③ 事实上，二元格局是随着
中国崛起而出现的，东盟国家既不愿意放弃中国经济增长带来的红利外溢，
同时又对中国的地区安全影响力保持高度敏感和警觉，它们往往与中美两
个大国同时开展合作以维持大国平衡，或者以与一个大国的关系水平为标
尺调整与另一个大国的关系，这种表现很大程度上是东盟国家在二元格局
中为应对中国崛起而采取的"对冲"（hedging）策略选择。④ 当然，这样
的对冲战略在实际操作中也未必总能使得某些东盟国家在中美所带来
的经济利益与安全利益之间左右逢源，有时一些东盟国家反而陷入左

---

①　"中国—东盟关系（10＋1）"，中国外交部网站，https：//www.mfa.gov.cn/web/gjhdq_
676201/gjhdqzz_681964/lhg_682518/zghgzz_682522/，最近更新时间：2023 年 10 月。

②　Evelyn Goh, "Great Powers and Hierarchical Order in Southeast Asia: Analyzing Regional Secu-
rity Strategies," *International Security*, Vol. 32, No. 3, Winter 2007/08, pp. 113 - 157.

③　曹云华：《在大国间周旋——评东盟的大国平衡战略》，《暨南学报》（哲学社会科学版）
2003 年第 3 期。

④　"对冲"本是常见的金融术语，在国际关系研究当中被用以描述国家在面对大国时采取
的一种介于制衡（balancing）与追随（bandwagoning）的姿态选择，是国家为避免由形势不确定
性带来的风险而做出的复杂政策选择。对于东盟国家对中国采取"对冲"策略的相关研究，可
参见刘丰、陈志瑞《东亚国家应对中国崛起的战略选择：一种新古典现实主义的解释》，《当代
亚太》2015 年第 4 期；温尧《东南亚国家的对华对冲：一项理论探讨》，《当代亚太》2016 年第
6 期；王玉主《对冲策略及对中国—东盟关系的意义》，《世界经济与政治》2021 年第 1 期；Jae
Ho Chung, "East Asia Responds to the Rise of China: Patterns and Variations," *Pacific Affairs*,
Vol. 82, No. 4, Winter 2009/2010, pp. 657 - 675；Ian Tsung-Yen Chen, and Alan Hao Yang, "A
Harmonized Southeast Asia? Explanatory Typologies of ASEAN Countries' Strategies to the Rise of China,"
The Pacific Review, Vol. 26, No. 3, 2013, pp. 265 - 288 等文献。

右为难的境地。① 但无论如何，对经济利益与安全利益的追求与权衡总是影响着东盟国家对华采取的对冲策略与行为。② 如果比较历年东盟国家与中国、美国的立场一致性情况，可以看出，不同东盟国家的立场在不同年份会有所波动（见图 3 – 1 和图 3 – 2）。

地区的二元格局以及东盟国家由此作出的对冲策略选择，使得中国在探索与东盟国家发展更进一步或更高层次的制度化经济伙伴关系时，必须要同时考虑自身与东盟国家之间的经济关系、安全关系状况。并且，不同东盟国家对经济利益、安全利益的偏好存在差异，它们对华采取的对冲策略的方式及程度也并非完全一致，这意味着中国在与不同东盟国家建立经济伙伴关系时所面临的难易程度也不尽相同。由此可见，中国与东盟国家建立经济伙伴关系不可避免会存在一个先后次序的问题，先行选择哪个国家来建立关系才能以成本最低、效率最高的方式打开进入东盟地区的制度通道，同时不至于引发东盟国家对中国意图的恶意揣测与误解，这是需要深入思考、谨慎把握的问题。

（二） 中国进入东盟地区的策略

崛起的中国为营造和谐稳定的周边环境，需要争取周边的东盟国家对自身发展的支持。但对于东盟国家而言，中国虽同为东亚国家，但却不是东南亚国家，是东盟地区的域外国家，因此东盟国家与中国在认知上存在"自我"与"他者"的区分；而且，中国作为大国的快速崛起可能使得作为周边小国的东盟国家在心态上产生正负两个方向的变化，其中负面心态引发的不安全感可能会使得东盟国家采取反制措施以维护自身安全与发展。③

---

① 凌胜利：《二元格局：左右逢源还是左右为难？——东南亚六国对中美亚太主导权竞争的回应（2012—2017）》，《国际政治科学》2018 年第 4 期。

② Denny Roy, "Southeast Asia and China：Balancing or Bandwagoning?" *Contemporary Southeast Asia*, Vol. 27, No. 2, 2005, pp. 305 – 322.

③ 顾炜：《地区战略与大国崛起时对周边小国的争夺——俄罗斯的经验教训及其对中国的启迪》，《世界经济与政治》2015 年第 1 期。

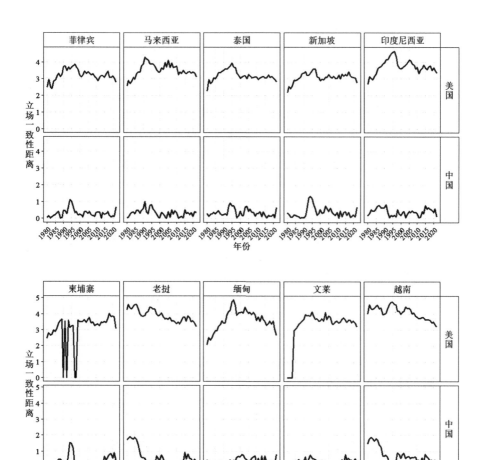

图3-1　东盟国家与中国、美国的立场一致性距离折线图（1980—2022）

注：立场一致性距离指的是各国在联合国大会投票的理想点距离（IdealPointDistance），该数据来源于美国学者埃里克·伏特（Erik Voeten）等人发布的联大投票数据库。两个国家的立场一致性距离越大，意味着两国的立场越背离。参见 United Nations General Assembly Voting Data，https：//dataverse. harvard. edu/dataset. xhtml? persistentId = doi：10. 7910/DVN/LEJUQZ。

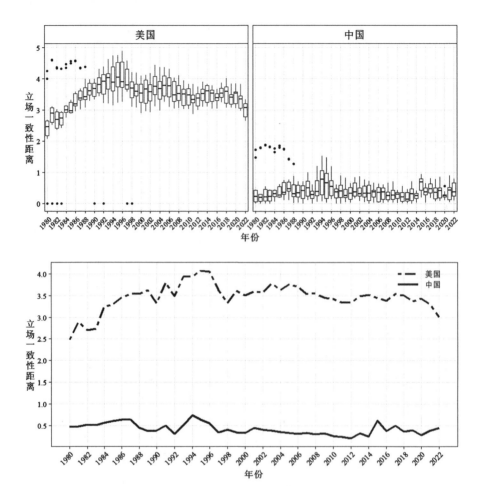

图 3 - 2　东盟地区与中国、美国立场一致性距离情况图（1980—2022）

注：以箱线图和折线图共同展现东盟地区与中国、美国立场一致性距离情况。在箱线图中，每一个箱形竖线上缘表示与中国/美国一致性距离最远的情况，竖线下缘表示与中国/美国一致性距离最近的情况，箱形顶部线段表示上四分位数，箱底线段表示下四分位数，箱中横线代表中位数，箱线图中的离散点指的是异常值，即国家的立场情况与当年整个东盟地区存在较大差异。在折线图中，以历年东盟国家对中国、美国的立场一致性距离的平均数，刻画东盟地区整体与中美两国的立场一致性情况。数据来源于美国学者埃里克·伏特（Erik Voeten）等人发布的联大投票数据库。

如果将中国与东盟国家①视为两个不同的理性行为体，那么可以借由简单的博弈模型来观察它们的行动选择。博弈论方法在国际关系研究中比较常见，通常是将具有自主利益的行为体设定为理性行为者，行为体往往会在给定的规则条件下基于对其他参与者行为的预测来比较自己某种行为类型可能获得的收益结果，从而判断自己究竟应采取何种行动策略。② 中国有意进入东盟地区并与东盟国家建立经济伙伴关系，因而中国将首先行动，双方的行为选项及相应的收益结果如图 3 - 3 所示。

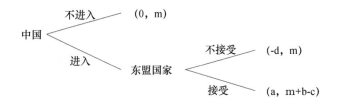

图 3 - 3　中国进入东盟地区的收益分析图

在该模型中，中国可以选择进入或不进入东盟地区，东盟国家可以选择接受或不接受中国建立经济伙伴关系的提议。图中括号内第一个数字代表中国的收益，第二个数字代表东盟国家的收益。m 表示东盟国家获得的安全收益，在二元格局下这种安全收益主要由美国安全同盟体系提供。如果中国不进入东盟地区，中国的收益为 0，东盟国家获得来自美国的安全收益 m。如果东盟国家接受中国进入本地区，中国获得经济收益 a，东盟国家获得经济收益 b；同时，由于中国进入东盟地区可能引起美国的警惕，美国可能改变为东盟国家提供的安全保障，这种变动为 - c。如果东盟国家不接受中国进入本地区，那么中国将付出 d 的代价，而东盟国家仍能获得收益 m。③

对比东盟国家的选项收益，如果 b - c 大于 0，东盟国家将接受中国

---

① 此处的东盟国家并非指的是某一个特定的东盟国家，而是代表东盟国家这个群体；为简化博弈模型，暂时忽略东盟各国内部的国家异质性。

② 胡宗山：《博弈论与国际关系研究：历程、成就与限度》，《世界经济与政治》2006 年第 6 期。

③ 此处所有字母均代表正数。

进入东盟地区,在此种情况下,中国也愿意进入东盟地区;反之,在东盟国家拒绝接受的情形下,中国强行进入会遭受 d 的损失,因此不会进入东盟地区。因此,如果要获得双方都满意的结果,b 需大于 c,即中国进入东盟地区给东盟国家带来的经济收益,需超过中国进入地区时东盟国家可能所承受的安全损失。这意味着,如果某个东盟国家与中国经济联系越紧密,获得的经济收益越多(b 越大),而它与美国越疏离,从美国获得的安全收益波动越小(c 越小),中国越有可能首先选择与该国建立经济伙伴关系。

显然,中国要顺利进入东盟地区,关键在于东盟国家是否能接受中国的行动。在这一点上,除了东盟国家的战略自主性选择外,中国采取的进入地区的方式也十分重要,因为东盟国家与中国紧密的经济联系有可能抵消或降低其在安全上对中国的负面对立情绪。[①] 可见,找到建立关系的突破口或重点突破的对象是中国进入东盟地区的策略关键所在。事实上,许多大国在寻求与某个地区建立制度化合作初期,往往会谨慎地选择要先行建立起伙伴关系的地区内国家,以免事倍功半。[②] 对中国而言,在东盟地区挑选合适的对象国先行开展制度化合作,显然要同时关注自身与对象国的经济关系与安全关系状况。前者意味着中国能在多大程度上发挥经济影响力吸引对象国合作,而对象国又将给中国带来什么样的利益;后者则代表着中国为降低对象国对华安全顾虑可能要付出的成本高低。这构成了中国在选择合适的经济伙伴对象国时要重点考察的两个维度。

---

① 周方银:《东亚二元格局与地区秩序的未来》,《国际经济评论》2013 年第 6 期。

② 例如,欧盟进入独联体国家地区、俄罗斯进入东南亚地区、日本进入中亚地区、美国进入拉丁美洲地区等,但各个大国使用的进入手段可能有所差异,既可能运用经济影响力,也可能运用武力威胁等多种方式。可参见赵怀普《欧盟对独联体政策的演变》,《外交评论》2009 年第 6 期;宋效峰《亚太格局视角下俄罗斯的东南亚政策》,《东北亚论坛》2012 年第 2 期;王疆婷《日本的中亚政策演变及其原因》,《国际论坛》2014 年第 1 期;Lars Schoultz, *Beneath the United States: A History of U. S. Policy Toward Latin America*, Cambridge, M. A.: Harvard University Press, 1998 等。

二　影响中国经济伙伴选择的两个主要维度

很大程度上，经济伙伴不仅具有明显的经济色彩，即伙伴关系的双方需通过这种制度联系达到互利共赢的目的；同时，经济伙伴也带有突出的政治意味，因为这是伙伴关系的双方向外界表明对彼此持支持态度的信号。正是因为经济伙伴关系具有复杂多元的内涵，中国在选择经济伙伴对象国的时候才会更为谨慎，因为要使得伙伴对象的选择契合本国未来发展需求、为本国战略发展服务，这也在某种程度上使得中国对外建立经济伙伴关系往往有着相当的难度。[①] 在选择哪一个东盟国家首先进行经济伙伴交往的接触时，中国也会相对谨慎，因为在地区"政经分离"的二元格局下，不成熟的外交举措或选择可能会释放出令其他国家误会的政治信号，不利于中国发展环境的稳定。对此，中国可能会从两方面对对象国进行评估，一是对象国的经济指数维度，二是对象国的安全指数维度。

（一）经济指数及其衡量

经济指数衡量某一东盟国家作为潜在经济伙伴能给中国带来多大获益。构建经济伙伴关系作为一种经济外交举措是要助力中国实现某种外交目标并使中国从中获得有利于自身未来发展的外交收益。在一定意义上，经济指数能帮助筛选出相对更有"结伴"价值的东盟对象国，中国率先与之建立经济伙伴关系将更为获益。

首先，改革开放后的中国经济飞速发展并很快成为各个东盟国家的主要贸易对象，与中国的贸易往来逐渐成为这些东盟国家经济发展的重要组成部分，因而东盟对象国对中国的贸易依赖程度可被视为两国经济关系密切程度相对直观的一种表现。理论上，经贸关系密切的国家之间常常更愿意形成制度化的经济伙伴关系，因为这能使得各方行为受到一

---

① Jeffrey Schubert, and Dmitry Savkin, "Dubious Economic Partnership: Why a China-Russia Free Trade Agreement is Hard to Reach?" *China Quarterly of International Strategic Studies*, Vol. 2, No. 4, 2016, pp. 529 – 547.

定的规范约束，[1] 违约或背叛行为很容易会被发现并招致报复，故国家会遵守协议并维持互利互惠，因而这种伙伴关系在一定程度上呈现出了一种自实施、自强化的性质；[2] 同时，经贸关系紧密的国家间建立经济伙伴关系也能有助于避免国际贸易波动风险，[3] 从而更好地为双方贸易提供保障。并且，两国经贸联系紧密，意味着国家间经济结构及分工已相对明确化、专业化，一旦这种经贸纽带断裂，两国需重塑自身经济结构或重新寻找替代对象，这样所带来的利益损失和代价成本是非常巨大的；为避免承担巨额损失，经贸关系密切的双方往往不会轻易发生激烈冲突，而常常会对对方采取相对合作的经济外交政策。[4] 此外，相关研究也表明，对于一对国家而言，若两国经济体量差别明显，那么两国建立起经济伙伴关系后，贸易额还会进一步增多，给双方带来更大收益，[5] 在这样的收益预期下两国也更有动力建立经济伙伴关系，这也比较适用于中国与东盟对象国之间的经贸关系情景。

除了能获得更大客观贸易收益外，更重要的是，对象国对华贸易依赖度也反映出中国与东盟对象国在经济关系上的不对称程度，对象国对华贸易依赖度越高，中国在双边关系中所能发挥的不对称经济权力优势相对也越大，即更能在与东盟对象国的交往中占据更主动的有利地位，

① Paul R. Milgrom, Douglass C. North, and Barry R. Weingast, "The Role of Institutions in the Revival of Trade: The Law Merchant, Private Judges, and the Champagne Fairs," *Economic and Politics*, Vol. 2, No. 1, March 1990, pp. 1 – 23; Avner Greif, "Institutions and International Trade: Lessons from the Commercial Revolution," *The American Economic Review*, Vol. 82, No. 2, May 1992, pp. 128 – 133.

② Beth V. Yarbrough, and Robert M. Yarbrough, "Reciprocity, Bilateralism, and Economic 'Hostages': Self-Enforcing Agreements in International Trade," *International Studies Quarterly*, Vol. 30, No. 1, March 1986, pp. 7 – 21.

③ Edward D. Mansfield, and Eric Reinhardt, "International Institutions and the Volatility of International Trade," *International Organization*, Vol. 62, No. 4, 2008, pp. 621 – 652.

④ Katherine Barbieri, *The Liberal Illusion: Does Trade Promote Peace?* Ann Arbor: University of Michigan Press, 2002, pp. 22 – 27; Erik Gartzke, "The Classic Liberals were Just Lucky," in Edward D. Mansfield and Brian M. Pollins, eds., *Economic Interdependence and International Conflict: New Perspective on an Enduring Debate*, Ann Arbor: The University of Michigan Press, 2003, pp. 96 – 110.

⑤ Vincent Vicard, "Determinants of Successful Regional Trade Agreements," *Economics Letters*, Vol. 111, No. 3, 2011, pp. 188 – 190; Jeffrey H. Bergstrand, and P. Egger, "What Determines BITs?" *Journal of International Economics*, Vol. 90, Iss. 1, May 2013, pp. 107 – 122.

使双边关系能更多地按照中国意愿继续发展。

本书以某东盟国家在某一年的对华贸易总额除以该国当年国内生产总值（GDP），所得比值用以测量该东盟国家的对华贸易依赖度。本书采用的国家间进出口贸易总额数据从联合国商品贸易统计数据库（UN Comtrade）和中国商务年鉴中获取并加以整合；[1] 各国 GDP 数据来源于世界银行、国际货币基金组织所提供的数据库。[2]

衡量东盟对象国经济指数的第二个指标是该国在东盟地区经济网络中的中心度情况。随着国家间交往与联系日渐增多，国际关系结构日益网络化。在东盟地区，东盟各国之间相互签署的经济伙伴协议越来越多，因而也逐渐形成了一个经济伙伴网络。在一个地区网络中，一些国家与其他国家关系简单、相对疏离，可能位于地区网络中相对边缘的位置；而另外一些国家与他国在诸多领域互动频繁，信息与资源交流交换及时，很可能是地区网络中的"中心国家"。也就是说，在同一地区网络中，各个国家嵌入网络的方式及其与他国之间关系的强弱情况不同，各国所处的网络位置有所差异，因而各自受到的限制和接触到的机会也不一样，受限较少而接触机会更多的行为者往往会位于更加有利的结构位置上。[3]

---

[1]　国家间双边进出口贸易总额主要从 UN Comtrade 数据库中获取，参见联合国商品贸易统计数据库网站 https：//comtrade. un. org/data/。中国商务年鉴的数据用以与 UN Comtrade 数据库数据进行相互验证，参见中国商务历史网站 http：//history. mofcom. gov. cn/book/。这两个数据来源在统计口径上差别不大，故可以对数据进行验证与整合。1980—1991 年双边贸易数据来源于中国商务年鉴，参见中国商务历史网站 http：//history. mofcom. gov. cn/book/；1992—2022 年双边贸易数据来源于 UN Comtrade 数据库，参见 联合国商品贸易统计数据库网站 https：//comtrade. un. org/data/。

[2]　由于世界银行和国际货币基金组织提供的数据在个别国家、个别年份都分别存在一定的遗漏，因此本书对数据进行了整合以形成更全面的数据集合。参见世界银行数据库网站 https：//data. worldbank. org/indicator/NY. GDP. MKTP. CD；国际货币基金组织世界经济展望数据库网站 https：//www. imf. org/external/pubs/ft/weo/2019/01/weodata/download. aspx。

[3]　可参见 Mark S. Granovetter, "The Strength of Weak Ties," *The American Journal of Sociology*, Vol. 78, No. 6, May 1973, pp. 1360 – 1380; Mark S. Granovetter, "Alienation Reconsidered: The Strength of Weak Ties," *Connections*, Vol. V, No. 2, Summer 1982, pp. 4 – 16; Yanjie Bian, "Bringing Strong Ties Back In: Indirect Ties, Network Bridges, and Job Searches in China," *American Sociological Review*, Vo. 62, No. 3, June 1997, pp. 366 – 385; 李继宏《强弱之外——关系概念的再思考》，《社会学研究》2003 年第 3 期等文献。

在国际关系的世界体系理论①、政策或规范扩散②等研究中，国家的位置或地位情况往往是研究中的重要一环。从学者们的研究来看，处于相同或相似位置上的两个行为体，他们在网络结构中所发挥的作用很可能也是类似的。③ 而对于网络中不同位置的国家，"中心国家"往往比"边缘国家"具有更大的影响力，即一国的网络位置越是靠近中心，其所能接触和传递的信息或资源也会越多，居中发挥的作用也会越大。

在东盟地区的经济伙伴网络中，东盟各国分别占据了不同的网络位置。例如，在2023年东盟地区经济伙伴网络（见图3-4）中，越南因与除文莱外其他所有东盟国家都形成了投资伙伴关系，还参加了东盟自贸区、"清迈倡议扩大化"协议、CPTPP、RCEP等经济伙伴制度化安排，因而在东盟经济伙伴网络中占据更为中心的位置；柬埔寨、印度尼西亚、老挝在东盟地区内形成的经济伙伴关系也比较多；文莱未与其他东盟国家有单独的双边经济伙伴关系，仅加入了东盟自贸区、清迈倡议扩大化、RCEP等涉及所有东盟国家的制度安排，以及参加了CPTPP，在东盟地区经济伙伴网络中的位置相对边缘。

面对某一地区中的国家群体，若地区外国家有意与地区内国家建立经济伙伴关系，往往更愿意先与该地区的中心国家进行接触，再逐渐扩展到其他非中心国家。一方面，地区中心国家所涉及的关系众多（exten-

---

① 例如 David Snyder, and Edward L. Kick, "Structural Position in the World System and Economic Growth, 1955 - 1970: A Multiple-Network Analysis of Transnational Interactions," *The American Journal of Sociology*, Vol. 84, No. 5, March 1979, pp. 1096 - 1126; Roger J. Nemeth, and David A. Smith, "International Trade and World-System Structure: A Multiple Network Analysis," *Review (Fernand Braudel Center)*, Vol. 8, No. 4, Quantitative Studies of the World-System, Spring 1985, pp. 517 - 560 等文献。

② 例如 Everett M. Rogers, "Network Analysis of the Diffusion of Innovation," in Paul W. Holland, Samuel Leinhardt, eds., *Perspectives on Social Network Research*, New York: Academic Press, 1979, Chapter 8; Ronald S. Burt, "Social Contagion and Innovation: Cohesion versus Structural Equivalence," *American Journal of Sociology*, Vol. 92, No. 6, May 1987, pp. 1287 - 1335; David A. Lake, and Wendy H. Wong, "The Politics of Networks: Interests, Power, and Human Rights Norms," in Miles Kahler, ed., *Networked Politics: Agency, Power, and Governance*, New York: Cornell University Press, 2009, Chapter 7 等文献。

③ Stephen P. Borgatti, and Martin G. Everett, "Notions of Position in Social Network Analysis," *Sociological Methodology*, Vol. 22, 1992, pp. 1 - 35; John Scott, *Social Network Analysis: A Handbook*, 2nd edition, London: Sage Publications, 2000, pp. 124 - 126.

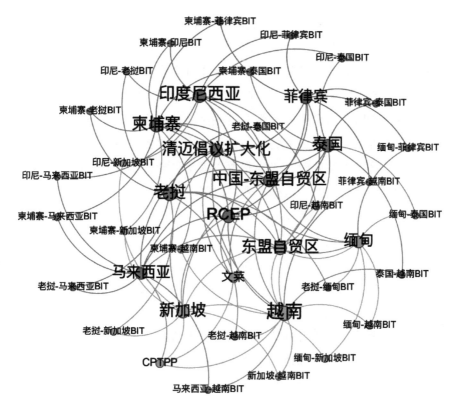

图 3-4　东盟地区经济伙伴网络图（2023）

sively involved），① 这意味着中心国家对资源获取有更多的渠道和更大的掌控力，在信息流动过程中有能力对信息进行过滤、筛选与传递，它在地区网络中具有较强的社会性权力，② 重要性比较突出。也就是说，一国在网络中的权力大小在某种意义上是由其网络位置或网络地位所决定的，而这种地位常常与国家间关系情况相关。③ 通过与中心国家建立的经济伙伴关系，地区外国家能间接地了解与接触地区内其他非中心国家，这为

①　Stanley Wasserman, and Katherine Faust, *Social Network Analysis: Methods and Applications*, Cambridge: Cambridge University Press, 1994, pp. 173-174.

②　庞珣、权家运：《回归权力的关系语境——国家社会性权力的网络分析与测量》，《世界经济与政治》2015 年第 6 期。

③　Emilie M. Hafner-Burton, Miles Kahler, and Alexander H. Montgoery, "Network Analysis for International Relations," *International Organization*, Vol. 63, Iss. 3, Summer 2009, pp. 570-571.

下一步拓展在该地区的经济伙伴关系奠定基础。

另一方面,许多学者已经发现,网络中有直接关系的行为体常常倾向于相互模仿,并且二者关系的密切程度也会影响到他们彼此的模仿程度,[1] 因此有关系的邻近国家很容易会成为政策扩散的目标对象。[2] 地区网络中的中心国家与多个国家都有关联关系,其作出的经济外交决策很可能会引起许多非中心国家的模仿,因此当观察到中心国家与地区外国家建立起经济伙伴关系时,一些非中心国家可能也会受到吸引而模仿中心国家的经济外交选择。这样一来,地区外国家就能在该地区以较低的成本逐步建立和完善其经济伙伴网络了。

对于东盟国家在地区网络位置的中心度(centrality),根据对网络"中心"的不同理解,存在多种测度节点国家中心度的方式。常用的中心度测量方式包括程度中心度(degree centrality)、接近中心度(closeness centrality)、中间中心度(betweenness centrality)等。程度中心度测量社会网络中一个节点与所有其他节点相联系的程度,即测算该节点同网络其他节点关系数量的总和情况,节点具有的程度中心度越高,越居于网络中心;接近中心度测量的是社会网络中某一节点与其他节点之间的接近程度,若一个节点与网络中其他节点的"距离"都很短,那么该节点具有较高的接近中心度,这能反映该节点通过网络传递并获取信息等资源的能力;中间中心度测量的是社会网络中一个节点对信息交流或资源流动的控制程度,若一个点处于许多其他点对(pair of nodes)的捷径(geodesic)(即最短路径),就意味着该点具有较高的中间中心度,它能体现出该节点与周边节点之间的关联性情况及其所发挥的桥梁作用。三种中心度根据不同标准对社会网络进行描绘和测算,度数中心度主要展示一个节点与其他节点发展直接交往关系的能力;接近中心度和中间中

---

① 例如, Mustafa Emirbayer, and Jeff Goodwin, "Network Analysis, Culture, and the Problem of Agency," *American Journal of Sociology*, Vol. 99, No. 6, May 1994, pp. 1419 – 1422; Yuri M. Zhukov, and Brandon M. Stewart, "Choosing Your Neighbors: Networks of Diffusion in International Relations," *International Studies Quarterly*, Vol. 57, No. 2, June 2013, pp. 271 – 287 等文献。

② 例如, Matts Hammarström, and Birger Heldt, "The Diffusion of Military Intervention: Testing a Network Position Approach," *International Interactions*, Vol. 28, No. 4, October 2002, pp. 355 – 377。

心度更多刻画的是一个节点控制网络中其他节点之间交往的能力，这两个指标依赖节点与网络中所有节点之间的关系，而不仅仅是与邻点之间的直接关系。①

本书依据研究对象和客观现实的特性状况，采用接近中心度（closeness）进行衡量。在由国家组成的地区网络中，一个国家的接近中心度较高，意味着这个国家整体上与地区网络内其他国家的联系更加紧密，不太需要依赖其他节点就能实现信息传递和要素流动，也能使自身的影响力以更快的方式对其他国家形成辐射，因而在网络中处于比较中心的位置。接近中心度的数据来源由本书根据东盟国家间签订各项经济伙伴协议的情况，综合运用社会网络分析软件 UCINET、Gephi 计算得出。

总体上，东盟对象国的对华贸易依赖度及其在地区经济伙伴网络中的中心度反映了该对象国对中国而言的经济伙伴价值情况，前者提示中国能在多大程度上运用不对称经济权力优势引导双边经济伙伴关系的发展方向，后者则显示了对象国能在多大程度上助力中国未来在东盟地区继续拓展经济伙伴关系。这两个指标共同构成了中国选择合适经济伙伴时的经济指数。由于经济指数某种程度上代表着中国能从经济伙伴关系构建中获得的收益状况，因此不难理解，对象国给中国带来的预期收益越大，中国越有可能先行与之建立经济伙伴关系。

由此可得出假说一：其他条件不变，若东盟对象国的经济指数越高，那么中国与该对象国先行构建经济伙伴关系的可能性越大。

（二）安全指数及其衡量

安全指数衡量中国与某一东盟国家建立经济伙伴关系可能要付出的成本大小。在东亚二元格局的国际关系环境中，中国与东盟国家的安全互信程度相对较低，若想与东盟国家建立制度化经济伙伴关系，中国需要付出一定的努力并采取谨慎的外交举措，避免引发东盟国家对自身的负面揣测。在一定程度上，安全指数能帮助中国找到需要付出成本最小

---

① 刘军编著：《整体网分析：UCINET 软件使用指南（第二版）》，格致出版社、上海人民出版社 2014 年版，第 126—136 页；［美］戴维·诺克、［美］杨松：《社会网络分析（第二版）》，李兰译，格致出版社、上海人民出版社 2017 年版，第 102—112 页。

的东盟对象国,率先与之建立经济伙伴关系的可行性可能会更高。

构成安全指数的第一个指标是东盟对象国与中国的领导人互访密切程度。领导人出访作为首脑外交的其中一种表现,在中国外交进程中经常被使用,能反映出中国外交的特点与布局,并且也能从侧面观察推测出中国外交的优先考虑对象。[1] 作为两国间关系的"晴雨表",领导人互访情况往往能反映两国间关系的友好、亲密状态,因为领导人出访与本国关系相对亲密的国家能更容易取得较大的政治收益以抵消因自身缺席国内政治决策所付出的政治成本,并且领导人的这种出访也是两国前期已经积累了多项合作成果的结果,而关系相对亲密的国家才更有可能展开友好合作。[2]

此外,在中国外交布局中,外交常常具有为国家经济建设服务的特点,并且中国的领导人出访在研究中已被证实能有效促进对外经贸关系的发展。[3] 这进一步意味着,中国对外建立经济伙伴关系的意愿,更有可能在与中国领导人互访频繁的对象国中实现。就中国与东盟及东盟国家的关系而言,经贸关系的每一步重大发展几乎都是在国家领导人高层的磋商与推动下达成的;[4] 其中也包括了制度化经济伙伴关系的协商与建立。

由此可见,中国与某一东盟国家的领导人互访频次越高,表明该东盟国家与中国在外交关系上相对越亲密,两国的共同利益基础和相互信任关系相较而言可能会更强一些,因而该国对中国而言的安全指数比较高。这意味着中国可能不需要耗费太大气力就能说服该国与中国建立经济伙伴关系。

领导人互访的数据主要统计的是本书研究时间范围(1980—2022 年)内中国与东盟国家领导人相互出访的情况,主要针对有公开报道的国事

---

① 张清敏、刘兵:《首脑出访与中国外交》,《国际政治研究》2008 年第 2 期。

② Scott L. Kastner, and Phillip C. Saunders, "Is China a Status Quo or Revisionist State? Leadership Travel as an Empirical Indicator of Foreign Policy Priorities," *International Studies Quarterly*, Vol. 56, Iss. 1, 2012, pp. 163–177.

③ 杨霄、张清敏:《中国对外经贸关系与外交布局》,《国际政治科学》2010 年第 1 期。

④ 张颖、徐阳华:《首脑外交视角下的中国东盟经贸关系》,《国际经济合作》2016 年第 2 期。

访问、正式访问、工作访问、短暂访问等出访记录按照一国一次的方式统计当年领导人互访次数。在考虑数据的权威性、可信度与一致性、可操作性的基础上，领导人互访记录数据全部来源于《人民日报》人民数据库。

衡量东盟国家安全指数的第二个指标是对象国与美国政治立场背离程度。在东亚二元格局中，东盟国家对华态度很大程度会受到美国的影响；并且，随着中美战略竞争的加剧，中美都试图加强与东盟国家之间的战略联系，这意味着美国可能会强化对东盟国家的影响与渗透，加剧东盟国家对中国的不安全感和不信任感。不过，从单元层面上看，东盟国家在对域外大国的战略取向上是具有一定的战略自主性的，[①] 大国平衡正越来越成为东盟国家的战略最优选项，[②] 这给中国留下了较大的转圜与争取空间。

中国比较容易争取的东盟国家，可能更多的是受美国影响比较小、与美国政治立场一致程度相对较低的国家。一般而言，政治立场相似度可以被用来衡量国家间的政治密切程度，因为政治立场一致程度比较高的国家往往具有更多的共同利益需求，而且彼此间意图透明度相对较高，国家间交往的成本费用比较小，[③] 因而更容易在诸多政治经济议题上形成一致意见并展开合作。例如，一些东盟国家对中国崛起的担忧与美国挤压中国战略空间的意图很容易能形成契合，[④] 这些国家在防范中国影响力扩大上有明显相似的立场，可能会因此展开相应的政治外交合作。中国要争取这部分东盟国家将面临极大的难度。

因此，在挑选合适的经济伙伴对象国时，受美国影响较大或与美国立场一致程度比较高的东盟国家往往不是中国的最佳选项，因为这样的东盟国家与中国的对立情绪可能比较严重，中国在条件不成熟的情况下

---

① 凌胜利：《二元格局：左右逢源还是左右为难？——东南亚六国对中美亚太主导权竞争的回应（2012—2017）》，《国际政治科学》2018 年第 4 期。

② 连波：《追随战略的"黄昏"：基于东南亚国家对中美两国战略取向的分析》，《当代亚太》2019 年第 1 期。

③ 田野：《交易费用：解读国家间关系的一个重要维度》，《世界经济与政治》2002 年第 1 期。

④ 周方银：《周边环境走向与中国的周边战略选择》，《外交评论》2014 年第 1 期。

与其建立经济伙伴关系将很难取得成功。而那些在政治立场上比较偏离美国立场的东盟国家对中国的战略敌意可能更小一些，相对而言是比较"安全"的潜在伙伴对象国，可以考虑先行与其建立经济伙伴关系。

本书采用联合国大会投票一致性数据测量某一东盟国家与美国的政治立场背离情况。这主要通过观察国家之间在外交政策方面的相似程度来观察两国的政治立场的一致情况。尽管有观点认为各国在联合国大会上的投票与外交行为"仅仅是成员国之间的被动政治互动"[1]，但不可否认联合国大会是唯一一个由世界上绝大多数国家参加，且在共同的国际社会议题基础上进行投票的外交平台，对各国在这一平台上的外交决策进行长时段观察，能较容易地判断出绝大多数国家在多个议题上的利益倾向，[2] 帮助分析国家间关系情况，[3] 从而能方便地区分具有更多共同利益、政治立场更为一致的国家群体。本书采用的联合国大会投票数据来源于美国学者埃里克·伏特（Erik Voeten）等人发布的联大投票数据库。[4]

概言之，东盟国家与中国的领导人互访密切程度以及东盟国家与美国的政治立场背离情况两项指标能帮助中国判断该对象国对中国而言是否足够"安全"，即帮助确认中国率先与该对象国建立经济伙伴关系的可行性高低。两项指标从不同侧面刻画了东盟对象国对中国的善意程度，共同构成了中国选择合适经济伙伴时的安全指数，它代表着经济伙伴关系构建的成本情况。需要中国付出的成本越小、越安全的国家，中国越有可能先行与之建立经济伙伴关系。

由此可得出假说二：其他条件不变，若东盟对象国的安全指数越高，

---

① William J. Dixon, "The Emerging Image of U. N. Politics," *World Politics*, Vol. 34, Iss. 1, October 1981, p. 47.

② Erik Voeten, "Clashes in the Assembly," *International Organization*, Vol. 54, No. 2, 2000, pp. 185 - 186; Erik Voeten, Anton Strezhnev, and Michael Bailey, 2009, "United Nations General Assembly Voting Data," https: //doi. org/10. 7910/DVN/LEJUQZ, Harvard Dataverse, V31.

③ 朱立群：《联合国投票变化与国家间关系（1990—2004）》，《世界经济与政治》2006 年第 4 期。

④ 参见 https: //dataverse. harvard. edu/dataset. xhtml? persistentId = doi: 10. 7910/DVN/LE-JUQZ。对该数据的形成及应用的具体说明，可参见 Michael A. Bailey, Anton Strezhnev, and Erik Voeten, "Estimating Dynamic State Preferences from United Nations Voting Data," *Journal of Conflict Resolution*, Vol. 61, Iss. 2, 2017, pp. 430 - 456。

那么中国与该对象国构建经济伙伴关系的可能性越大。

(三) 分析中国经济伙伴选择的框架

东盟国家的经济指数与安全指数分别显示了中国与某一东盟国家建立经济伙伴关系可能获得的收益情况以及可能付出的成本状况。显然，在选择经济伙伴对象时，中国的理性做法是要力图以最小的成本获取最大的收益；经济指数和安全指数相对更高的东盟国家有更大的可能率先成为中国选择的经济伙伴。这也是中国打开并进入东盟地区的方式，即从相对容易建立经济伙伴关系的东盟国家入手，然后逐步在东盟地区拓展自身的经济伙伴关系网络。因此，东盟国家的经济指数和安全指数（及其构成指标）便是本书的核心自变量，用以解释中国与东盟国家经济伙伴关系的构建问题；中国与东盟国家的经济伙伴关系情况是本书的因变量。

与经济指数、安全指数较高的东盟对象国首先建立经济伙伴关系，意味着中国能通过发挥两国经贸关系间的不对称优势引导两国关系向更有利于中国的方向发展，并且也能借助对象国的"网络中心"位置进一步打开在东盟地区的经济伙伴关系格局；同时，对象国与中国既有的密切外交往来以及较低的对华敌意情绪都将使得中国能以相对小的成本代价在东盟地区建立起经济伙伴关系。

需要说明的是，在不同历史阶段，中美关系会有所波动，如在20世纪80年代中国与相关东盟国家建立投资伙伴关系时，中美关系相对缓和，东盟国家经济偏好与安全偏好相分离的程度有所降低；而到了中国与相关东盟国家建立货币伙伴关系的阶段，中美战略竞争意味加剧，东盟国家要在中美之间"选边站队"的情形出现得越发频繁。尽管存在这样的阶段性差异，但中美之间竞争对立的张力始终存在，只是在程度表现上有所不同。因此，本书用同一理论机制框架解释中国经济伙伴关系建立的不同阶段，仍然是具有解释力的。

如果以东盟对象国的经济指数、安全指数建立坐标轴，横轴表示东盟国家对中国而言的经济伙伴收益，收益越大经济指数越高，伙伴收益从无利到有利发生变化，经济指数越高的东盟国家越可能先行成为中国的经济伙伴；纵轴表示中国与某东盟国家建立经济伙伴关系需付出的成本，成本越小安全指数越高，两国间关系从疏离到亲密发生变化，安全指数越高的东盟国家越可能先行成为中国的经济伙伴。图3-5展示了中国经济伙伴选择的可能性弧线，指数值组合落在弧线右上侧的东盟国家有更大可能率先与中国结成经济伙伴关系。

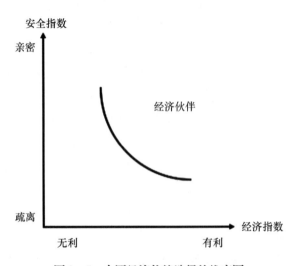

图3-5　中国经济伙伴选择的维度图

要得出东盟各国历年的经济指数和安全指数，首先需要对东盟国家历年的对华贸易依赖度、地区网络中心度、与华领导人互访次数、与美政治立场背离程度的数据进行收集与整理。本书的研究时间范围为1980—2022年，[①] 因此只搜集该时段内东盟各国的相应数据，组成面板数据。东盟各国历年的数据中，将前两组数据做标准化处理并相加，得到历年东盟各国的经济指数；后两组数据标准化处理后相加，得到历年东盟各国的安全指数。经济指数、安全指数及其相应构成指标之间的相关性如表3-1所示。对华贸易依赖度、地区网络中心度

---

① 以1980—2022年为研究的时间范围，主要是出于数据可得性的考虑进行确定的，1980年以前的多项数据往往缺失严重，难以开展研究，而目前大多数数据库更新时间截至2022年年底，由此确定研究的时间范围。并且，东盟国家内部最早存在由印度尼西亚、马来西亚、菲律宾、新加坡、泰国于1977年共同签订的东盟货币互换安排（ASA），即这五个国家之间已初步形成了货币伙伴关系网络，为本书分析东盟国家内部经济伙伴网络情况及东盟国家的初始网络位置提供了基本信息。

与经济指数的相关系数分别为0.84、0.82；领导人互访密切度、与美立场背离程度与安全指数的相关系数分别为0.73、0.69，这意味着构成指标与经济指数、安全指数之间存在较强的相关性，以此为基础可以进行下一步推演计算。

表3-1　　东盟国家经济指数、安全指数及其构成指标的相关系数

	经济指数	对华贸易依赖度	地区网络中心度	安全指数	领导人互访密切度	与美立场背离程度
经济指数	1.00					
对华贸易依赖度	**0.84**	1.00				
地区网络中心度	**0.82**	0.38	1.00			
安全指数	0.23	0.06	0.32	1.00		
领导人互访密切度	0.27	0.25	0.20	**0.73**	1.00	
与美立场背离程度	0.05	-0.17	0.26	**0.69**	0.01	1.00

由于本书试图解释中国在东盟国家群体中是如何选择经济伙伴优先对象的，因而本书的因变量便是中国与东盟各国的国际经济制度联系状况，即每年中国与东盟各国签订的相关经济伙伴协议的情况。在本书的研究语境中，这些协议主要包括双边投资协定、本币互换协议、自由贸易协定三种。①

首先从整体上判断本书的核心自变量能否对因变量作出解释。统计东盟各国在1980—2022年间每一年已签订的国际经济合作协议的数量，总共存在四种可能的情况，即中国与某个东盟国家没有签订协议、签订了一项协议、签订了两项协议、签订了三项协议这四种类型；与之相对

---

① 关于中国与东盟国家签订的双边投资协定情况，统计数据来源可参见联合国贸发会议"投资政策中心"（Investment Policy Hub, UNCTAD）网站 https：//investmentpolicy. unctad. org/international-investment-agreements。关于中国与东盟国家签订的本币互换协议情况，统计数据来源可参见中国人民银行宏观审慎管理局网站 http：//www. pbc. gov. cn/huobizhengceersi/214481/214511/214541/index. html。关于中国与东盟国家签订的自由贸易协定情况，统计数据来源可参见中国自由贸易区服务网 http：//fta. mofcom. gov. cn。

应的数值可取 0、1、2、3 四种。① 这是此处因变量的取值情况。因变量的这种统计方式既可以对同一年份不同东盟国家与中国的制度联系情况进行横向对比，也可以对同一东盟国家在不同年份时与中国的制度联系情况进行纵向比较。这有助于更好地理解中国选择经济伙伴的逻辑：在同一时间节点上，何种东盟国家更可能成为中国更亲密的经济伙伴；对同一潜在伙伴对象国，在何种情况下中国更有可能与之建立起多类别经济伙伴关系。

本书设定以下简单的回归模型来对中国与东盟国家建立经济伙伴关系的情况作整体判断：

$$agreements_{it} = \beta_0 + \beta_1 \times econ_{it} + \beta_2 \times safe_{it} + \varepsilon_{it} \qquad （模型 3 - 1）$$

其中，$agreements_{it}$ 表示该东盟国家截至当年与中国签署了的经济伙伴协议数量；$econ_{it}$ 和 $safe_{it}$ 分别表示该东盟国家当年的经济指数和安全指数；ε_{it} 为残差项。通过分析 β_1 和 β_2 系数的大小和方向，可以估测这两个核心解释变量是如何对中国在东盟地区的经济伙伴选择产生影响的。

此外，本书也进一步对经济指数、安全指数进行了拆解，将对象国对华贸易依赖度（$trade\_reli\_CN_{it}$）、地区网络中心度（$closeness_{it}$）、领导人互访密切度（$visit_{it}$）、与美立场背离程度（$naffinityUS_{it}$）作为核心解释变量纳入计量模型中进行检验，以分析构成对象国经济指数、安全指数的指标中哪一个对中国经济伙伴选择发挥了更大的作用。相关回归模型公式设定如下：

$$agreements_{it} = \beta_0 + \beta_1 \times trade\_reli\_cn_{it} + \beta_2 \times closeness_{it} +$$
$$\beta_3 \times visit_{it} + \beta_4 \times naffinityUS_{it} + \varepsilon_{it} \qquad （模型 3 - 2）$$

相关系数的设定与解读与模型 3 - 1 类似。

根据回归模型和相关变量数据，得到如下的回归结果（表 3 - 2）：

①　需要注意的是，中国通过中国—东盟自由贸易协定、RCEP 等国际经贸制度与东盟十国均建立起了自贸伙伴关系，但由于本书仅研究由东盟十国形成的地区国家网络，因此中国与所有东盟国家都具有的制度关系从统计意义上来看便不甚显著，因此在统计中国与东盟国家的经济伙伴关系时，不将中国—东盟自贸协定、RCEP 所体现的经济伙伴关系计入。

表 3－2　　中国选择东盟经济伙伴的影响因素的回归结果（整体阶段）

	（1）	（2）	（3）	（4）
	面板回归模型 agreements	面板回归模型 agreements	面板回归模型 agreements	面板回归模型 agreements
L. 经济指数	0. 445 *** (0. 029)		0. 261 *** (0. 033)	
L. 对华贸易依赖度		2. 149 *** (0. 247)		1. 552 *** (0. 244)
L. 地区网络中心度		2. 79 *** (0. 367)		1. 255 *** (0. 354)
L. 安全指数	0. 183 *** (0. 037)		0. 121 *** (0. 035)	
L. 领导人互访密切度		0. 091 *** (0. 023)		0. 041 * (0. 021)
L. 与美立场背离程度		0. 201 *** (0. 059)		0. 202 *** (0. 056)
L. 与华经济实力对比			－ 1. 967 *** (0. 713)	－ 2. 184 *** (0. 742)
L. 人口规模			0. 008 *** (0. 002)	0. 009 *** (0. 002)
L. 是否为东盟轮值主席国			－ 0. 123 ** (0. 06)	－ 0. 112 * (0. 06)
L. 军费支出费用			0. 037 *** (0. 006)	0. 034 *** (0. 007)
常数项	0. 93 *** (0. 021)	0. 081 (0. 231)	0. 524 *** (0. 144)	－ 0. 314 (0. 223)
样本量	392	392	357	357
组内 R^2	0. 453	0. 454	0. 635	0. 642

注：L. 表示滞后一年，模型中的小括号内数值为标准误；*** $p < 0.01$，** $p < 0.05$，* $p < 0.1$，其中 ***、**、* 分别代表 1%、5%、10% 的显著性水平。

　　根据研究问题与数据结构，本书采用面板回归模型对已收集的数据进行实证检验，探讨东盟各国的经济指数、安全指数对中国在东盟地区首先选择的经济伙伴的影响。为了减少潜在的内生性问题，所有解释变量和控制变量均以滞后一阶的形式进入回归模型。

　　本书首先对两个核心自变量进行估计判断。在面板回归模型（1）中，东盟国家的经济指数和安全指数这两个核心自变量与因变量之间呈正向相关关系，并且两个指标都在1%的显著性水平下出现显著，这意味着东盟国家的经济指数和安全指数有很大可能会对中国的经济伙伴选择产生影响。东盟国家经济指数每提升一个单位，可以使该国与中国多签0.445项经济伙伴协议并建立起相应的经济伙伴关系；而安全指数每提升一个单位，可以使该国与中国多签0.183项经济伙伴协议。从系数结果上看，经济指数这个变量对中国在东盟地区经济伙伴选择的影响似乎更为明显。

　　如果将经济指数和安全指数都按其指标构成拆解开来看，即得到面板回归模型（2）。构成经济指数的东盟国家对华贸易依赖度和地区网络中心度也在1%的显著性水平下保持显著；其中该国在东盟地区网络中心度的影响力相对更大，若该国的网络中心度增加一个单位，能使中国与该对象国签订的重要经济伙伴协议增加2.79份，而该国对华贸易依赖度的作用则是能帮助增加2.149份。在安全指数方面，东盟国家与中国的领导人互访密切度及其与美国立场背离程度也在1%的显著性水平下显著，它们提供的正向作用分别能助力该东盟国家与中国多签0.091、0.201项经济伙伴协议。

　　接下来，在面板回归模型（3）和面板回归模型（4）中，本书引入可能影响中国与东盟国家签署经济伙伴协议的几个变量作为控制变量，包括：与华经济实力对比、人口规模、是否为东盟轮值主席国、军费支出费用等。

　　与华经济实力对比。国家间实力的差距会影响两国之间的关系。均势论认为两国实力接近有利于相互制衡，而霸权稳定论则认为两国实力越悬殊则越能维持相对稳定的双边关系。面对中国的快速崛起，东盟国家对中国战略意图的不确定及其与华实力的不对称带来了双重压力，这使得东盟国家对中国的焦虑和猜忌情绪会有所加剧，需要中国对其开展

"魅力攻势"[1] 以进行战略安抚，其中就包括通过深化互惠依赖、强化经济联系等物质性措施让东盟国家感受到中国的善意，展示崛起红利。[2] 因此，本书将东盟国家相对于中国的经济规模作为一个控制变量，即测量东盟国家与中国之间的 GDP 之比。[3] 在模型面板回归（3）和模型面板回归（4）回归结果中，东盟国家与中国经济实力对比这一控制变量与是否签署协议的因变量呈现出显著的负相关，意味着东盟国家与中国经济实力差距越悬殊，中国与之签署经济伙伴协议的可能性越大。这是因为巨大的实力差距容易放大东盟国家对中国的疑虑和担忧，甚至会猜忌中国可能进行霸权扩张，而对这样的国家，中国更有必要主动照顾对方的利益关切，[4] 可以通过签署经济伙伴协议等方式化解猜忌，实现合作。

人口规模。人口因素对区域政治和全球政治的影响在全球化时代中日益凸显，人口规模作为国家的一项重要特征，会影响国家对外交往能力、权力平衡等结果，[5] 对由国家构成的国际秩序也产生越来越深远的影响。[6] 人口规模转化为权力资源的能力及其对综合国力的重要性使得每个国家对本国及其他国家的人口规模情况极为关注，[7] 进而也会影响国家间关系的发展与演变。因此需要将人口规模也纳入控制变量范围。[8] 面板回归模型（3）和面板回归模型（4）的回归结果显示，东盟国家的人口规模越大，中国与其签署经济伙伴协议的可能性越大。这可能是因为人口数量更多的国家相应拥有更为充足的劳动力群体，也拥有相当规模的国

① Joshua Kurlantzick, "China's Charm Offensive in Southeast Asia," *Current History*, Vol. 105, Iss. 692, September 2006, pp. 270 - 276.

② 曹德军：《安全焦虑、信号传递与中国对东南亚国家的战略安抚》，《国际安全研究》2020 年第 3 期。

③ 国家的 GDP 数据来源于世界银行数据库，参见 https：//data. worldbank. org。

④ 魏玲：《伙伴关系再升级：东盟关切、中国责任与地区秩序》，《国际问题研究》2021 年第 6 期。

⑤ Achim Goerres, Pieter Vanhuysse, eds. , *Global Political Demography*：*The Politics of Population Change*, August 2021, London：Palgrave Macmillan, p. 3, 参见 https：//link. springer. com/book/10. 1007/978 - 3 - 030 - 73065 - 9。

⑥ Geoffrey McNicoll, "Population weights in the international order," *Population and Development Review*, Vol. 25, Iss. 3, 1999, pp. 411 - 442.

⑦ 于海洋：《人口与区域安全：理论模型及其在东北亚的现实检验》，《国际论坛》2009 年第 5 期。

⑧ 本书关于人口规模的数据来源于世界银行数据库，参见 https：//data. worldbank. org。

内市场，经济发展潜力相对更大，更有能力完成经济伙伴协议的履约承诺。

是否为东盟轮值主席国。亚洲金融危机后的东盟各国逐渐产生了要建立与欧盟类似的"东盟共同体"设想，随后东盟国家通过了包括《东盟协调一致第二宣言》（2003 年）、《东盟宪章》（2007 年）在内等一系列协议，这些协议使得东盟国家的内部凝聚力以及各国的实力得到了明显的加强，① 促使东盟作为一个国际组织结构的制度化程度逐渐有所提高。在东盟作为一个整体进行内部建设的过程中，东盟轮值主席国在其中发挥了一定的作用，担任轮值主席国的东盟国家兼任全年各类东盟会议的主席，包括东盟峰会及相关东亚系列合作峰会、东盟协调理事会、三大东盟共同体理事会、② 东盟各领域部长及高级官员机制会议、常驻东盟代表委员会等，拥有起草并发布主席声明的权限，可以决定每场会议给予哪些国家发言权，一定程度上影响议案的通过或否决，在权限上是高于其他普通成员国的。③ 显然，东盟国家间的这种异质性需要被纳入考虑。④ 在面板回归模型（3）和面板回归模型（4）回归结果中，东盟国家担任东盟轮值主席国，反而不利于该东盟国家与中国签署经济伙伴协议。这种看似反常的现象可能是因为，协商一致是东盟的核心原则，轮值主席国需要尽可能实现内部协调，因而在涉华议题等相关问题上可能会尽量表现出中立的色彩，这就使得担任轮值主席国的东盟国家在其任职的年份将有意避免与中国签署经济伙伴协议，以免被其他东盟国家指摘其过于亲华。

军费支出费用。各国军费支出是国家对周边环境和平程度进行综合判断而作出的一项国家决策，当国家认为自身处于不安全、不和平的环境中时，军费支出将有所增加，这种情况往往也意味着国家间的亲密关

---

① 方长平、郑凌：《东盟共同体成立背景下的中国东盟关系》，《国际论坛》2017 年第 6 期。

② 三大共同体理事会包括：东盟政治安全共同体理事会、东盟经济共同体理事会、东盟社会文化共同体理事会。

③ ［韩］李载贤：《东盟议事决策过程的非典型性与非正式性》，杨艺倩译，《南洋资料译丛》2020 年第 4 期。

④ 东盟轮值主导国的相关信息来源于东盟官方网站，参见 https：//asean.org/category/chairmanship/。

系容易遭到破坏，安全困境凸显，因而也会影响国家间经济伙伴协议的签署。因此，本书将各国军费支出费用作为衡量指标纳入控制变量。① 面板回归模型（3）和面板回归模型（4）的回归结果表明，东盟国家军费支出越多，中国越有可能与之签署经济伙伴协议，这与常识的认知是相一致的，中国通过签署经济伙伴协议等方式增信释疑，加强东盟国家对自身的安全感和信任感。

模型结果表明，从全阶段的整体影响效果上看，东盟国家的经济指数和安全指数确实会在中国经济伙伴的选择过程中发挥明显的作用，并且这种作用往往是正向的，经济指数对中国经济伙伴选择的影响相对会更显著。这与客观现实情况基本相符，因为在二元格局的地区环境中，中国主要还是依靠经济红利的外溢与分享吸引东盟国家与自身合作的；并且，由于中国寻求建立经济伙伴关系常常是循序渐进的过程，因此对象国是否具有较大的未来伙伴效益，即能否助力中国未来继续拓展经济伙伴网络，这对中国而言十分重要。

在接下来的两章中，本书将分别对中国与东盟国家建立投资伙伴关系、货币伙伴关系的过程作进一步分析与阐述，探讨中国在不同的经济伙伴发展阶段是如何选择经济伙伴、如何形成伙伴关系建立的先后次序安排的。本书将根据每个阶段不同的发展特征，补充相应的控制变量以减少模型误差，并作出更细致的解释。

---

① 各国军费支出数据来源于斯德哥尔摩国际和平研究机构（SIPRI），参见 SIPRI Military Expenditure Database，https：//www.sipri.org/databases/milex。

第 四 章

中国与东盟国家建立的
投资伙伴关系

改革开放后，中国启动了对外建立经济伙伴关系的进程。在 20 世纪 80 年代，中国首先寻求建立的是投资伙伴关系，即挑选合适的对象国签署双边投资协定，这是中国在当时的国际环境背景下所能采取的比较有效的经济外交手段，能快速与他国形成伙伴关系，同时也能满足自身经济发展的需求。东盟地区内的国家陆续成为中国的投资伙伴，而且其中一些国家是中国率先选择的投资伙伴对象。中国在东盟地区选择投资伙伴的先后顺序，无疑体现了中国对不同东盟国家的差异化判断与考量。

一 改革开放与中国寻找投资伙伴的需求

（一）中国参与国际经济体系活动的尝试

1978 年年底中国共产党十一届三中全会的胜利召开寓示着中国迈入改革开放新时期，中国由此真正意义上重新打开国门、接触世界。在此之前，中国已开始淡化对外交往中的意识形态色彩，主动与西方国家缓和关系，也顺利恢复了在联合国的合法席位，国际发展环境有所改善。开放先于改革而动。据统计，在 1976 年 7 月至 1980 年 6 月期间，中国派团出访发达国家的年均增长率高达 57%，位列第一；出访改革中的社会主义国家的频率则紧随其后，年均增长率达到了 41%。[①] 可见当时中国对

---

① 黄一兵：《徘徊与觉醒：改革开放的酝酿和启动》，河北人民出版社 2018 年版，第 470—472 页。

外交往的频率有所增加，接触并认识外部世界的热情高涨。在逐渐开放的背景下，中国经济伙伴外交也随之启动。

自 20 世纪 70 年代末起，中国接连采取了一系列促进对外开放、对内改革的措施，逐步搭建与国际经济体系接触、沟通的桥梁。这些措施为中国对外寻找经济伙伴提供了较强的政策上与制度上的说服力。

一是启动开放试点并逐步推广。1979 年 7 月，广东省、福建省率先实施开放，对相关的对外经济活动采取特殊政策与灵活措施，并且深圳、珠海、汕头、厦门四地试办起了"出口特区"；1980 年 5 月，四个试办特区正式定名为"经济特区"，由此打开了对外开放的政策窗口；1984 年 5 月，中国又进一步开放了大连、青岛、连云港、上海、宁波、福州、广州、北海等 14 个沿海港口城市；1985—1988 年，长江三角洲、珠江三角洲、闽南厦漳泉三角地区，还有辽东半岛、胶东半岛也都相继被开辟为沿海经济开放区，以期通过沿海经济发展带动内地经济崛起；1988 年 3 月，国务院又决定把包括了杭州、南京、沈阳三个省会城市在内的 40 个市、县都划入开放区的范围中；1988 年 4 月，关于设立海南省和海南岛经济特区的决议在全国人大七届一次会议上得以通过，海南由此成为中国第五个经济特区；1990 年 4 月，国务院宣布中央同意加快开放、开发上海浦东地区。通过"由点到线、由线及面"的方式，中国在沿海地区基本实现全部开放，为中国加入国际经济体系格局奠定了交往的基础。

二是为对外开放提供制度上的支持与保障。比如，在国内层面，1979 年 7 月，《中外合资经营企业法》（以下简称《合资法》）在第五届人大第二次会议上通过，1983 年 9 月国务院颁行了《中外合资经营企业法实施条例》，1990 年 4 月对《合资法》进行修订，此外还制定了一系列与《合资法》配套的法律法规，由此基本形成适用于中外经营企业的法律体系，为中国吸引外来投资提供相应的法律保障。[①] 1982 年 12 月，对外开放政策被写进了新宪法，1984 年中国共产党的十二届三中全会又将对外开放提升至了基本国策的重要地位，奠定了中国接触并融入国际经济体系的总基调。而在国际层面，中国也开始积极寻求加入各种国际

---

① 陈业宏：《论完善中外合资经营企业法》，《华中师范大学学报》（哲学社会科学版）1996 年第 3 期。

组织，1980 年中国恢复了在 IMF、世行及其附属机构中的席位，次年开始向世行借款并逐步发展合作；1986 年中国又成为亚洲开发银行的会员国，同年也正式向关贸总协定提交了复关申请。申请并加入相关国际经济金融组织显示了中国发展多边经济制度关系、学习国际经济规范的努力，这也向国际社会释放出中国意在开放的积极信号。

改革开放的大力推行很大程度上也源自于中国的内部需求驱动。改革开放以前，中国受历史条件与现实发展的影响，资本和外汇非常短缺，而较低的经济发展水平和缓慢的发展速度也使得人均国民收入低下，且就业压力巨大，因此中国经济发展面临资本不足、国内市场不足的制约；但中国国内资源（如劳动力资源、土地资源等）又相对低廉，在这样的背景之下，中国实施对外开放战略初期的主要选择便是以出口导向、引进外资为主。① 20 世纪 80 年代这一时期，中国推动对外开放主要还是在于争取更多国际资源，其中就包括了来自外国投资者的资金资本、先进技术、先进管理经验等。② 为此，中国转变了战略思想，从排斥外资到要利用外资，有意通过各种方式消除外商对华投资的顾虑，力图解决各地缺乏外资等发展资本的情况。③ 其中，对外签署双边投资协定是解决问题最为行之有效的方法之一，中国由此启动了对外建立投资伙伴关系的进程。

作为国家间投资伙伴关系的识别标志，双边投资协定主要对跨国资本流动进行规范与保障，它有助于签订协议的伙伴双方国家构建起良好的投资营商环境与投资信心，并向潜在投资者释放积极信号，即投资活动将能得到法律制度的保障；对资本东道国而言，对外签约最重要的意义就在于要吸引外资流入以带动本国经济发展。因此，改革开放后的中国作为亟须发展资本的东道国，开始对外寻找投资伙伴、签订双边投资协定，这样的经济外交举动体现出了一定的实用主义甚

① 项本武：《中国对外开放战略：成就、挑战与调整》，《宏观经济研究》2009 年第 3 期。

② 杨雪冬：《从自我改造到相互改造：对外开放 40 年再审视》，《浙江社会科学》2018 年第 8 期。

③ 赵蓓文、李丹：《从举借外债、吸引外资到双向投资：新中国 70 年"引进来"与"走出去"的政策与经验回顾》，《世界经济研究》2019 年第 8 期。

至是商业主义的色彩。[①] 自 1982 年中国与瑞典签署第一份双边投资协定以后，中国对外建立投资伙伴关系的实践历程呈现出阶段式发展，一些研究根据不同标准将这一历程作出了阶段划分，[②] 但不论如何划分，中国改革开放初期对外签订的双边投资协定总是更为强调本国经济主权的维护，对外资更多表现出监管的态势，在条约规则上也是相对偏保守。

中国早期选择的投资伙伴中，除了有比较多的西方发达国家外，周边国家特别是东盟国家的数量也不少。与东盟国家接触并建立的投资伙伴关系是中国对外开放进程的重要组成部分。

（二）中国对东盟国家的投资伙伴外交接触

在 20 世纪 80 年代中期中国与第一个东盟国家泰国签订双边投资协定之前，中国已经与东南亚地区多个国家逐渐缓和关系，而且关系甚至有所升温。除柬埔寨、缅甸等国始终与中国保持相对友好关系外，1974 年中国与马来西亚得以正式建交，1975 年又接连与菲律宾、泰国建交；中国与印度尼西亚、越南、老挝等国家的关系虽曾经历波折，但大多在 80 年代已经出现了关系改善势头；1990—1991 年，中国相继与新加坡、文莱建立外交关系。至此，中国已与后来的十个东盟国家全部建立了相对良好的外交关系。外交关系的改善为中国在东南亚地区寻找合适的投资伙伴奠定了比较可靠的政治基础，至少地区内多数国家不再对中国充满敌意。

在经济方面，20 世纪八九十年代的中国与一些东南亚国家存在着较大的开展经济合作空间，因而中国与某些东南亚国家建立投资伙伴关系也具备了一定的经济条件。具有一定经济实力水平的东南亚国家，如泰国、新加坡等，它们的 GDP 年增长率在 80 年代大多数年份都保持了

---

① Qingjiang Kong, "Bilateral Investment Treaties: The Chinese Approach and Practice," in B. S. Chimni, Ko Swan Sik, and Miyoshi Masahiro, eds., *Asian Yearbook of International Law*, Vol. 8 (1998 – 1999), Netherlands: Koninklijke Brill NV, 2003, p. 110.

② 例如，胡斌、程慧：《中国双边投资协定的实践与发展》，《国际经济合作》2013 年第 6 期；王光、卢进勇：《中国双边投资协定：历史演进与发展趋势》，《国际经济合作》2019 年第 2 期等。

快速增长的态势，积累了较多资金资本，有能力也有意愿对外投资，这正好符合中国吸引外资的需要；并且，这些国家相对地区内其他国家而言，与中国的贸易规模相对较大，逐步与中国形成在贸易上相互依赖的关系。总体来看，中国与这些国家建立投资伙伴关系的经济条件比较成熟。数据显示，1984 年，泰国对华直接投资达 445 万美元，虽少于大多数西方发达国家，但仍在东南亚国家中位列第一；菲律宾、新加坡、马来西亚等国对华直接投资也分别达到 229 万美元、120 万美元、57 万美元。① 从后来的发展上看，这些也都是比较早与中国签订双边投资协定的国家，这意味着东南亚国家与中国之间的经济联系可能会与中国选择的投资伙伴结果之间存在某种关系。泰国和新加坡于 1985 年签订双边投资协定后，两国对华直接投资额迅猛增长，1985 年泰国和新加坡对华直接投资分别达 884 万美元和 1014 万美元。② 可见，投资伙伴关系的建立能对中国与伙伴对象国的双边投资发展起到比较大的促进作用。

从 20 世纪 80 年代中国在东南亚地区发展经济伙伴（主要是投资伙伴）的接触来看，诚然，签署双边投资协定以吸引外资是中国的主要目标之一；不过，这个经济因素却似乎并不是决定中国与某个对象国建立投资伙伴的唯一标准。在东南亚地区，中国先行选择哪个国家签订双边投资协定，并不是随意的选择，其背后或许有更为谨慎的考量。直观上看，似乎当中国与某一东南亚对象国之间的政治经济关系满足一定条件时，中国才会与该国构建起投资伙伴关系。而这种条件具体是什么，则是本书接下来要继续分析的内容。

本书将在已提出的理论机制及相关假说的基础上，进一步选取变量数据与回归模型进行实证分析检验。下一节以中国和东盟各国历年签订的双边投资协定状况作为被解释变量，以东盟各国的经济指数和安全指数作为核心解释变量。由此，在下一节，本书将考察东盟各国在中国寻求构建投资伙伴关系的 BIT 阶段表现出的国家特征对中国经济伙伴选择的影响，使用 1980—2001 年十个东盟国家的样本数据进

① 数据来源：中国商务历史网站 http：//history. mofcom. gov. cn/book/。
② 数据来源：中国商务历史网站 http：//history. mofcom. gov. cn/book/。

行检验。①

二　中国在东盟地区选择投资伙伴的实证分析

（一）变量的选取与描述

在中国寻求与东盟国家建立投资伙伴关系的阶段，因变量或被解释变量是中国与东盟各国在 1980—2001 年各年签订双边投资协定的情况。② 由此，因变量是取值为 0 或 1 的哑变量，其中 0 代表中国在该年未与该东盟国家签订双边投资协定；1 代表中国在该年与该东盟国家签署或签有双边投资协定，即两国间存在投资伙伴关系。

本书检验的核心假设是东盟各国的经济指数、安全指数这两个自变量或核心解释变量与中国经济伙伴选择之间的关系。从假说上看，两个自变量与因变量均呈正向关系，即东盟国家的经济指数、安全指数越高，该东盟国家越有可能较早成为中国的经济伙伴。本节检验的是不同东盟国家成为中国投资伙伴的情况。

对于东盟国家的经济指数与安全指数的构成与测量，上文已进行了详细的说明。为增强检验的可靠性，本书继续对相关政治经济变量进行控制，包括与华经济实力对比、人口规模、是否为东盟轮值主席国、军费支出费用等，观察 BIT 阶段中国投资伙伴选择的实证结果。

本节实证分析所采用的变量名称、计算方法及数据来源如表 4 – 1 所示。

---

①　以 1980—2001 年为研究的时间范围，一是出于数据可得性的考虑，1980 年以前的多项数据往往缺失严重，将研究时间范围向前延展将难以开展完整研究；并且，东盟国家内部最早存在由印度尼西亚、马来西亚、菲律宾、新加坡、泰国于 1977 年共同签订的东盟货币互换安排（ASA），即这五个国家之间已初步形成了货币伙伴关系网络，为本书分析东盟国家内部经济伙伴网络情况及东盟国家的初始网络位置提供了基本信息。二是根据中国经济伙伴关系构建的阶段性特征作出的考虑，中国 1985 年首先与泰国、新加坡签署双边投资协定，2001 年缅甸是最后一个与中国建立投资伙伴关系的国家，因此本章的研究时段截至 2001 年。

②　关于中国与东盟国家签订的双边投资协定情况，统计数据来源可参见联合国贸发会议"投资政策中心"（Investment Policy Hub，UNCTAD）网站 https：//investmentpolicy. unctad. org/international-investment-agreements。

表4−1 **变量名称、计算方法与数据来源（BIT阶段）**

变量名	含义	计算方法	数据来源
被解释变量			
BIT	中国与该东盟国家是否签订BIT	协议签订当年及之后为1，其他年份为0	联合国贸发会议"投资政策中心"网站
核心解释变量			
econ	经济指数	由标准化后的对华贸易依赖度、经济网络中心度两个指标相加而成	自行计算而得
trade_reliance_cn	对华贸易依赖度	以某东盟国家在某一年的对华贸易总额除以该国当年GDP而得	中国商务年鉴、联合国商品贸易统计数据库（UN Comtrade）世界银行数据库
closeness	地区网络中心度	根据东盟国家间签订各项经济协议的情况，运用社会网络分析软件 UCINET、Gephi 等计算得出	联合国贸发会议"投资政策中心"网站、东盟官方网站
safe	安全指数	由标准化后的领导人互访密切度、与美立场背离程度两个指标相加而成	本书自行计算而得
visit	领导人互访密切度	依照当年两国领导人互访记录，以一国一次的方式统计首脑互访次数	人民日报图文数据库
naffinityUS	与美国立场背离程度	东盟国家与美国的联大投票一致性数据	联大投票数据库

续表

变量名	含义	计算方法	数据来源
控制变量			
gdprationwcn	与华经济实力对比	当年东盟国家 GDP 除以当年中国 GDP 得出的比值	世界银行数据库
population	人口规模	东盟国家当年的人口数量。为方便读取回归系数，本书将东盟各国当年人口数量的单位由人调整为百万人	世界银行数据库
aseanchairman	是否为东盟轮值主席国	当年该东盟国家是否为东盟轮值主席国，若是，记为 1；反之，记为 0	东盟官方网站
military_fee	军费支出费用	当年该东盟国家的军费支出费用。为方便读取回归系数，本书将军费支出的单位由原数据库的百万美元调整为 10 亿美元	SIPRI Military Expenditure Database

通过对相关变量数据的整理，本节最终收集了 1980—2001 年间十个东盟地区国家截面组成的面板数据，上述相关变量的描述性统计见表 4-2。

表 4-2　　　　　　　　　BIT 阶段主要变量的描述性统计

变量名	样本量	平均值	标准差	最小值	最大值
BIT	182	0.5055	0.5013	0.0000	1.0000

续表

变量名	样本量	平均值	标准差	最小值	最大值
econ	182	−0.5905	0.7024	−1.7505	0.8140
trade_reliance_cn	182	0.0356	0.0394	0.0000	0.1894
closeness	182	−0.1056	0.0906	−0.2500	0.0000
safe	181	−0.0970	0.6732	−1.6686	1.2374
visit	182	0.6374	0.8076	0.0000	4.0000
naffinityus	181	3.6016	0.5582	2.3543	4.8787
gdpratiowcn	182	0.0842	0.0824	0.0012	0.3175
population	182	49.3875	55.7010	0.2221	217.1124
aseanchairman	182	0.1154	0.3204	0.0000	1.0000
military_fee	167	1.5445	1.5313	0.0126	9.4644

资料来源:笔者自制。

(二) 模型回归结果与分析

为了检验本书的理论假说,本书在此处设定以下的回归模型来检验 BIT 阶段的中国经济伙伴选择:

$$BIT_{it} = \beta_0 + \beta_1 \times econ_{it} + \beta_2 \times safe_{it} + \gamma\, X_{it} + \varepsilon_{it} \qquad (模型\ 4-1)$$

其中,BIT_{it} 表示该东盟国家当年是否与中国存在 BIT 的投资伙伴关系。$econ_{it}$ 和 $safe_{it}$ 分别代表的是该东盟国家当年的经济指数和安全指数。X_{it} 为控制变量组,包括东盟国家的 GDP、人均 GDP、与美军事安全联系、与华政体相似度等变量。ε_{it} 为残差项。通过分析 β_1、β_2 系数的大小和方向,可以估测这两个核心解释变量是如何对中国经济伙伴选择产生影响的。

此外,本书也进一步对经济指数、安全指数进行了拆解,将对象国对华贸易依赖度 ($trade\_reliance\_CN_{it}$)、地区网络中心度 ($closeness_{it}$)、领导人互访密切度 ($visit_{it}$)、与美立场背离程度 ($naffinityUS_{it}$) 作为核心解释变量纳入计量模型中进行检验,以分析构成对象国经济指数、安全指数的指标中哪一个对中国经济伙伴选择发挥了更大的作用。相关回归模型公式设定如下:

$$BIT_{it} = \beta_0 + \beta_1 \times trade\_reliance\_cn_{it} + \beta_2 \times closeness_{it} +$$

$$\beta_3 \times visit_{it} + \beta_4 \times naffinityUS_{it} + \gamma X_{it} + \varepsilon_{it} \quad （模型 4 - 2）$$

相关系数的设定与解读与模型 3 - 1 类似。

根据设定的回归模型和已有的相关变量数据，本节得出的回归结果如下（表 4 - 3）。

表 4 - 3　中国选择东盟经济伙伴的影响因素的回归结果（BIT 阶段）

	(1)	(2)	(3)	(4)
	面板 Logit 模型	面板 Logit 模型	面板 Probit 模型	面板 Probit 模型
	BIT	BIT	BIT	BIT
L. 经济指数	1.356 **		0.787 ***	
	(0.533)		(0.302)	
L. 对华贸易依赖度		110.581 ***		79.439 *
		(37.470)		(46.653)
L. 地区网络中心度		0.825		− 0.031
		(9.478)		(5.969)
L. 安全指数	2.636 ***		1.535 ***	
	(0.556)		(0.308)	
L. 领导人互访密切度		1.185 *		0.714 *
		(0.641)		(0.382)
L. 与美立场背离程度		5.172 ***		3.105 ***
		(1.74)		(1.058)
L. 与华经济实力对比		− 45.204 **		− 32.007 *
		(21.73)		(19.299)
L. 人口规模		0.113 ***		0.088
		(0.038)		(0.064)
L. 是否为东盟轮值主席国		− 2.892 **		− 1.912 *
		(1.429)		(0.989)
L. 军费支出费用		3.296 ***		2.289 **
		(0.596)		(1.003)

续表

	（1） 面板 Logit 模型 BIT	（2） 面板 Logit 模型 BIT	（3） 面板 Probit 模型 BIT	（4） 面板 Probit 模型 BIT
常数项	1.331 (0.907)	−27.658 *** (7.019)	0.771 (0.516)	−16.578 *** (5.093)
样本量	192	175	192	175

注：L. 表示滞后一年，模型中的小括号内数值为标准误；*** $p<0.01$，** $p<0.05$，* $p<0.1$，其中 ***、**、* 分别代表 1%、5%、10% 的显著性水平。

资料来源：笔者自制。

根据研究问题与数据结构，本书采用面板 Logit 模型和面板 Probit 模型对已收集的数据进行实证检验，通过不同模型的测算来增强回归结果的可信度。本节探讨了在中国对外构建投资伙伴关系的 BIT 阶段，东盟国家的经济指数、安全指数及其构成会对中国的伙伴选择结果产生什么影响。为了减少潜在的内生性问题，本节所有解释变量和控制变量均以滞后一阶的形式进入回归模型。

首先，本书采用面板 Logit 模型对东盟国家的经济指数和安全指数进行估计。在面板 Logit 模型（1）中，先简单判断东盟各国的经济指数和安全指数是否会对中国与之签署双边投资协定产生影响。模型结果显示，经济指数和安全指数这两个核心解释变量与因变量之间呈正相关关系，分别在 5% 和 1% 的显著性水平下显著。这意味着，总体上看，如果东盟对象国的经济指数和安全指数越高，越有可能成为中国的投资伙伴，而且它成为中国投资伙伴的时间可能会越早。

面板 Logit 模型（2）将经济指数和安全指数按其构成进行拆解后加入面板 Logit 模型，同时纳入相关控制变量加以控制。模型结果显示，在控制了其他变量的情况下，构成经济指数的两个指标中，对象国对华贸易依赖度与因变量是显著的正向相关关系，并且在 1% 的显著性水平下显著，但对象国在地区经济网络中的中心度却没有显示出显著。因此，在 BIT 阶段，经济指数呈现的显著性主要是由对象国与华贸易依赖度所贡献的；换言之，中国在这一阶段选择投资伙伴时，相对更看重对方与自身的经济联系情况，以及自身相对于对方的实力优势情况，有意与对华经济依赖度更高的东盟国家先行签署双边投资协定，这能在更大程度上确保投资伙伴关系建立的成功率。在构成安全指数的两个指标中，对象国与华领导人互访密切度、与美立场背离程度与因变量也都呈正相关关系，分别在10%和1%的显著性水平下显著，其中，东盟国家与美国立场背离程度的系数还更大一些，这意味着中国在选择投资伙伴对象时可能会更关注对象国与美国的关系情况，与美关系更疏离的国家对中国而言似乎是更容易争取到的对象。

　　从控制变量的表现上看，四个控制变量均呈现出不同程度的显著，即都有较大可能在中国选择投资伙伴对象国的过程中发挥作用。具体而言，中国在东盟国家中优先选择的投资对象国，其经济实力与中国差距较大，且军费开支费用较高，这样的国家有更大可能对中国崛起表现出猜疑焦虑的情绪，因此中国有必要优先与这些国家建立并密切经济制度联系，使其对华猜忌心理得到安抚和缓和。此外，东盟对象国的人口规模、东盟轮值主席国身份，也都是中国在选择投资伙伴国时会加以考虑的因素，较大人口规模背后代表着对象国可能有更大的投资消费能力和经济发展潜力，非轮值主席国身份也将使得对象国有更大的政策自由度和协商空间。

　　接下来，在面板 Probit 模型（3）和面板 Probit 模型（4）中，本书变换模型再次进行检验，采用面板 Probit 模型对经济指数、安全指数以及这两个核心自变量的构成指标进行分别估计。这两个模型都呈现出跟面板 Logit 模型（1）和面板 Logit 模型（2）相似的结果，不过由于模型设定的原因，模型（3）和模型（4）的数值普遍比面板 Probit 模型（1）和面板 Probit 模型（2）的数值要小。

　　总的来看，回归模型的实证结果为中国的投资伙伴选择群体成功"画像"。在东盟地区选择投资伙伴时，中国往往会优先选择于己更有利、更安全的东盟国家进行签约。这样的东盟国家在经济上未必有多么强大的实力，但其对中国有较大的依赖；在安全上未必与中国有多么热络的联系，但与美国的关系有着明显的嫌隙。与这样的东盟国家首先建立投资伙伴关系，中国能更大程度地提高签约成功率，以双边投资协定的缔结拉紧中国与东盟国家的利益纽带，在周边地区实现增信释疑，加快塑造于己有利的周边发展环境。

三　中国在东盟地区对投资伙伴的选择

　　实证模型结果显示，东盟地区中的国家若具有较高的经济指数和安全指数，那么该国更容易率先成为中国选择的投资伙伴。如果将这十个国家在 1985 年的经济伙伴指数（经济指数、安全指数）表现制成散点图（见图 4-1），可以发现，新加坡、马来西亚、泰国、菲律宾的经济指数均高于平均线；其中，马来西亚、泰国的安全指数同时也高于平均线，新加坡的安全指数则比较接近平均线。事实上，1985 年，中国率先与泰国、新加坡签署双边投资协定并建立了投资伙伴关系，后来也于 1988 年与马来西亚签署了双边投资协定。直观上看，这似乎比较符合实证模型的结果。以下将进一步通过案例分析的方式继续进行检验。

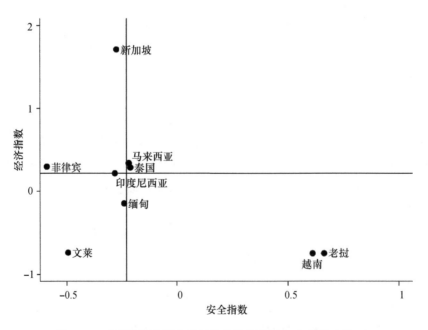

图 4-1　东盟地区内国家的经济伙伴指数散点分布图（1985）

注：图中横线代表的数值为经济指数中位数，竖线代表的数值为安全指数中位数。

（一）泰国、菲律宾的比较分析

1985 年，泰国和菲律宾的经济指数水平大体相当，但两国安全指数有所差异，泰国较之于菲律宾对中国而言是个"更安全"的伙伴对象选择。1985 年 3 月，中国率先与泰国签署了双边投资协定并建立起投资伙伴关系；而菲律宾则到 1992 年 7 月才成为中国的投资伙伴。可以推测，泰国与菲律宾这两个国家成为中国投资伙伴的先后顺序差异很可能是因为两国安全指数的不同导致的。

从经济指数的构成来看，泰国和菲律宾有一定的相似之处。第一，自 1975 年中国与菲律宾、泰国两国先后建交以来，这两个国家与中国的贸易额都有明显增加态势，且两个国家对华贸易依赖度的基本走势也大体相近，不过泰国与华贸易额以及对华贸易依赖度在更多的年份略高于菲律宾（见图 4-2）。从对象国经济发展状态及条件上来看，泰国的情况也略好于菲律宾。尽管在 20 世纪 80 年代前期，泰国经济因世界资本主义危机和初级产品价格下跌而受到冲击，但泰国通过第五个经济社会发展五年计划（1982—1986）对经济结构作出调整，推进工业化调整并实现经济社会的一种均衡发展，经济很快恢复较强活力。① 菲律宾在 20 世纪 80 年代初期同样也受到外部经济环境恶化的影响，但菲律宾在经济发展过程中已大量对外借款，经济受到冲击后对外债依赖程度又进一步加强，1983 年菲律宾便陷入债务危机，1984 年、1985 年经济增长率连续两年跌破 7.3%②，经济出现崩盘。③ 显然，泰国的经济状况相较于菲律宾而言更适合成为中国的经济伙伴。

第二，泰国与菲律宾在地区经济网络中的位置大体相同，都处于较为中心的位置。泰国和菲律宾都是地区联盟的创始国，很早就进入了地区网络的核心区域。1961 年 7 月，为了应对冷战两极对抗格局对东南亚地区国家的分化与影响，泰国、菲律宾与马来亚（马来西亚前身）在泰国

---

① 李滋仁：《八十年代泰国经济的战略调整》，《亚太经济》1985 年第 5 期；贺圣达：《变革、发展和问题——从 80 年代到 90 年代初的泰国》，《东南亚》1995 年第 2 期。

② 数据来源：世界银行数据库网站 https://data.worldbank.org/indicator/NY. GDP. MK-TP. KD. ZG。

③ 曹云华：《菲律宾经济的现状与前景》，《亚太经济》1995 年第 6 期。

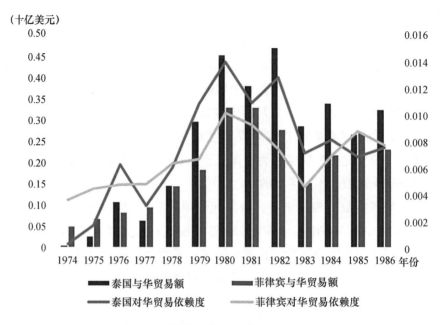

图 4 - 2 泰国、菲律宾与华贸易情况图（1974—1986）

注：横坐标表示年份；左侧纵坐标表示对象国与华贸易额；右侧纵坐标则表示对象国对华贸易依赖度。

首都曼谷发表《曼谷宣言》，宣布"东南亚联盟"（the Association of Southeast Asia）成立，以期通过相互协调联合来缓解地区内存在的矛盾。最初马来亚和菲律宾有意建立一个制度约束力比较高的合作组织，但泰国却主张建立一个结构相对松散的地区性组织。最后泰国的主张被采纳，因为马来亚与菲律宾双方都需要实力较强的泰国留在组织内，并且相对松散的制度组织形式也更容易吸引其他东南亚国家日后加入。①"东南亚联盟"在建立时更多强调的是经济、社会与文化合作，为后来"东南亚国家联盟"（东盟）的成立奠定了基础。到 1965 年，由于越南、老挝、柬埔寨渐渐陷入越战泥潭，缅甸保持消极中立态度，泰国和菲律宾以及马来西亚、新加坡、印度尼西亚显然已成为东南亚地区保持稳定的力量来源，这五国也是当时东南亚经济实力相对较强的五个国家。在各方有

---

① Shaun Narine, *Explaining ASEAN: Regionalism in Southeast Asia*, Boulder: Lynne Rienner Publishers, 2002, p. 11.

相互接近、改善关系的意愿和行动，以及泰国的积极斡旋下，这五个东南亚国家于 1967 年 8 月 8 日在泰国曼谷宣布正式成立东南亚国家联盟。可以说，这五个国家此时初步形成了东南亚地区网络中的核心国家圈，泰国和菲律宾都位列其中。1977 年，这五国共同签订了为期一年，每年进行修订的东盟货币互换安排。也就是说，在地区经济伙伴网络的形成过程中，泰国和菲律宾都率先在东南亚地区经济伙伴关系网络中占据了核心区域的位置。直到 20 世纪 80 年代，泰国、菲律宾两国在东南亚地区网络中的这种中心程度依旧保持。

不过，相对而言，在地区实际发展中，泰国的网络中心程度可能还会略高于菲律宾，因为作为一个与其他东南亚国家都保持了相对良好关系的国家，泰国时常会在地区内国家冲突矛盾爆发过程中扮演积极斡旋者的角色。[1] 这意味着泰国常常是其他多个东南亚国家相互联系的桥梁，因而体现了更强的地区网络中心性。中国若与泰国建立投资伙伴关系，便能借助泰国在东南亚地区的商业与外交联系，逐步扩大与整个东盟以及其他东盟国家的对话联系。[2]

泰国与菲律宾在经济指数上比较近似，泰国甚至表现得还略优秀些；但两国在安全指数上的差异才是真正导致二者与中国签约时间不同的主要因素。在双边领导人互访方面，中泰两国领导人在 20 世纪 80 年代上半叶互访频繁。中泰两国领导人时常就双边关系及地区形势等国际关系问题深入沟通并交换意见，尤其在地区安全议题方面，两国有着较大的共同利益：1980 年越南入侵泰国后，中国承诺共同抵抗越南入侵，这一方面使泰国将中国视为在亚洲地区能替代美国的安全保障者，因而泰国决定与中国发展更加紧密的关系；另一方面也使得中国争取到泰国等东盟

---

① 高艳杰：《曲折的区域化进程——东盟成立的历史轨迹与缘起》，《东南亚纵横》2010 年第 10 期。泰国在马来西亚、菲律宾、印度尼西亚组成的"马菲印多联盟"三方关系恶化之际，泰国在其中积极斡旋、调和矛盾，包括为各方提供外长会面平台、促进三方部长级会议等。参见 Kusuma Snitwongse, "Thailand and ASEAN: Thirty Years On," *Asian Journal of Political Science*, Vol. 5, No. 1, 1997, p. 89; Marvin C. Ott, "Mediation as a Method of Conflict Resolution: Two Cases," *International Organization*, Vol. 26, No. 4, Autumn 1972, pp. 601 – 602.

② Michael R. J. Vatikiotis, "Catching the Dragon's Tail: China and Southeast Asia in the 21st Century," *Contemporary Southeast Asia*, Vol. 25, No. 1, April 2003, p. 69.

国家的支持，防止苏联借越南在东南亚扩张势力。① 中泰两国领导人的密切交往促使两国关系成为不同社会制度国家间开展友好合作的典范。②

　　同期，中菲建交后的菲律宾对华政策出现明显缓和，两国领导人也有互访记录，不过两国互访次数不多，互访级别也不如泰国高。1981 年 8 月，时任中国总理出访菲律宾并进行正式友好访问，双方主要就中菲两国加强贸易、文化等方面的交流交换意见；1984 年 1 月，时任菲律宾总统夫人伊梅尔达·马科斯作为菲律宾总统特使来华访问，表示要继续加强中菲两国友谊。不过，由于菲律宾仍与中国台湾地区保持着密切联系，往来频繁，在经济技术层面也有所合作，因此，中菲外交关系虽有缓和但未达亲密。

　　此外，菲律宾与美国的传统特殊关系也阻碍中菲关系较快接近。许多从事菲律宾研究的学者认为，"二战"后美国与菲律宾历届总统都建立起了互利合作甚至是新殖民式的关系，菲律宾领导人同意美国在菲建立军事基地和获取地区贸易投资优势，以此来换取美国对自身的政治支持与经济援助。③ 1946 年，菲律宾跟美国订立了《美菲军事协助条约》，表示同意接受美国的军事援助；1947 年 3 月，两国又签订《美菲军事基地协定》以使美国能在菲律宾继续使用和扩大军事基地；1951 年 8 月，美菲在华盛顿签订了《美菲共同防御条约》，这三项条约构建起了稳固的美菲军事合作关系，两国实际上具备了军事同盟的性质。④ 尽管 20 世纪 60 年代以后，菲律宾在民族主义浪潮带动下曾多次就军事基地问题向美国提出要求，但美国借军事基地干预菲律宾内政的问题仍未完全得到解

---

　　① 李小军：《论战后泰国对华政策的演变》，《东南亚研究》2007 年第 4 期。

　　② 黄琪瑞：《日益密切的中泰关系》，《现代国际关系》1993 年第 8 期。

　　③ 例如，William J. Pomeroy, *American Neo-colonialism：Its Emergence in the Philippines and A-sia*, New York：International Publisher, 1970；Renato Constantino, and Letizia R. Constantino, *The Philippines：A Past Revisited*, Quezon City：Tala Publishing Services, 1975；José Maria Sisón, *The Philippine Revolution：The Leader's View*, New York：Crane Russak, 1989 等诸多文献。对美菲关系的相关综述，可参见［美］格兰·梅《美菲关系的历史研究》，潘一宁译，《东南亚研究》1997 年第 6 期。

　　④ 张晶：《〈美菲共同防御条约〉签订的原因及其历史影响》，《学术探索》2016 年第 5 期。

决。① 也就是说，菲律宾的外交政策还是很大程度上会受到美国的影响。虽然中美关系自 20 世纪 70 年代后有所破冰，但在冷战格局下，中美这种关系缓和更多只是体现出政治象征意义；受美国影响较大的菲律宾，也只能与中国保持比较良好的态势而难以热络。

与之相对比，泰国尽管也曾在 20 世纪五六十年代追随美国而对中国怀有敌意，但到 80 年代，泰国已放弃追随美国的立场而与中国建立起更为友好的关系。1973 年 1 月，美国尼克松政府宣布结束越战并改变其亚洲政策，这迫使泰国相应地也要调整外交战略，在与美国拉开距离的同时也要改善与中国及其他邻国的关系，其中就包括要推动美国撤军；1975 年"马亚克斯"事件中美国不顾泰国警告擅自使用了泰国基地，这种侵犯泰国主权的行为引发了泰国的不满与抗议，美泰关系由此陷入低谷。② 此后，泰国不再单方面追随美国政策而逐渐调整为具有实用主义的独立自主灵活外交，因而 20 世纪 80 年代中泰关系走近的可能性与可行性有所提高。

可见，在经济指数差别较小的情况下，20 世纪 80 年代泰国与菲律宾在安全指数上的较大差异意味着泰国对中国而言是相对更安全的一个经济伙伴选择对象。这一时期，由于中泰两国有相互接近的共同愿望，也具有较大的地区安全共同利益；考虑到中国当时经济发展的需求，中泰两国最终得以于 1985 年先行签订了双边投资协定并建立起了投资伙伴关系。

（二）新加坡、马来西亚的比较分析

同样与中国于 1985 年先行签订双边投资协定的，还有新加坡。通过对比各国的经济伙伴指数情况，可以发现，1985 年时新加坡和马来西亚在安全指数上相差无几，但在经济指数上有较大的差异。这意味着该年的新加坡由于能给中国带来更大的收益，因而率先成为中国的投资伙伴。

从领导人互访情况来看，20 世纪 80 年代上半叶，中国分别与新加

---

① 蒲利民、侯典芹：《美国东亚地缘战略与美—菲同盟关系》，《世界地理研究》2017 年第 5 期。

② 刘莲芬：《论 1975 年"马亚克斯"事件与美泰交涉》，《东南亚研究》2009 年第 5 期。

坡、马来西亚的领导人互访次数大致接近。中新两国领导人互访主要对国际和地区形势交换意见，并为两国友好合作关系的推进确定方向与基调。中国与马来西亚领导人共有 2 次互访记录。其中，1985 年 11 月，马来西亚总理对中国进行了首次访问。中马两国领导人互访在很大程度上也是为了增进彼此间了解，同时寻求发展良好的双边关系。可见，在 20 世纪 80 年代前期，中国与新加坡、马来西亚都还尚处于相互接触、强化沟通、寻求适宜合作方式的阶段。

在与美国的关系方面，新加坡和马来西亚此时并没有完全追随美国。新加坡于 1965 年脱离马来西亚而宣告独立，彼时新加坡作为英国旧有殖民地和英联邦国家还曾批评美国在东南亚的政策和做法，称"如果英国撤出，新加坡也不会有美军基地"①。但当英国真的计划 1971 年从新加坡撤军时，新加坡对美国的态度逐渐发生了变化，开始认为美国是能够保证东南亚和平稳定的主要力量；越柬战争爆发后，新加坡还曾一再要求美国介入发挥作用，同时也加强了与美国的军事合作。② 不过，这一时期，新加坡是秉持客观务实的态度开展外交，并非唯美国马首是瞻。与其他将中国视为威胁或是意图改变中国的国家相比，新加坡虽然对中国的政策不是完完全全地赞同，但依旧认为维持中国的稳定十分重要，因为中国的稳定发展有助于东亚经济快速成长，也符合新加坡自身安全战略与经济发展的需要。③ 并且，李光耀主张的"亚洲价值观"④ 认为，西方式民主观念不能完全照搬至亚洲的东方国家。新加坡这种务实的对华态度也反映在其与美国的交往过程之中。中美关系破冰前，李光耀在会见时任美国总统尼克松时多次表示中美"两国之间并没有什么与生俱来的或者根深蒂固的纠纷"，建议美国与中国进行接触并开展非战略物资贸

①　［新加坡］李光耀：《经济腾飞路：李光耀回忆录（1965—2000）》，外文出版社 2001 年版，第 481 页。

②　魏炜：《透视新加坡对美国外交》，《历史教学问题》2004 年第 5 期。

③　魏炜：《李光耀时代的新加坡外交研究（1965—1990）》，中国社会科学出版社 2007 年版，第 319—320 页。

④　董淮平：《东亚社会的现实选择：析李光耀的"亚洲价值观"》，《社会科学》1998 年第 6 期。

易；① 中美建交后，李光耀在多个与美国领导人会晤的场合都从务实主义角度出发谈及中美关系的发展，例如建议里根总统不要因台湾问题伤害刚刚正常化的中美关系，要正视中国国力的变化及其国际地位的提升，与中国发展更为密切的经济关系等。② 某种意义上，新加坡力图在东南亚地区保持一种"大国均势"的状态，没有完全追随美国立场；对中国而言，新加坡的这种务实外交举动客观上对中国来说是比较安全的，有利于两国之间建立经济伙伴关系。

马来西亚则自 1957 年独立后奉行亲英外交路线，但当英国决定于 1971 年撤军后，马来西亚失去来自英国的安全保障，也亟须调整外交与安全政策。与新加坡不同的是，马来西亚没有向美国寻找安全保障，而是提出了中立化的立场。早在 1969 年时任马来西亚外长伊斯梅尔就曾在下议院进行国防辩论时声称东南亚国家宣告集体中立的时机已经成熟；③ 1971 年，时任马来西亚总理拉扎克在国会发表演讲时宣称地区主义和中立主义是马来西亚施行外交政策的两根支柱，并且他也认为中立化概念须获得世界大国和区域内各国的接受。不过从后来地区发展上看，美国、苏联、中国三个大国中，除中国对马来西亚的中立化倡议表示赞同外，苏联表面赞同却不做出保证，美国则不置可否。④ 在拉扎克总理执政期间，马来西亚着力推动中立化主张，在 1976 年 2 月首次东盟首脑会议上推动签署了《东南亚友好合作条约》和强调东盟诸国协调一致的《巴黎宣言》，⑤ 以便促进地区和平安全与繁荣。马来西亚的这种立场对中国而言也是比较安全的一种外交态势。

新加坡与马来西亚在 20 世纪 80 年代前期最大的不同体现在两国的经

---

① ［新加坡］李光耀：《经济腾飞路：李光耀回忆录（1965—2000）》，外文出版社 2001 年版，第 493—494 页。

② ［新加坡］李光耀：《经济腾飞路：李光耀回忆录（1965—2000）》，外文出版社 2001 年版，第 504—514 页。

③ Heiner Hanggi, *ASEAN and the ZOPFAN Concept*, Singapore：Institute of Southeast Asian Studies, 1991, p. 46.

④ 王作成：《试论马来西亚地区中立化政策的形成与演变》，《聊城大学学报》（社会科学版）2008 年第 5 期。

⑤ Johan Saravanamuttu, *Malaysia's Foreign Policy, The First Fifty Years：Alignment, Neutralism, Islamism*, Singapore：Institute of Southeast Asian Studies, 2010, Chapter 6.

济表现上。从数据上看，从20世纪70年代中期到80年代中期，新加坡与中国的贸易额始终多于马来西亚与中国的贸易额，而且新加坡对中国的贸易依赖度也大大高于马来西亚的数值（见图4-3）。新加坡对华贸易量大主要是因为新加坡独立后对外推行"生存政策"，充分利用一切可能的条件发展经济是新加坡谋求生存的主要手段；新加坡早在殖民时期就与中国有较为密切的贸易往来，且中华人民共和国成立后以平等互利的准则开展对外贸易，这利于中新贸易的开展。① 1976年5月，李光耀首次正式访问中国时明确表示，中新建交时机还不太成熟，但可以先努力发展经济与贸易领域的关系。② 在整个70年代，新加坡与中国的经贸互动保持相对稳定，在80年代初期时中新双边贸易额还出现了迅猛增长，并且在大多数年份中新加坡均为中国在东南亚地区最大的贸易对象国。③

而马来西亚在这一时期的工作重点在于施行旨在消除贫困与重组社会的"新经济政策"，以建立公平合理、进步繁荣的长远社会为经济发展目标；也就是说，马来西亚着力调整其国民经济结构合理性以加速经济水平的发展。这一时期，马来西亚主要对象是新加坡、日本、美国、欧共体和澳大利亚，中国并未成为马来西亚的主要贸易对象。④ 因此，相对于新加坡而言，马来西亚在贸易关系上与中国相对疏离。

在对象国经济指数中的地区网络中心度这一指标上，新加坡与马来西亚大体上近似，不过新加坡在努力提升自身网络中心度方面表现得更加积极一些。1977年2月，新加坡和马来西亚以及印度尼西亚、菲律宾、泰国在马尼拉东盟部长会议上正式签署了《东盟特惠贸易安排协定》，这总体上确立了东盟国家间增加贸易的框架，也对基本商品贸易以及工业企业、协作企业等相关产品的特惠措施进行了安排，标志着东盟国家迈向贸易自由化的第一步。⑤ 在金融方面，此前东盟已于1972年4月设立

---

① 刘少华：《新加坡的"生存政策"与对外关系》，《世界历史》2000年第4期。

② ［新加坡］李光耀：《李光耀回忆录》，联合早报出版社2000年版，第645—650页。转引自黎相宜《新海丝路上的新加坡与中国》，世界知识出版社2017年版，第156页。

③ 除了1971年、1972年越南的与华贸易额超过新加坡外，其他年份新加坡均为中国在东南亚地区最大的贸易对象国。相关数据来源于《中国商务年鉴（1984年）》。

④ 覃主元等：《战后东南亚经济史（1945—2005）》，民族出版社2007年版，第312页。

⑤ 覃主元等：《战后东南亚经济史（1945—2005）》，民族出版社2007年版，第20页。

（十亿美元）

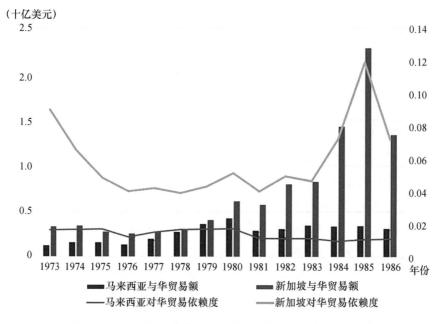

图 4 - 3 新加坡、马来西亚与华贸易情况图（1973—1986）

注：横坐标表示年份；左侧纵坐标表示对象国与华贸易额；右侧纵坐标则表示对象国对华贸易依赖度。

了"东盟中央银行与货币管理局特别委员会"（the Committee of ASEAN Central Banks and Monetary Authorities），由五国央行官员组成，以统筹东盟区域金融合作。[①] 其中，1977 年 8 月，为了配合特惠贸易安排的实施和解决各成员国当时面临的国际收支与国际流动性资金困难，在这一委员会的合作框架下，东盟五国签订了一项规模为 1 亿美元的"东盟互惠外汇信贷协定"（东盟货币互换安排），即东盟五国之间的货币互换协议，[②] 1978 年货币互换规模扩大到 2 亿美元，各成员国为此要提供的货币额度最高为 4000 万美元，而最大能获得的货币借款额度为

① Michael T. Skully, *ASEAN Financial Co-operation：Developments in Banking, Finance and Insurance*, London：Palgrave Macmillan, 1985, pp. 18 - 23.

② "ASEAN Swap Arrangement（ASA），" The Asia Regional Integration Center, https：//aric. adb. org/initiative/asean-swap-arrangement.

8000万美元。① 此时新加坡、马来西亚与其他三个东盟国家之间形成了一个货币伙伴关系网，各参与国在东盟内开展贸易与投资能获得许多货币使用方面的便利。② 由此，新加坡与马来西亚整体上都处于东盟地区经济网络的中心区域内。

除此之外，新加坡还有意识地打造并强化自身国际金融中心的角色，比如1968年设立亚洲美元市场（Asian dollar market），最初是银行与银行之间在新加坡开展交易的场所，既可以向海外银行筹集外币基金并为本区域银行提供借贷，也可以反向流出货币基金；而后又开展了以外汇或外币进行标价的金融衍生产品交易，还开展了财团贷款、债券发行、基金管理等活动。③ 亚洲美元市场所发挥的金融作用越来越大，不仅是许多亚洲国家进行发展项目融资的主要渠道，也为这些国家的剩余资本有效地在地区内流动提供了有效的助力。④ 这些活跃的金融活动又进一步巩固了新加坡在东盟地区相对中心的地位，提升了新加坡在东盟国家间的重要性。⑤ 因此，相对而言，新加坡在东盟地区的经济网络中心度实际上还略高于马来西亚。

在新加坡和马来西亚的安全指数大体相近的情况下，1985年，中国首先选择了经济指数更高的新加坡作为自己的投资伙伴。这个经济伙伴选择不仅务实、安全，而且还可以为中国带来更大的收益，其中不仅包括了双边大规模经贸往来以及外资流入中国所带来的客观经济收益，还包括了能借助新加坡的金融中心作用间接与其他东盟地区内国家加强经

---

① "The Supplementary Agreement to Memorandum of Understanding on the ASEAN Swap Agreement," ASEAN official website, 26 September 1978, https：//www. asean. org/wp-content/uploads/images/2012/Economic/AFMM/Agreement_on_Finance/Supplementary% 20Agreement% 20to% 20the% 20Memorandum% 20of% 20Understanding% 20on% 20the% 20ASEAN% 20Swap% 20Arrangement% 20 (1978) . pdf.

② Michael T. Skully, *ASEAN Financial Co-operation：Developments in Banking, Finance and Insurance*, London：Palgrave Macmillan, 1985, pp. 18 – 23.

③ ［新加坡］李光耀：《经济腾飞路：李光耀回忆录（1965—2000）》，外文出版社2001年版，第77页。

④ 参见 Zoran Hodjera, "The Asian Currency Market：Singapore as a Regional Financial Center," *Staff Papers（International Monetary Fund）*, Vol. 25, No. 2, June 1978, p. 221。

⑤ Philippe Régnier, *Singapore：City-State in South-East Asia*, Honolulu：University of Hawaii Press, 1991, pp. 118 – 125.

济联系的未来伙伴收益。

　　由此，通过检验分析中国在 20 世纪 80 年代签订双边投资协定、选择投资伙伴的实践过程，可以发现，在东盟地区，经济指数和安全指数越高的对象国确实越有可能率先成为中国的经济伙伴。也就是说，本书的基本理论机制在中国选择投资伙伴的 BIT 阶段得到了初步验证。下一章将继续对中国选择货币伙伴的情况进行分析和说明。

第 五 章

中国与东盟国家建立的
货币伙伴关系

2008 年国际金融危机爆发后，为了维护国家经济金融安全，中国开始逐步寻找合适的货币伙伴，部分东盟国家成为中国率先选择的货币伙伴对象。在这一阶段，中国面临的国际关系格局已发生重大变化：一方面，国际金融危机暴露出了过度依赖美元可能导致的金融安全隐患，中国有意通过推动人民币国际化打造金融安全网，这需要得到相关国家对人民币使用的支持；另一方面，随着中国实力的不断快速增长，国际体系中的崛起国中国与霸权国美国之间逐渐形成了明显的战略竞争关系，其中也涉及了伙伴关系的竞争，即中美双方都在布局伙伴关系网络，争夺更多对象国对自身的战略支持。在这样的国际环境背景下，中国需要扩大经济伙伴关系网络来拓宽自身的战略发展空间，其中就包括了对货币伙伴的找寻与争取。中国与相关东盟国家建立货币伙伴关系的实践过程体现出了中国为应对国际关系格局变化而作出的战略考量。

一 人民币国际化与中国货币伙伴的探索

（一）国际金融危机与人民币国际化进程的加速

2008 年国际金融危机的爆发与蔓延暴露出全球经济治理体系特别是全球金融治理体系中存在严重的安全缺陷，国际金融体系对美元的过度依赖放大了这一缺陷，人民币国际化进程在这一背景下加速推进。2009

年 3 月，时任中国央行行长周小川在 G20 伦敦金融峰会前夕撰写《关于改革国际货币体系的思考》一文，指出了当前国际货币体系中存在一些不容忽视的缺陷，并提出要"创造一种与主权国家脱钩、并能保持币值长期稳定的国际储备货币，从而避免主权信用货币作为储备货币的内在缺陷"①。这篇文章事实上是提议要用 IMF 设立的特别提款权（SDR）这样的超主权国际储备货币取代美元，向美元的主导地位发起冲击；并且，由于文中提及"SDR 定值的篮子货币范围应扩大到世界主要经济大国"，这暗示着人民币也应被纳入 SDR 一篮子货币当中。也就是说，力图使人民币参与到国际多边合作进程当中，是人民币国际化早期就重点推动的方向。到 2016 年 10 月，人民币正式加入 SDR 货币篮子中，并以 10.92% 的权重位列第三，由此初步奠定了人民币的国际货币地位。到 2022 年年末，人民币在全球贸易融资中占比为 3.91%，同比上升 1.9 个百分点，排名第三；人民币在全球支付中占比 2.15%，排名第五；全球央行持有的人民币储备规模为 2984 亿美元，占比 2.69%，较 2016 年人民币刚加入 SDR 时提升了 1.62 个百分点，在主要储备货币中排名第五；据不完全统计，至少有 80 多个境外央行或货币当局将人民币纳入外汇储备；近三年来，人民币外汇交易在全球市场的份额由 4.3% 增长至 7%，排名由第八位上升至第五位。②

在人民币国际化早期，同样加速推进的还有双边货币伙伴的选择与关系构建。为缓解金融危机带来的流动性紧张，降低危机冲击带来的金融安全风险，全球范围内各国纷纷建立起货币互换关系，由此形成了涉及面越来越广的全球货币互换网络；有学者甚至认为，要把金融危机期间各国签署的临时性货币互换协议永久化，以此推进国际货币金融体系改革。③ 中国也在危机爆发后积极对外签署本币互换协议并与相关国家建立货币伙伴关系，力图便利与其他国家和地区的贸易投资、维护金融稳

① 周小川：《关于改革国际货币体系的思考》，中国人民银行网站，http：//www.pbc.gov. cn/hanglingdao/128697/128719/128772/2847833/index. html，2009 年 3 月 23 日。

② 《2023 年人民币国际化报告》，中国人民银行网站，http：//www.pbc.gov. cn/huobizheng-ceersi/214481/3871621/5114765/2023102720175126516. pdf，2023 年 10 月 27 日。

③ Emmanuel Farhi, Pierre-Olivier Gourinchas, and Hélène Rey, "Reforming the International Monetary System," International Growth Centre (IGC) Working Paper, March 2011, p. 7.

定；自 2008 年以后，中国人民银行已陆续与 40 个国家和地区的央行或货币当局签署了本币互换协议，截至 2022 年年底，有效的本币互换协议已经有 29 份，总金额超过 4 万亿元人民币。①

简单来说，货币互换（currency swap）就是两个主体在一段时间内按约定的汇率交换两种不同的货币并在协议存续期间向对方支付约定的利息；国家（地区）的央行或货币当局之间相互签署的本币互换协议则是明确这两种货币为双方各自使用的本币。在某国遭遇流动性紧缺之时，该国与其他国家（地区）签订的货币互换协议将能为其提供应急的流动性补充与资金支持，从而帮助渡过危机难关。2008 年国际金融危机爆发后，美联储通过创建多个双边美元互换扮演最后贷款人角色，通过提供美元流动性来降低各国央行累积外汇储备的必要性并增加其干预金融市场的能力，这反而在某种程度上强化了美元作为国际储备货币的地位。② 尽管这在短期内缓解了流动性危机，但仍旧无法从根本上解决由主权货币充当全球储备货币而形成的"特里芬难题"③。显然，在国际贸易或投资领域过度依赖美元是存在较大风险的，这对在经济崛起过程中保持高度对外开放的中国来说尤为如此。所以，对外商签本币互换协议、建立货币伙伴关系，以增加人民币国际使用量的方式减轻过多使用美元带来的风险，这便成为中国的必然之举。在相互建立起货币伙伴关系后，外国央行就可以通过货币互换获得人民币，进而向本国商业银行或企业提供人民币融资，以供其与中国开展商品贸易或对中国进行相互的人民币直接投资，从而可以有效规避汇率风险，降低汇兑费用，有利于货币伙伴国双方之间的贸易与投资；对中国而言，从国家发展需求与既有金融开放条件来看，建立货币伙伴关系主要还是为了促进自身与其他国家的

---

① 《2023 年人民币国际化报告》，中国人民银行网站，http：//www. pbc. gov. cn/huobizheng-ceersi/214481/3871621/5114765/20231027201751265 16. pdf，2023 年 10 月 27 日。

② 张明：《全球货币互换：现状、功能及国际货币体系改革的潜在方向》，《国际经济评论》2012 年第 6 期。

③ "特里芬难题"最早由美国经济学家罗伯特·特里芬（Robert Triffin）在 20 世纪 60 年代提出，主要阐述了美元（主权货币）作为国际货币在维持币值稳定与货币供给信心两方面陷于两难的境地。参见 Robert Triffin, *Gold and the Dollar Crisis：The Future of Convertibility*, New Haven：Yale University Press, 1960。

贸易投资发展。①

由此可见，中国要实现人民币国际化的顺利发展，不仅要在多边层面上推动形成更有利于本国货币发展的国际制度体系，还要在双边层面积极搭建货币伙伴关系，形成强大的货币伙伴网络，为中国迈向更高国际货币地位提供政治支撑基础。② 在这其中，中国要先行选择什么样的对象国作为货币伙伴，这是需要谨慎思考与权衡的。一方面，任何一种国家间制度关系的建立都需要协议双方付出相当的协商谈判成本；另一方面，诸如中国等对世界经济发展有较大影响的国家对外签订本币互换协议，这也很难被等闲视为普通的经济外交举措，不免会让人对其背后的政治隐喻进行遐想。因此，中国选择对象国的先后顺序差异是国家作出一定审慎考虑后的结果。从既有实践来看，周边地区是中国挑选先行建立关系的货币伙伴对象国的一个重点地区；实证分析已经发现，一国与中国的地理距离越接近，人民币在该国流通的可能性越高。③ 截至 2022 年年底，中国货币伙伴对象国中周边国家④占比达三成，在这些周边国家中有 1/3 是东盟国家，而且这些东盟国家在人民币国际化进程启动头三年就与中国签订了本币互换协议。可见，这些东盟国家在中国货币伙伴外交进程中具有一定的特殊性与重要性。

---

① 张明：《全球货币互换：现状、功能及国际货币体系改革的潜在方向》，《国际经济评论》2012 年第 6 期。

② 李巍：《伙伴、制度与国际货币——人民币崛起的国际政治基础》，《中国社会科学》2016 年第 5 期。

③ 钟阳：《亚洲市场中人民币国际化的影响因素——基于边贸结算和货币互换的实证分析》，《当代亚太》2011 年第 4 期。

④ 根据中国政府发布的《新时代中国的周边外交政策展望》，中国的周边国家包括俄罗斯，中亚 5 国（哈萨克斯坦、吉尔吉斯斯坦、塔吉克斯坦、土库曼斯坦、乌兹别克斯坦），东北亚 4 国（日本、韩国、朝鲜、蒙古国），南亚 8 国（印度、巴基斯坦、斯里兰卡、孟加拉国、尼泊尔、阿富汗、不丹、马尔代夫），东南亚 11 国（新加坡、马来西亚、印度尼西亚、越南、泰国、文莱、柬埔寨、老挝、菲律宾、缅甸、东帝汶）。其中，韩国、马来西亚、印度尼西亚、新加坡、乌兹别克斯坦、蒙古国、哈萨克斯坦、泰国、巴基斯坦、斯里兰卡、俄罗斯等国都与中国签署了本币互换协议。参见《新时代中国的周边外交政策展望》，中国外交部网站，https://www.mfa.gov.cn/web/ziliao_674904/1179_674909/202310/t20231024_11167069.shtml，2023 年 10 月 24 日。

(二) 东盟国家作为潜在中国货币伙伴的可能

从时间上看,截至 2022 年年底,中国已与马来西亚 (2009 年 2 月)、印度尼西亚 (2009 年 3 月)、新加坡 (2010 年 7 月)、泰国 (2011 年 12 月) 这四个东盟国家签订了本币互换协议,基本上都是在金融危机发生后的头几年签订的。

有学者指出,危机期间中国对外签订本币互换协议受到诸多动因的影响,其中,强化地区合作以共同抵御风险、弥补危机前地区货币合作进程的缓慢是促使中国加速寻找货币伙伴的现实动因。[①] 2008 年之前,中国在"清迈倡议"的多边合作框架下曾与部分东盟国家签有货币互换协议,但这些货币互换协议不仅互换规模小,而且多数协议仍旧是中国使用美元换取对象国的本币,这意味着中国实质上仅仅是区域美元流动性的提供者,人民币的国际货币作用并不凸显。而且,由于货币互换规模小,金融危机爆发时这些货币互换协议几乎没有被启用。尽管 2007 年 5 月中国与东盟国家在"10 + 3"财长会议上确定了以自我管理的外汇储备库为具体形式来推进"清迈倡议多边化",但到 2010 年 3 月这一外汇储备库才正式建立起来。缓慢的地区多边合作进程驱动着中国要采取其他形式深化与东盟国家的货币合作关系,因而这部分解释了为什么中国在人民币国际化早期就在东盟地区寻求建立货币伙伴关系。

除了地区既有货币合作的影响因素外,地区权力格局形势变化也促使中国与某些东盟国家尽早建立经济伙伴关系。在国际金融危机中,中国因积极主动应对危机、避免全球经济恶化而获得了国际社会更多国家的认可,在国际事务中的影响力有所提高,但中国的积极作为引起了美国的"不习惯""不适应",中美关系从先前中国主动调适对美关系的互动态势转变为需要美国去调适其对华关系,美国对其可能丧失中美关系主动权表现出更多的疑虑和不满。[②] 由此,美国开始对中国采取强硬外交姿态,并力图重新掌控东亚乃至亚太地区的发展方向。2009 年 7 月,时

---

① 胡华锋:《中国货币互换协议的动因分析》,《国际金融研究》2012 年第 6 期。
② 陈东晓:《国际安全格局的演变及中国与大国关系的机遇与挑战》,《国际问题研究》2010 年第 6 期。

任美国国务卿希拉里·克林顿在参加于泰国曼谷举行的第十六届东盟地区论坛之时就高调宣布"美国回来了";2009 年 11 月,时任美国总统奥巴马首次出访亚洲时再次强调了美国将"重返亚洲",特别是东南亚。在美国"重返亚洲"乃至后来的"重返亚太"战略下,美国都力图从外交、经济、发展、安全等多层次、多方面深化与该地区内国家的关系;① 其同盟战略既包含了巩固同盟的措施,也包括扩大同盟的行为,② 实际上是开始了争夺拉拢地区内国家的行动。

如此一来,中美之间不仅在国家实力方面形成竞争,在与他国的交往关系方面同样也形成了竞争,即双方都要争取更多国家对自身战略发展的伙伴支持,因而中美伙伴竞争意味有所强化,其中东南亚地区的东盟国家是中美主要争取的伙伴对象。

就中美争取东盟国家为自身伙伴的形式来看,美国能通过为对象国提供武器和军事技术、邀请参加军事联合演习等方式主动强化与对象国之间的安全关系,但中国更多只能通过降低东盟国家对自身崛起的威胁认知等相对被动的方式与其增进相互理解。在东亚经济—安全关系割裂的二元格局下,中国的相对优势还是在经济方面,即中国可以更多地借助自身作为东盟国家主要贸易对象与主要投资来源地的身份,让东盟国家在更大程度上分享中国经济的外溢红利,以此来争取对方的伙伴支持;其中就包括在金融危机影响持续期间为这些东盟国家提供一定的金融安全保障,如签订本币互换协议为对方国家提供相应的危机应对资金等。

由此,与东盟国家建立货币伙伴关系,不仅是中国有意加速地区货币合作、推动人民币国际化的表现,更是中国应对与美国开展战略伙伴竞争的一种方式。由于货币互换协议特别是本币互换协议的签订对中国而言是一种战略安排,意味着争取到了对象国对自身在货币领域的信任与政治支持;③ 那么,首先选择什么样的对象国作为货币伙伴能最大化这

① Kurt Campbell, and Brian Andrews, "Explaining the US 'Pivot' to Asia," Chatham House, August 2013, https://www.chathamhouse.org/publications/papers/view/194019.

② 周建仁:《同盟理论与美国"重返亚太"同盟战略应对》,《当代亚太》2015 年第 4 期。

③ 李巍、朱艺泓:《货币盟友与人民币的国际化——解释中国央行的货币互换外交》,《世界经济与政治》2014 年第 2 期。

种支持，这是中国在与东盟国家构建货币伙伴关系中需要审慎考虑的问题。

本书将在已提出的理论机制及相关假说的基础上，进一步选取变量数据与回归模型进行实证分析检验。下一节以中国和东盟各国历年签订的本币互换协定状况作为被解释变量，以东盟各国的经济指数和安全指数作为核心解释变量。由此，在下一节，本书将考察东盟各国在中国寻求构建货币伙伴关系的 BSA 阶段表现出的国家特征对中国经济伙伴选择的影响，使用东盟国家样本数据进行实证检验。

二 中国在东盟地区选择货币
伙伴的实证分析

（一）变量的选取与描述

与双边投资协议不同，中国与对象国签署的本币互换协议有互换规模的区别，而且在续签本币互换协议时，互换规模还有可能调整。因此，在讨论中国与东盟国家建立的货币伙伴关系时，不能简单地以"是否签署协议"作为因变量或被解释变量，而可以用中国与相关东盟国家本币互换协议中规定的历年互换规模大小作为因变量。数据选取的时间段为2001—2022 年，这主要是因为中国在 2001 年加入世界贸易组织后加速了全面融入世界经济的进程，中国对外开放的广度及深度不断拓展使得中国与世界的金融安全联系愈趋紧密，经过一段时间开放经验的累积后才正式启动人民币国际化进程。因此，本书选取 2001 年中国加入世界贸易组织这一里程碑式事件为界限进行数据的收集；① 而由于现有数据大多更新至 2022 年，为尽可能保证数据完整性，数据截止时间定为 2022 年年底。

本书意图检验东盟国的经济指数、安全指数这两个核心自变量是否影响中国的经济伙伴选择。从假说上看，经济指数和安全指数越高的东盟国家越有可能较早成为中国的经济伙伴。本节将要检验的是不同东盟

---

① 由于本节所有解释变量和控制变量均以滞后一阶的形式进入回归模型，因此在数据收集过程中，实际上也收集了 2000 年的相关数据。

国家成为中国货币伙伴的情况。

对于东盟国家的经济指数与安全指数的构成与测量，本书已在第二章的第二节进行了详细的说明。为增强检验的可靠性，本书继续对可能影响中国货币伙伴选择结果的相关政治经济变量进行控制，除了与华经济实力对比、人口规模、是否为东盟轮值主席国外，还控制了对象国与中国立场背离程度、共同制度参与程度等变量，以观察 BSA 阶段中国货币伙伴选择的实证结果。

对象国与中国立场背离程度。中美战略竞争的加剧使得东亚二元格局愈加凸显，大多数东盟国家利用对冲战略、大国平衡等策略在中美之间游走，通过不断考察中美两国的国家实力和国际信誉而作出战略及策略上的选择。[①] 从实际情况来看，中美竞争格局之下，作为第三方的东盟国家在外交政策上具有更多的灵活性与多变性，其特征不是"不选边"，而是"常选边""总换边"，具有极强的不确定性。[②] 为了消解中美竞争加剧给自身带来的风险，东盟国家越发强调自身的中间立场。如 2020 年 8 月，东盟各国外长共同发表《关于维护东南亚和平稳定重要性的声明》，重提《和平、自由和中立区宣言》，重申东盟坚持"中立"的承诺;[③] 在东盟外长会议等一些重要的国际场合，东盟国家声明"要保持东盟的团结和中心地位，不成为任何国家的代理人"[④]。东盟国家的这种态度意味着，东盟试图在中美之间发挥更加积极和建设性的作用,[⑤] 与美国立场背离的东盟国家，也并不意味着自然就与中国立场接近。因此，在考虑东盟对象国是否更愿意与中国成为货币伙伴时，还需要进一步考察该东盟国家与中国的立场背离情况。从常识判断，与中国立场背离程度越低的东盟国家，越有可能与中国签署本币互换协议，且国家间关系相

① 张伟玉、王丽：《国际信誉、国家实力与东南亚战略选择》，《国际政治科学》2021 年第 1 期。

② 聂文娟：《东南亚地区中美战略均衡的机制论》，《国际政治科学》2022 年第 1 期。

③ "ASEAN Forein Ministers' Statement on the Importance of Maintaining Peace and Stability in Southeast Asia," 8 August 2020, https://asean.org/wp-content/uploads/2021/09/FINAL-ASEAN-FM-Statement-on-Peace-and-Stability-in-Southeast-Asia-Region-18.2.pdf.

④ 《拒绝选边站队　东盟坚持团结自主谋发展》，新华网，http://www.news.cn/world/2023-07/16/c_1129752857.htm，2023 年 7 月 16 日。

⑤ 杨悦：《东盟对中美竞争的认知与应对》，《国际问题研究》2021 年第 4 期。

对密切的情况下，双方承诺给对方的互换规模可能也会更大。本书继续采用联合国大会投票一致性数据测量某一东盟国家与中国的政治立场背离情况，数据来源依旧是美国学者埃里克·伏特（Erik Voeten）等人发布的联大投票数据库。

共同制度参与程度。一般而言，处于同一制度平台中的成员国家将有更多的潜在机会进行频繁沟通并增进理解。有学者研究发现，相对于联盟之外的国家而言，同一联盟内的成员国发生冲突的概率相对较低。[①]换言之，若中国与某个东盟国家共同参与的国际制度或组织越多，将更有可能提高双方关系的亲密度。而亲密度越高的两个国家之间，建成货币伙伴关系的可能性也越大，因为本币互换协议有着鲜明且突出的政治象征性意味，表明签署协议的双方愿意为对方的金融安全背书。并且，中国和东盟国家受地缘因素影响有更强的共同地区利益，因而对本地区内的国际制度的参与更有利于双边关系的改善。本书将东盟国家与中国共同参与的地区国际制度的数量纳入控制变量中。以参加以下国际制度或国际机制为准：二十国集团（G20）、亚欧会议（Asia-Europe Meeting，ASEM）、亚太经合组织（APEC）、东盟与中日韩（10 + 3）合作、中国—东盟（10 + 1）合作、大湄公河次区域经济合作（Greater Mekong Subregion Economic Cooperation，GMS）、亚洲相互协作与信任措施会议（Conference on Interaction and Confidence Building Measures in Asia，CICA）、东盟地区论坛（ASEAN Regional Forum，ARF）、澜沧江—湄公河合作机制。这些国际制度或国际组织是中国与周边国家参加的较为重要的地区性或区域性合作组织。[②]数据整理自中国外交部官网等权威网站，梳理出中国及东盟国家在不同年份对不同国际制度的参与情况。[③]

由此，本节实证分析所采用的变量名称、计算方法及数据来源如表5 –1 所示。

---

① Stuart A. Bremer, "Dangerous Dyads: Conditions Affecting the Likelihood of Interstate War, 1816 – 1965," *Journal of Conflict Resolution*, Vol. 36, Iss. 2, 1992, pp. 309 – 341.

② 数据来源于中国外交部网站的相关数据。参见网站 http://www.fmprc.gov.cn/web/gjhdq_676201/gjhdqzz_681964/。

③ 参见中国外交部网站，https://www.mfa.gov.cn/web/gjhdq_676201/gjhdqzz_681964/。

表 5 - 1　　　　　变量名称、计算方法与数据来源（BSA 阶段）

变量名	含义	计算方法	数据来源
被解释变量			
BSA	中国与该东盟国签署的本币互换协议规模	本币互换协议有效期中约定的规模大小，以人民币计算的规模单位为准	中国人民银行宏观审慎管理局网站
核心解释变量			
econ	经济指数	由标准化后的对华贸易依赖度、经济网络中心度两个指标相加而成	自行计算而得
trade_reliance_cn	对华贸易依赖度	以某东盟国家在某一年的对华贸易总额除以该国当年 GDP 而得	中国商务年鉴、联合国商品贸易统计数据库（UN Comtrade）世界银行数据库
closeness	地区网络中心度	根据东盟国家间签订各项经济协议的情况，运用社会网络分析软件 UCINET、Gephi 等计算得出	联合国贸发会议"投资政策中心"网站、东盟官方网站
safe	安全指数	由标准化后的领导人互访密切度、与美立场背离程度两个指标相加而成	自行计算而得
visit	领导人互访密切度	依照当年两国领导人互访记录，以一国一次的方式统计首脑互访次数	《人民日报》人民数据库

续表

变量名	含义	计算方法	数据来源
naffinityUS	与美国立场背离程度	东盟国家与美国的联大投票一致性数据	联大投票数据库
控制变量			
gdprationwcn	与华经济实力对比	当年东盟国家 GDP 除以当年中国 GDP 得出的比值	世界银行数据库
population	人口规模	东盟国家当年的人口数量。为方便读取回归系数,本书将东盟各国当年人口数量的单位由人调整为百万人	世界银行数据库
aseanchairman	是否为东盟轮值主席国	当年该东盟国家是否为东盟轮值主席国,若是,记为1;反之,记为0	东盟官方网站
naffinitycn	与中国立场背离程度	东盟国家与中国的联大投票一致性数据	联大投票数据库
samegroup	共同制度参与程度	东盟国家与中国共同参与的国际制度平台的数量	中国外交部网站

通过对相关变量数据的整理,本节最终收集了2001—2022年十个东盟地区国家截面组成的面板数据,上述相关变量的描述性统计见表5-2。

表5-2 BSA阶段主要变量的描述性统计

变量名	样本量	平均值	标准差	最小值	最大值
BSA	230	1.6677	3.0650	0.0000	8.0067
econ	230	0.4550	0.5245	-0.3427	2.5140

续表

变量名	样本量	平均值	标准差	最小值	最大值
trade_reliance_cn	230	0.1741	0.1158	0.0124	0.6240
closeness	230	−0.0420	0.0061	−0.0556	−0.0270
safe	230	0.1267	0.6623	−1.3756	1.9796
visit	230	1.3261	1.0418	0.0000	5.0000
naffinityUS	230	3.4886	0.3540	2.6453	4.4326
gdpratiowcn	230	0.0318	0.0340	0.0008	0.1414
population	230	60.4944	70.9510	0.3339	275.5013
aseanchairman	230	0.1000	0.3007	0.0000	1.0000
naffinitycn	230	0.3499	0.2263	0.0027	0.9420
samegroup	230	5.5913	0.9658	4.0000	8.0000

资料来源：笔者自制。

（二）模型回归结果与分析

为了检验本书的理论假说，本节主要设定以下回归模型来检验中国以对外签署本币互换协议来建立货币伙伴关系的情况：

$$\ln BSA_{it} = \beta_0 + \beta_1 \times econ_{it} + \beta_2 \times safe_{it} + \gamma X_{it} + \varepsilon_{it} \quad （模型5-1）$$

其中，$\ln BSA_{it}$ 表示中国与该东盟国签署的本币互换协议规模。由于该变量分布较为离散，且存在取值为 0 的情况，本书首先对原始值加 1，然后做对数化处理。对数化处理后，未建立货币伙伴关系的国家取值为 0。为了处理因变量存在较多 0 值的情况，本节选用 Tobit 模型进行回归，并假设左归并点为 0。

解释变量中，$econ_{it}$ 和 $safe_{it}$ 分别代表的是该东盟国家当年的经济指数和安全指数。X_{it} 为控制变量组，包括与华经济实力对比、人口规模、是否为东盟轮值主席国、与中国立场背离程度、共同制度参与程度等变量。通过分析 β_1、β_2 系数的大小和方向，可以估测这两个核心解释变量是如何对中国货币伙伴选择产生影响的。

此外，本书也进一步对经济指数、安全指数进行了拆解，将对象国对华贸易依赖度（$trade\_reliance\_cn_{it}$）、地区网络中心度（$closeness_{it}$）、领导人互访密切度（$visit_{it}$）、与美立场背离程度（$naffinityUS_{it}$）作为核心解释变量纳入计量模型中进行检验，以分析构成对象国经济指数、安全指数的指标中哪一个对中国经济伙伴选择发挥了更大的作用。相关回归模型公式设定如下：

$$\ln BSA_{it} = \beta_0 + \beta_1 \times trade\_reliance\_cn_{it} + \beta_2 \times closeness_{it} +$$
$$\beta_3 \times visit_{it} + \beta_4 \times naffinityUS_{it} + \gamma X_{it} + \varepsilon_{it} \quad （模型5-2）$$

相关系数的设定与解读与模型5-1类似。

根据设定的回归模型和已有的相关变量数据，本节得出的回归结果如下（表5-3）。

表5-3　中国选择东盟经济伙伴的影响因素的回归结果（BSA阶段）

	（1）	（2）	（3）	（4）
	Tobit 模型 BSA	Tobit 模型 BSA	Tobit 模型 BSA	Tobit 模型 BSA
L. 经济指数	4. 814 *** （1. 650）	9. 091 *** （2. 006）		
L. 对华贸易依赖度			12. 433 （7. 781）	44. 981 *** （10. 128）
L. 地区网络中心度			247. 004 * （139. 663）	-6. 711 （147. 585）
L. 安全指数	-5. 528 *** （1. 504）	-3. 726 ** （1. 444）		
L. 领导人互访密切度			-1. 324 （0. 838）	-0. 077 （0. 831）
L. 与美立场背离程度			-10. 452 *** （2. 867）	-13. 842 *** （3. 459）
L. 与华经济实力对比		72. 916 ** （33. 536）		58. 406 * （34. 831）
L. 人口规模		0. 037 ** （0. 015）		0. 063 *** （0. 018）

续表

	（1）	（2）	（3）	（4）
	Tobit 模型 BSA	Tobit 模型 BSA	Tobit 模型 BSA	Tobit 模型 BSA
L. 是否为东盟轮值主席国		−2.317 (2.751)		−3.841 (2.737)
L. 与中国立场背离程度		−10.742 ** (4.277)		−8.771 ** (4.241)
L. 共同制度参与程度		−0.678 (0.856)		−1.312 (0.849)
常数项	−7.876 *** (1.660)	−7.212 (4.816)	40.266 *** (11.611)	37.922 *** (12.938)
样本量	230	230	230	230
伪 R^2	0.051	0.118	0.066	0.145

注：L. 表示滞后一年，模型中的小括号内数值为标准误；$*** p < 0.01, ** p < 0.05, * p < 0.1$，其中 ***、**、* 分别代表 1%、5%、10% 的显著性水平。

资料来源：笔者自制。

考虑到研究问题与数据结构，本节采用 Tobit 模型对已收集的数据进行实证检验。本节探讨了在中国对外构建货币伙伴关系的 BSA 阶段，东盟国家的经济指数、安全指数及其构成会对中国与东盟国家签署的本币互换规模产生何种影响。为了减少潜在的内生性问题，本节所有解释变量和控制变量均以滞后一阶的形式进入回归模型。

本书首先对东盟国家的经济指数和安全指数进行估计，得到 Tobit 模型（1）和 Tobit 模型（2）。在 Tobit 模型（1）中，东盟各国的经济指数和安全指数这两个核心自变量均显著。其中，经济指数依旧与因变量保持了正向显著相关关系，在 1% 的显著性水平下显著；但与整体阶段、BIT 阶段的结果有所不同的是，安全指数却与因变量呈现出负向显著相关关系，同样也是在 1% 的显著性水平下显著。在 Tobit 模型（2）中，本书进一步控制了与华经济实力对比、人口规模、是否为东盟轮值主席国、与中国立场背离程度、共同制度参与程度等其他变量，结果未发生明显变化。这意味着，在控制了其他条件的情况下，若东盟对象国的经济指数越高、安全指数越低，中国越有可能与之签订较大规模的本币互换协议。这个结果跟本书的假说略有不同，接下来要进一步分析核心解释变量的过程来判断造成这种差异的原因。

在 Tobit 模型（3）和 Tobit 模型（4）中，本书进一步拆解了对象国经济指数和安全指数的指标构成，并在 Tobit 模型（4）中进一步加入控制变量以减少遗漏变量偏误。在控制其他变量后，构成经济指数的两个指标中，对象国对华贸易依赖度与因变量依旧呈正向相关关系，在 1% 的显著性水平下显著，而对象国在地区经济网络中的中心度并不显著。这表明，在中国寻找东盟货币伙伴的过程中，对中国贸易依赖程度越高的国家是中国更愿意先行选择的伙伴对象国。东盟对象国对中国贸易依赖度越高，意味着该国对人民币的贸易结算、金融汇兑等的需求相对旺盛，更有意愿与中国形成本币互换的联系。同时，若东盟对象国更多地对华有所依赖，那么中国相对于该国的不对称权力将更加凸显，中国也有较大意愿签署规模更大的本币互换协议。地区网络中心度这一变量在本节的表现不甚显著，这可能是因为中国已经通过"清迈倡议"（以及后来的"清迈倡议多边化"）与所有东盟国家都形成了一定的货币合作伙伴关系，地区金融安全网络事实上已经覆盖了中国与所有东盟国家；换言之，在金融货币领域，中国与东盟国家大体上处在一个带有"去中心化"色彩的地区网络之中，这在一定程度上削弱了单一东盟国家继续与中国商签双边本币互换协议的意愿。因此地区网络中心度在本节未表现出明显的显著效应。

在构成安全指数的两个指标中，此阶段东盟对象国与中国领导人互访密切度没有呈现出显著的效果，但东盟对象国与美国的立场背离程度却与因变量呈现出显著的负相关关系；因此，安全指数与因变量的显著负相关主要是由东盟对象国与美国立场背离程度导致的。这意味着，东盟对象国如果与美国立场更接近、关系更密切的话，中国反而更可能迎难而上争取与该对象国建立货币伙伴关系，并签署规模更大的本币互换协定。这似乎与常识不太相符，但若结合阶段背景来看，这又是可以理解的。一方面，中美关系正处于自中华人民共和国成立以来第四个"20

年周期"之中，① 美国"重返亚太"战略的提出加剧了东亚地区经济—安全二元割裂的格局，中美战略竞争态势的形成驱使着两国要在东南亚地区争取得到更多伙伴对象国的支持；因此，即便是面对与美国立场更为一致的对象国，中国也有意要争取该国成为自己的经济伙伴。另一方面，当前的国际货币体系仍是以美元为主导，而中国意图加快人民币国际化进程，实质上就是希望有更多国家可以在国际经贸或金融往来过程中更多地使用人民币，因而人民币与美元之间的货币竞争一定意义上又是一种零和博弈；与美国立场更为相近的对象国，其使用的国际货币里美元的比重往往可能也比较大，如果能将这样的对象国争取为中国的货币伙伴，并签署规模更大的本币互换协定，那意味着人民币将能分占原先美元的部分份额，从而为人民币国际化提供助力。

从控制变量的表现上看，与华经济实力对比、人口规模这两个控制变量与因变量呈显著正相关关系，这意味着，若一个东盟国家在经济规模上相对接近中国、人口规模较大，那么中国有更大可能与之签署互换规模较大的本币互换协议。经济规模接近中国，意味着该国的经济规模在东盟国家群体中处于领先地位，有更强大的经济金融实力与中国开展本币互换；而庞大的人口规模背后潜在的巨大市场容量也使得该国有更强的能力消化人民币的跨国消费。此外，与中国立场背离程度这一控制变量呈负显著，说明中国会与跟自己立场更接近的东盟国家签署规模更大的本币互换协议。从成本—收益对比的理性角度来看，与中国立场接近意味着中国与该东盟国家在较多议题上有共同利益，较大的共同利益基础能减少双方外交谈判所需付出的资源成本，因此更有利于双方签署规模较大的本币互换协议。

总体来说，从中国与东盟国家的互动关系情况上看，中国选择货币伙伴依旧看重对象国的经济指数和安全指数情况，但这一阶段出现了新的特点：中国不仅会注重从对象国获取潜在的货币伙伴收益，以期在未来继续拓展自身的货币伙伴网络，而且还会迎难而上地争取那些与美国关系较为密切的对象国，由此展现出与美国开展伙伴竞争的姿态。由此，

---

① 陈奕平、王琛：《中美关系周期变化与东南亚国家的外交选择》，《东南亚研究》2019 年第 1 期。

中国先行选择的货币伙伴对象国群体可以被"画像"为：经济金融实力较强且对中国有较大的依赖、在中美之间灵活游走且具有较大的伙伴价值。与这样的东盟国家首先建立货币伙伴关系并签订规模较大的本币互换协议，能更有效地向国际社会彰显中国自身推进人民币国际化的决心与信心，并且也向外界释放出争夺货币伙伴的鲜明信号。对货币伙伴的争夺正是近年来中美战略竞争在争夺地区伙伴方面的一个缩影。

三　中国在东盟地区对货币伙伴的选择

上一节的实证模型结果显示，对象国的经济指数和安全指数依旧是中国选择货币伙伴的主要考虑因素，但这一阶段却出现了新的变化特点：经济指数越高的对象国仍然有更大可能率先成为中国的重要货币伙伴，不过这些对象国在安全指数上可能并不高。这可能是因为中国在新阶段有意通过建立经济伙伴关系来达成的战略目标发生了一定变化，货币伙伴的选择需要为中国参与伙伴竞争提供助力。中国在 2009—2011 年接连与马来西亚、印度尼西亚、新加坡、泰国签订了本币互换协议。如果将东盟十国在 2008—2011 年①的经济伙伴指数（经济指数、安全指数）表现制成散点图（见图 5-1），可以发现，尽管这四个已与中国签署本币互换协议的东盟国家在安全指数上表现出一定的波动，但它们的经济指数基本位于中位数值之上。总体来看，中国先行选择这四国签署相当规模的本币互换协议，还是比较符合实证模型结果的。以下将进一步通过案例分析的方式继续进行检验。

（一）先行成为中国货币伙伴的东盟国家

自 2009 年 2 月起，在不到三年的时间里，马来西亚、印度尼西亚、新加坡、泰国接连成为中国的货币伙伴，这一定程度上体现出了中国与

---

① 将 2008 年的情况也纳入考察，主要有以下三方面考虑：一是 2008 年为国际金融危机爆发之年，这是驱使中国加快寻找双边货币伙伴的一大动因；二是中国人民银行事实上从 2008 年年底就开始积极筹备对外签署双边本币互换协议了；三是中国与东盟国家签署的第一份本币互换协议是 2009 年 2 月与马来西亚签署的，从时间上看距离 2008 年也比较近。

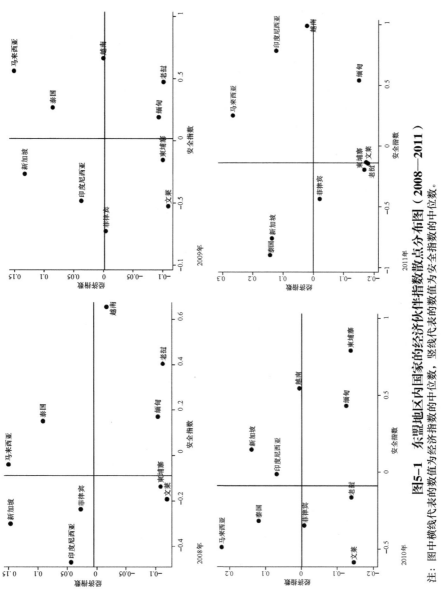

图5-1 东盟地区内国家的经济伙伴指数散点分布图（2008—2011）

注：图中横线代表的数值为经济指数的中位数，竖线代表的数值为安全指数的中位数。

这些国家密集签约的特点；① 目前中国没有再与其他东盟国家签署本币互换协议，可见这四个国家作为中国货币伙伴的身份特殊性与重要性。因此，本节将对这四个国家得以先行成为中国货币伙伴的原因进行整体分析。

第一，马来西亚、印度尼西亚、新加坡、泰国这四个国家都是东盟老成员国，其经济实力在东盟地区中均属于中上水平的较强梯队，与中国经济往来密切，而且它们在东盟地区内的经济网络中心度也比较高，与多数东盟成员国经济联系密切，具有较高的经济指数。这意味着，这四个东盟国家有实力也有能力成为中国货币伙伴，同时能为中国拓展在东盟地区的经济伙伴网络提供助力。

在马来西亚、印度尼西亚、新加坡、泰国四个国家中，除新加坡外，其他三国都曾与中国在"清迈倡议"框架下签订货币互换协议，也就是说中国与这些东盟国家存在一定的货币互换经验；而新加坡作为东亚乃至亚太金融中心，也有着比较丰富的货币互换签约经验，这意味着中国与这些国家进一步签署本币互换协议具备了相应的制度基础。

客观比较来看，马来西亚、印度尼西亚、新加坡、泰国四个国家在地区经济伙伴网络中的中心度相对较高（见图5-2）。其中，印度尼西亚与除文莱、缅甸以外的所有东盟国家都签有双边投资协定，是许多东盟国家的投资伙伴；泰国在地区内投资伙伴关系数量上次于印度尼西亚，但泰国与后加入东盟的四个"新成员国"都建立了投资伙伴关系；马来西亚和新加坡在地区内的投资伙伴关系相对较少，但这两个国家在拓展自贸伙伴关系上却有更积极的表现，新加坡与文莱都是"跨太平洋战略经济伙伴协议"（P4）的成员国，这是TPP的前身，马来西亚则积极参与了TPP制度建设的谈判过程。

---

① 与之形成对比的是，在中国与东盟国家建立投资伙伴关系阶段，1985年中国与泰国、新加坡签订双边投资协定后，到1988年中国与马来西亚签订双边投资协定，期间有三年"结伴空窗期"。

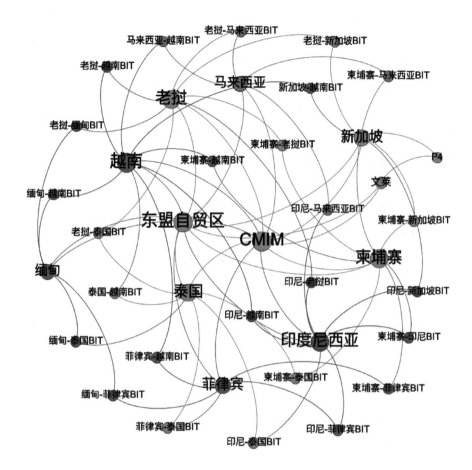

图 5 - 2　东盟地区经济伙伴网络图（2008—2011）①

　　除了通过签订经济伙伴协议而具有较高网络中心度水平之外，马来西亚、印度尼西亚、新加坡、泰国四国还不同程度地在地区合作中发挥了中心引领作用，基本上都属于东盟核心圈国家。马来西亚以东盟为其对外政策的基石，积极形塑着"东盟方式"并大力推动着东盟发展及加速地区一体化进程：例如在巴达维政府时期，马来西亚主导了首届东亚峰会的召开，并且还在经济、防务等领域推动"东盟共同体"建

---

　　①　2008—2011 年，东盟国家内部没有新增双边投资伙伴、自贸伙伴或货币伙伴关系。

设进程加快，带动东盟一体化取得实质性成果。① 印度尼西亚在东盟国家中整体经济实力最强，从 GDP 年度数据上看，印度尼西亚的 GDP 总值在东盟 GDP 总值中占比超过 1/3，其经济增长速度长期位于东盟国家前列，② 是东盟国家中唯一一个 G20 成员，快速增长的经济势头使其影响力能辐射到更多东盟国家；并且，印度尼西亚扼守着马六甲海峡等连接两大洋、沟通东西方的交通要道，具有重要的地缘战略地位，这吸引着其他国家与印度尼西亚建立并保持良好的双边关系，从这个意义上看，印度尼西亚具有一定的地区中心国影响力。③ 新加坡在东盟经济金融网络中的中心地位更是明显，到 2010 年新加坡已形成电子、化工、生物医药、传媒、物流、金融等多个产业群，是世界第三大炼油中心和重要的区域石油交易中心、定价中心、混兑中心，还成为全球第四大外汇交易中心，④ 也是全球私人银行与资产管理中心、大宗商品交易中心等。泰国在东盟经济合作中的战略重要性也明显提高。这主要是因为泰国积极广泛地参与湄公河次区域的多项经济合作，包括由国际组织参与的 GMS 机制、由东盟十国和中国共同参与的"东盟—湄公河流域开发合作"，还有由次区域部分成员而非全部成员参与的合作机制，如中老缅泰黄金四角合作机制（QEC）、"湄公河流域可持续发展合作"、东西经济走廊（EWC）、"经济合作战略"（ECS）⑤ 等多个合作机制；⑥ 这些次区域经济合作使得泰国在地缘经济发展进程中的战略价值逐渐凸显，因而在东盟国家网络中的重要程度及中心程度愈加提升。

可见，先行成为中国货币伙伴的东盟国家大多具有比较突出的伙伴价值，这主要体现在它们作为东盟核心圈国家与更多非核心国家有所联

---

① 葛红亮：《马来西亚与东盟的区域一体化发展》，《学术探索》2017 年第 11 期。

② 数据来源：世界银行数据库网站 https：//data. worldbank. org。

③ 戴维来：《印度尼西亚的中等强国战略及其对中国的影响》，《东南亚研究》2015 年第4 期。

④ 《新加坡产业升级情况》，中国商务部网站，http：//www. mofcom. gov. cn/aarticle/i/ck/201005/20100506922158. html，2010 年 5 月 19 日。

⑤ "经济合作战略"（ECS）后也被称为"伊洛瓦底江—湄南河—湄公河经济合作战略"（ACMECS）。

⑥ 贺圣达：《大湄公河次区域合作：复杂的合作机制和中国的参与》，《南洋问题研究》2005 年第 1 期。

系，并且在地区影响力和号召力上都略胜一筹。与这样的东盟国家先行开展本币互换合作建立起货币伙伴关系，不仅能精准地与带动东盟地区发展的重要内生力量建立起有效联系，还能通过这些核心东盟国家间接地与其他东盟国家形成关系，更便于未来在东盟地区网络的经济伙伴关系拓展。

第二，在马来西亚、印度尼西亚、新加坡、泰国四国分别与中国签订本币互换协议之前，它们的安全指数基本上都不高，主要是因为这一时期美国实施"重返亚太"战略并主要拉拢许多东盟国家，一些东盟国家由此表现出了与美国更为一致的立场。这意味着中国与东盟国家建立经济伙伴关系的难度有所增加。但东盟地区及东盟国家对中国发展与崛起有着无可替代的战略重要性，尽管难度较大，中国依然有必要与美国展开竞争，通过加强制度化经济合作的方式来争取主要东盟国家的伙伴支持。

美国以多种方式拉拢并争取包括东盟国家在内的亚太国家。例如，在地区经济合作方面，美国于 2008 年 2 月宣布加入文莱、新加坡、智利、新西兰签订的"P4 集团"自贸协定并与这些国家展开谈判，后于 2009 年 11 月开始全面主导谈判，P4 也更名为 TPP，以邀请或吸引更多亚太国家加入；其中，东盟国家马来西亚和越南于 2010 年加入 TPP 谈判，TPP 事实上使得东盟国家间出现了分化。TPP 常常被视为美国对冲中国影响力、重夺地区霸权的一项战略部署，美国借此得以一定程度上实现了针对中国战略孤立和包围，[1] 其争取地区伙伴的举动对中国构成了相当的伙伴压力。[2] 对此中国也通过支持以东盟为主导的 RCEP、升级与东盟既有的自贸协定来予以应对，但 RCEP 在 2012 年 11 月才正式启动谈判进程，到 2020 年 11 月才正式签署协议；而中国—东盟自贸协定升级则是 2014 年 9 月才进行首轮谈判、2015 年 11 月签署升级协议、2023 年 2 月启动自贸区 3.0 版谈判。因此在 2012 年之前中国几乎没有以深化与东盟国家的自贸

---

① 孔繁颖、李巍：《美国的自由贸易区战略与区域制度霸权》，《当代亚太》2015 年第 2 期。

② 孙忆：《国际制度压力与中国自贸区战略》，《国际政治科学》2016 年第 3 期。

伙伴关系的方式争取伙伴支持,或者说收效甚微。①

在安全合作方面,美国更是发挥其与东盟国家的安全关系优势进一步拉拢多个东盟国家,扩大其盟友体系。2009 年 7 月,美国与东盟签署了《东南亚友好合作条约》,高调昭告要"重返东南亚";随后美国与泰国等湄公河下游国家磋商并提出"美湄合作"新框架设想,2010 年 7 月还再次提出要向湄公河下游国家提供 1.87 亿美元援助,② 以此在水资源与环境合作等"软"议题上拉近与东盟国家的距离,插手中国周边地区事务。③ 另外,美国也通过强化联合演习提升与部分东盟国家的战略合作水平,如"环太平洋"海上军事演习就是美国与其亚太盟友以及与印度尼西亚、新加坡、马来西亚等需要极力拉拢的战略伙伴国开展的多边演习;"金色眼镜蛇"军事演习原为美泰两国的联合演习,后来新加坡、印度尼西亚、马来西亚等国陆续加入,已成为东南亚地区规模最大的联合军演,并也已成为美国推动与盟友和战略伙伴多边合作的重要平台。④

美国"重返亚太(东亚)"并强化与东盟国家经济及安全联系的举动使中国周边发展环境的复杂化程度进一步加剧;并且,国际金融危机放大了过度依赖美元的风险并提高了中国对推进人民币国际化的需求。在这样的背景下,为了避免陷于战略被动的困境,中国亟须采取一定的行动从美国手中争取回主要东盟国家的伙伴支持,其中一种方法就是建立并强化与相关东盟国家的经济伙伴关系。这样一来,具有较高经济指数但其安全指数不高且与美国立场更相一致的东盟国家可能更早成为中国首先考虑选择的货币伙伴对象。这为探讨为什么中国在东盟地区首先选择了马来西亚、印度尼西亚、新加坡、泰国四国作为货币伙伴提供了一种可能的解释。

① 中国与新加坡的双边自贸协定于 2008 年 10 月签署,这是中国与新加坡单独建立自贸伙伴关系的表现。但中新自贸协定早在金融危机前的 2006 年 8 月就启动谈判了,因此不能被视为中国应对来自美国的伙伴竞争而作出的经济外交举动。

② Simon Roughneen, "US dips into Mekong Politics," *The Asia Times Online*, August 2010, http://www.atimes.com/atimes/Southeast_Asia/LH14Ae01.html.

③ 李志斐:《中国与周边国家跨界河流问题之分析》,《太平洋学报》2011 年第 3 期。

④ 周建仁:《同盟理论与美国"重返亚太"同盟战略应对》,《当代亚太》2015 年第 4 期。

（二）尚未成为中国货币伙伴的东盟国家

在尚未成为中国货币伙伴的东盟国家中，文莱、柬埔寨、老挝、缅甸常常居于经济指数平均线以下而未能达到中国选择货币伙伴的"经济条件"要求；越南在国际金融危机影响持续的 2008—2011 年并没有过多追随美国立场；菲律宾在这一时期的经济指数与安全指数表现都与马来西亚、印度尼西亚、新加坡、泰国四国比较接近，但为什么菲律宾没有成为中国首先选择的货币伙伴呢？

从数据上看，2008—2011 年菲律宾的经济指数并不低。菲律宾是东盟创始成员国之一，比较早进入东盟地区核心国家圈；菲律宾的经济发展水平以及与中国的相互贸易规模在东盟国家里处于中上游水平；而且，在"清迈框架"下，菲律宾是唯一一个与中国缔结以人民币进行双边货币互换的东盟国家。因而，理论上菲律宾具有一定的成为中国货币伙伴的经济实力。但中菲两国并没有在这一时期签署双边本币互换协议，个中缘由更多是两国的安全关系情况所导致的。也就是说，中国若与菲律宾建立货币伙伴关系，要付出的成本要大大超过这种经济伙伴关系带来的收益；在国家理性选择的前提下，中菲建立货币伙伴关系并不实际。

在 2010 年 6 月阿基诺三世就任菲律宾总统前后，中菲关系走低趋势已见端倪。一方面，美国施行的"亚太再平衡"战略需要亚太盟友的配合，菲律宾作为美国的军事盟友，传统上与美国保持亲近，也愿意将本国军事现代化与领土防卫任务跟"亚太再平衡"战略联系起来，包括 2011 年接收从美国海岸警卫队退役的"汉密尔顿"级巡逻舰以强化自身海军力量，2012 年与美国形成国防部长和外交部长联合参加的"2＋2"磋商机制以讨论南海争端和菲律宾军队现代化问题，2014 年美菲两国签署《强化防务合作协议》以允许美国使用菲律宾多处军事基地及相关措施等。① 在美国军事同盟关系的影响下，菲律宾逐渐成为美国遏制中国崛

---

① 张学昆：《东南亚国家对美国"亚太再平衡"战略的认知差异分析》，《国际论坛》2015 年第 3 期。

起的桥头堡。[1] 另一方面,菲律宾对华对冲策略加剧,由于菲律宾对中国的经济预期越发走低,中菲经济合作在实际开展过程中难以对菲律宾产生足够的收益吸引;同时,由于受国内政治动荡与美国操弄的影响,菲律宾对中国的威胁感知逐渐加大,如此一来,中菲关系在阿基诺三世执政期间呈现出了不断恶化的整体趋势。[2] 中菲关系恶化的最激烈表现,便是两国在南海问题上的领土争端。经过 2012 年黄岩岛对峙事件、2013 年菲律宾单方面提起的南海仲裁案等波折,在美菲关系不断升温的同时,中菲关系却不断走向紧张,[3] 直到 2016 年 10 月杜特尔特就职菲律宾总统后中菲关系才逐渐恢复健康发展,但此时中国已与马来西亚、印度尼西亚、新加坡、泰国四国完成了双边货币伙伴关系的确立,菲律宾没能成为首批获得中国货币伙伴身份的东盟国家。

由此可见,尽管 2008—2011 年菲律宾与其他四个东盟老成员国类似,也表现出了较高的经济指数与较低的安全指数,但菲律宾与中国在这一时期有非常明显的主权领土冲突,这类原则性问题难以调和,成为双方深化经济伙伴关系的最大阻碍。这也表明,虽然在对外建立货币伙伴关系的过程中,中国为了避免在中美伙伴竞争中失利而可能愿意承担更多的经济伙伴关系建立成本,但成本的增加仍然是要一定有限度的。从这层意义上看,中国对经济伙伴关系成本最小化的追求在寻求货币伙伴阶段也依旧成立。

本章主要对中国在金融危机爆发后与相关东盟国家建立货币伙伴的实践经过进行了检验。检验发现,对象国的经济指数与安全指数仍然是中国选择货币伙伴的主要考察标准,但由于这一时期地区国际形势发生重大变化,经济指数和安全指数双高的东盟对象国几乎已经很难存在,中国并不会过分追求经济指数和安全指数双高的对象国作为自身的货币伙伴,而是会在保持对未来伙伴收益有所要求的基础上,一定程度上接受与美国立场趋于一致的对象国作为货币伙伴。需要注意的是,尽管选

① Renato Cruz De Castro, "The US-Philippine Alliance: An Evolving Hedge against an Emerging China Challenge," *Contemporary Southeast Asia*, Vol. 31, No. 3, December 2009, p. 402.

② 陈庆鸿:《菲律宾对华对冲战略评析》,《当代亚太》2015 年第 6 期。

③ 古小松:《亚太战略格局中的菲律宾:站位与取舍》,《人民论坛·学术前沿》2017 年第 1 期。

择货币伙伴的关系建立成本有所增加，但中国在伙伴选择过程中仍然会遵守成本可控或成本最小化原则。总的来看，中国在货币伙伴选择阶段的这种特征变化，其背后原因正是中国难以避免的中美战略竞争，特别是中美对伙伴关系与伙伴支持的博弈与竞争。

第 六 章

结　　论

一　本书的研究总结

（一）主要研究内容的小结

外交可以说是主权国家处理彼此政府间国际关系的一种官方往来行为；换言之，外交需要有对象主体才能开展。在中国外交大局中，经济外交的重要性日益提升，面对不断变化的国际形势与国内状态，中国需要制定恰当的对外经济政策以与其他国家相互来往；其中，在与某个地区开展经济外交时，如何才能选择合适的伙伴对象国来首先开展相应的经济外交活动，这成为中国要慎重考虑的事项。这一方面是因为，在中国经济加快对外开放进程的当下，中国需要与更多国家开展经济往来、实现互利共赢，以谋求国家经济的深化发展；另一方面则是因为，适宜的经济伙伴对象国与恰当的伙伴关系构建顺序，将能使中国实现发展战略抱负的成本最小化，而收益最大化。

本书通过定性与定量研究，试图分析中国在选择首先建立经济伙伴关系的对象国时所遵循的选择逻辑，主要以中国与东盟国家建立经济伙伴关系的实践过程来进行讨论。

既有研究已经发现，中国在挑选先行开展制度化合作的经济伙伴对象国时，会同时关注该对象国与自身的经济往来情况与安全关系状况。因此，本书用经济指数和安全指数分别衡量对象国能给中国带来的收益以及与该对象国建立制度化伙伴关系需要付出的成本。经济指数由对象国对华贸易依赖度和对象国在其地区经济伙伴网络中的中心度构成；安全指数则由对象国与华领导人互访密切度和与美立场背离程度构成。本书提出的基本理论假说是，对象国经济指数、安全指数越高，中国越有可能先行与之建立经济伙伴关系。

根据 1980—2022 年中国与东盟十国面板数据得出的整体回归模型结果来看，东盟国家的经济指数和安全指数确实会在中国经济伙伴的选择过程中发挥明显的作用，并且这种作用往往是正向的；此外，经济指数对中国经济伙伴选择的影响可能会更显著。这与中国所面对的客观现实基本相符，因为在东亚地区特别是东南亚地区，经济—安全关系二元割裂的格局十分明显，东盟国家常常会采取"经济上靠中国，安全上靠美国"的二元对冲策略，因此中国主要还是依靠经济红利的外溢与分享吸引东盟国家与自身开展合作；并且，由于中国寻求建立经济伙伴关系常常是循序渐进的过程，因此对象国是否具有较大的未来伙伴效益，即能否助力中国未来继续拓展经济伙伴网络，这对中国而言十分重要。

中国与东盟国家逐步建立投资伙伴关系的实践历程验证了本书的基本理论假说。1985 年，中国率先与泰国、新加坡签署双边投资协定并建立了投资伙伴关系；而后，1988—2001 年，中国又陆续与其他东盟国家（或准东盟国家）逐一建立起了投资伙伴关系。本书分别选用泰国与菲律宾、新加坡与马来西亚进行案例比较分析。在泰国与菲律宾进行比较的案例中，1985 年时，泰国与菲律宾的经济指数大体相当，不过泰国因其较快的经济调整速度、更强的经济发展活力，以及地区内积极斡旋者角色的发挥，在经济指数上的表现甚至还要更优秀一些；泰国、菲律宾成为中国投资伙伴在时间上的不同，更多还是因其在安全指数上的差异导致的。菲律宾在与华领导人的互访频次、级别上都不及泰国，而且菲律宾与美国的传统特殊关系也阻碍着中菲关系的较快接近，因而泰国首先成为中国的投资伙伴。在新加坡与马来西亚进行比较的案例中，新加坡、马来西亚两国在安全指数上相差无几，都没有完全追随美国，但两国的经济指数却存在较大差异，新加坡与中国更为密切的贸易规模以及新加坡在东盟地区内较早发挥的金融中心作用，都意味着新加坡能给中国带来更大的伙伴收益，因而新加坡也于 1985 年率先成为中国选择的投资伙伴。

本书还考察了中国逐渐融入世界经济体系后，中国与东盟国家建立货币伙伴关系的历程。自 2009 年 2 月至 2011 年 12 月，中国在不到三年的时间内接连与马来西亚、印度尼西亚、新加坡、泰国分别签署了双边本币互换协议，由此与这四个东盟国家建立起了货币伙伴关系；截至2022年年底，中国都没有再与其他东盟国家通过本币互换协议形成货币伙伴关系。由于中国与东盟国家签订本币互换协议具有密集签约的特点，因而本书对这四个国家得以先行成为中国货币伙伴的原因进行整体分析。实证模型结果显示，中国在选择货币伙伴时依旧重视对象国的经济指数和安全指数，而且经济指数越高的对象国越可能较早地成为中国货币伙伴；但对对象国的安全指数却没有追求更高水平。换言之，在挑选货币伙伴时，中国仍然重视对象国能给中国带来的未来伙伴收益，不过似乎并不介意付出较大的制度缔约成本。造成中国货币选择特点变化的原因主要来源于中美战略竞争特别是在伙伴竞争上的激烈化，美国"重返亚太"并采取多种手段拉拢东盟国家，对中国周边发展环境的和平稳定造成不利影响。中国无法坐视自身陷入孤立的战略困境，因而争取与东盟地区内的主要战略对象国加强经济伙伴联系；同时中国也有意借助自身与东盟国家货币伙伴关系的建立来加速人民币国际化进程，减轻对美元的过度依赖。不过，虽然中国愿意为建立货币伙伴关系付出较大的成本代价，但这也并不意味着这种成本可以无限放大。当对象国与中国有原则性问题与冲突时，那么即使有再大的伙伴需求，中国也不会与这样的对象国建立货币伙伴关系。例如，尽管2008—2011年菲律宾在经济指数和安全指数上的表现都与马来西亚、印度尼西亚、新加坡、泰国四国相近，但因其与中国存在南海领土争端，菲律宾未能率先成为中国的货币伙伴。也就是说，中国的货币伙伴选择依旧是在能实现自身战略目标的前提下尽量使伙伴关系建立的成本最小化。

可见，中国在东南亚地区挑选先行建立经济伙伴关系的对象国时，对象国的经济指数（能为中国带来多大的收益）和安全指数（需要中国付出多大的成本）情况可以作为伙伴选择的重要标准。中国对投资伙伴、货币伙伴等经济伙伴的选择，总体上仍然符合成本—收益比较的理性选择结果。

（二）本书的理论与实践意义

本书具有较强的理论与实践意义。在理论层面上，第一，本书区别于以往纯粹的市场驱动、权力博弈等解释路径，采用跨国联系的研究视角，为国家间双边经济制度化关系的形成提供了一个比较综合的理论解释机制。并且，本书并非讨论单一类别的跨国联系，而是对包含了经济与安全两个主要维度的跨国联系进行探讨与分析，因而对国家间互动关系的描述相对更立体、更全面。

第二，本书丰富了国际制度作为国家外交方略的相关研究，尤其侧重对崛起国在崛起过程中运用国际制度手段服务于自身外交目的的经验过程进行刻画与阐述。经济伙伴关系在本书的界定中指的就是一种国际制度合作关系；中国作为崛起国运用国际制度手段实现的国家战略发展，为"国家—国际制度"关系的理论探讨提供了丰富的案例分析材料。当前，随着中美两国战略竞争的不断升温，深入理解中国与伙伴对象国发展制度性联系的逻辑和策略选择，把握影响中国与诸多对象国构建制度化经济伙伴关系的主要因素和理论机制，在大国博弈的时代背景下日益凸显出了必要性，因为这不仅有助于对不同经济伙伴国进行准确定位以发挥该伙伴关系的实际作用，而且还能助力中国因地制宜、因事制宜、因时制宜地以合适路径继续布局和拓展经济伙伴网络。

第三，本书也为"国家—地区"关系的理论性分析补充了新的视角。其一，本书讨论的是"域外国家—地区"之间的关系，同时选择了"关键时期"作为研究的切入口，侧重对国家—地区关系建立初期的国家间外交动态及国家策略选择进行探讨，从而使得对国家经济外交选择的分析有了更明确的时间背景，能更大限度地降低研究误差干扰。其二，本书引入并采用社会网络分析法，将地区视为网络结构；这样一来，就能更好地观察到地区内国家占据的网络位置有所不同，以此深化对国家异质性的理解，更便于进一步研究的开展。

在实践层面上的意义主要表现在两个方面。一方面，适配当前中国的总体外交特别是经济外交方略，有助于加深对中国经济外交中伙伴选择的理解。并且，本书归纳并总结了可能的中国经济伙伴选择标准，帮助对中国潜在的经济外交对象国群体进行"画像"，进而在某种程度上实现了对中国经济外交对象国重要性的一种排序，为未来经济外交的重点布局提供了相对可靠的理论依据。另一方面，以中国—东盟地区的经济伙伴选择为例开展研究，不仅有利于进一步理解和把握中国与东盟地区、东盟国家的关系进展，而且中国在东盟地区挑选经济伙伴的经验还能为中国与其他地区的制度化交往以及未来进一步打开全球经济外交格局提供启示。

二 本书的延展与启示

（一）未来研究可能的延展方向

中国如何选择出最合适的对象国以先行构建经济伙伴关系？本书给出的基本解释是，对象国若能给中国带来潜在收益越大，而需要中国付出的关系建立成本越小，那么中国越有可能首先选择该对象国作为经济伙伴；其中，对象国助力中国拓展地区经济伙伴关系的能力是中国更为关注的伙伴选择指标。在此基础上，本书还有可以进一步挖掘与延展的空间。

第一，本书的研究可以扩大样本量，将中国与更多地区及地区内国家开展的经济伙伴关系纳入研究范围。随着中国经济外交的持续推进，中国经济伙伴数量不断增加并逐渐形成遍布全球的网络。这意味着，本研究的理论分析框架不仅要能在东盟地区接受检验，还要能在跨地区层面、全球层面进行验证。因此，扩大研究范围并增加参与讨论的对象国的数量，以求更全面地绘制中国经济伙伴网络的整体图景，这将是下一步研究的重点内容。

第二，本书的研究可以进一步丰富"经济伙伴"的内容与表现，包括增加可供探讨的经济协议类型，或者增加对协议规则文本的分析。对于前者，目前中国在新兴贸易领域签署的双边经济协议数量还比较少，且多为框架性协议，尚不便于细致研究；不过，可以保持对这方面的关注与追踪，在适宜的时候可开展更深入的研究。对于后者，这则是目前可以继续推进的研究方向。对协议规则文本的分析能帮助理解中国与不同对象国经济伙伴关系"质量"情况，从而更有助于分辨各个中国经济伙伴对象国的异质性，而这只需要掌握一定的文本分析方法即可。

第三，本书的研究还可以延长研究的逻辑链条，将国内因素也纳入研究当中，使得研究更加综合、完整。所谓"弱国无外交"，羸弱的国家实力或是混乱的国内政治格局都会对国家经济外交能力的发挥造成莫大的限制与束缚；中国对外构建经济伙伴关系，强大的经济实力与巨大的市场潜力常常是吸引经济伙伴对象国的主要筹码，但稳定可靠的国内政治领导力才更是能长久维系双边经济伙伴关系的信任保障。因此，有必要在未来的研究中对中国经济外交决策中的国际因素与国内因素互动进行深入的分析，从而更系统地理解中国选择特定经济伙伴对象国的机制与原因。

（二）本书研究结果的启示

本书以中国与东盟国家建立经济伙伴关系的历史经验为例，探讨了中国在某一地区中挑选经济伙伴的可能的逻辑，这一研究结果客观上也能为现实的中国经济外交提供一定的启示。

第一，中国在各个地区开展经济伙伴外交需注重并尊重各地区的异质性特点，据此调整中国在各地区的经济伙伴外交侧重点，以挑选出最合适率先建立经济伙伴关系的对象国。例如，在东盟地区，政经分离的二元对立格局比较明显，而且东盟各国也因遵循"东盟方式"处理彼此间关系而较大限度地保留了本国经济外交的独立性与自主性。但是，在一体化程度较高的欧盟地区，情况却有所不同，中国与欧盟国家开展经济伙伴外交，或多或少都需要将欧盟这一超国家组织的影响纳入考察范围；并且，欧盟国家多为西方发达国家，与美国有特殊关系渊源，政经分离的现象在欧盟地区的表现虽然不像在东盟地区那样凸显，但欧洲国家或多或少对中国的认知也存在矛盾性，既有意与中国开展务实合作，但又担忧对华形成过度依赖。此外，中国也重视与拉美地区国家深化关系，但拉美地区传统上被视为美国的"后院"，其受美国的影响远比东盟地区受到影响要大，中国的影响力要进入甚至深入拉美地区，可能需要进行更精细的谋划与考量。因此，中国在某一地区依据对象国的经济指数和安全指数来挑选合适的经济伙伴对象时，有必要对该地区的国际关系结构特点加以考虑。不过，力图使关系建立的收益最大化而成本最小化，依旧是中国挑选经济伙伴时遵循的重要原则。

第二，随着国家间战略竞争越来越激烈，中国可能会对经济伙伴对象国的安全指数给予更高的关注。当前中国强调要更好地统筹发展与安全，安全是发展的基础，稳定是强盛的前提。这意味着，中国发展经济伙伴,其方式路径须是安全的,即以更小的成本代价争取更大的伙伴支持;其目的也是安全的,即要塑造更加安全的周边发展环境,防止美国等域外大国力量干扰破坏中国与东盟国家等周边国家之间的关系。在实践中,中国与东盟国家建立投资伙伴关系时,对象国的安全指数往往是用以估量伙伴关系建立难度的指标;而到了中国与东盟国家建立货币伙伴关系时,对象国的安全指数则不仅是关系建立难度的体现,而且还是中美竞争背景下"盟友"价值的表现,即中国有意通过一定的经济外交方式将那些可能倒向美国的对象国争取过来。换言之,对象国安全指数的内涵变得更加丰富,未来安全指数在中国选择经济伙伴时可能会呈现更为突出的重要性。

第三,新的国际形势变化下,对象国是否能帮助巩固并提升中国在全球产业链中的地位或将成为中国挑选经济伙伴时所要考虑的新的收益内涵。2020年新冠疫情的全球暴发直接对全球产业链供应链的稳定性造成了冲击与破坏,而大国战略博弈下人为的"脱钩断链""筑墙设垒"以及所谓的"去风险",则更进一步阻滞地区一体化进程,撕裂了正常的全球经济秩序。当前中国产业链面临着中高端向发达国家回流、中低端向一些发展中国家分流的双重压力,加快构建新发展格局、提升产业链供应链韧性和安全水平迫在眉睫。不论是为了短期内回击大国竞争围堵还是为了长期视野下争取在国际经贸体系中的主动地位,中国都需要与合适的对象国建立相关经济伙伴关系,以加快巩固提升自身在全球产业链中的地位。本书的研究已经显示,中国在寻找经济伙伴时会格外重视对象国在其地区经济伙伴网络中的中心度情况;未来中国可能还会进一步关注不同地区的生产网络的情况,以期借助地区中心国的力量加强与该地区的生产联系,由此在全球产业链重构进程中获取更大的收益。

政治科学研究往往需要具有公众视野、大众关怀,"关心民众之所关心,这并不是可有可无的附加选项,而是像追求真理一般根本的义务"[①]。中国经济外交中的伙伴选择,从宏观的国家层面看,它是关乎国家战略发展空间的重要抉择;而从微观的民众层面看,经济伙伴的选择亦会对

---

① Robert D. Putnam, "APSA Presidential Address: The Public Role of Political Science," *Perspectives on Politics*, Vol. 1, No. 2, June 2003, p. 250.

民众日常经济生活有所影响。我们能更方便地享用到来自东南亚国家的热带水果、来自北欧国家的丰富渔产，能更自由地对"一带一路"共建国家开展投资合作等，很大程度上仰仗于中国正在着力构建的全球经济伙伴网络所带来的便利。在某种意义上，中国经济伙伴的选择及其网络构建正在将中国与更多国家紧密联系起来，成为中国倡导共建人类命运共同体的制度基石。

对中国经济伙伴外交的研究方兴未艾，本书的研究尝试为这一国际政治经济新议题提供一个初步的理论解释。面对风云变幻的国际经济环境，既有的国际经济秩序不破不立，中国更是需要从自身经济伙伴网络的构建中源源不断地汲取伙伴支持，深度参与并引领国际政治经济格局的重塑。在这样的时代背景之下，中国应如何准确定位并借力于经济网络中的伙伴支点国家？从国际对比的角度看，经济伙伴网络构建的"中国模式"与其他国家的模式有何异同？在更宏观的层面，中国经济伙伴网络与全球价值链下的要素流动格局变迁如何形成互动？这些研究问题都亟待解答。可见，对中国经济伙伴关系的探讨是一个研究"富矿"，对其开发之路仍然任重而道远。

附 录 1

中国与东盟国家的领导人重要
互访记录（1980—2023）

1980 年

3 月 9—11 日，民主柬埔寨国家主席团主席、政府总理乔森潘率团对中国进行正式友好访问。

10 月 20—23 日，应中国政府的邀请，缅甸联邦社会主义共和国总统、国务委员会主席吴奈温对中国进行友好访问。

10 月 27—31 日，应中国政府的邀请，泰国总理炳·廷素拉暖对中国进行正式友好访问。

11 月 9—24 日，应中国政府的邀请，新加坡共和国总理李光耀对中国进行友好访问。

1981 年

1 月 26 日至 2 月 2 日，应缅甸联邦社会主义共和国政府和泰王国政府邀请，时任国务院总理先后对缅甸联邦社会主义共和国、泰王国进行正式友好访问。

8 月 6—13 日，应菲律宾、马来西亚和新加坡三国政府的邀请，时任国务院总理对菲律宾、马来西亚和新加坡进行正式友好访问。

1982 年

2 月 20 日，民主柬埔寨国家主席团主席、政府总理乔森潘率领民主柬埔寨代表团到达北京。乔森潘是来北京同诺罗敦·西哈努克亲王会晤并顺道访问中国的。

11 月 4 日，民主柬埔寨主席诺罗敦·西哈努克亲王和夫人到达北京。诺罗敦·西哈努克亲王在参加第三十七届联合国大会后来中国。

11 月 17—20 日，应中国政府邀请，泰王国总理炳·廷素拉暖上将对中国进行正式友好访问。

11 月 20 日，民主柬埔寨联合政府总理宋双应中国政府邀请前来进行正式友好访问。

1983 年

12 月 15 日，应中国政府邀请，民主柬埔寨主席诺罗敦·西哈努克亲王在参加第三十八届联合国大会后率领民主柬埔寨代表团前来中国进行正式友好访问。

1984 年

1 月 7—10 日，应中国政府的邀请，菲律宾总统的特使、总统夫人伊梅尔达·马科斯一行对中国进行友好访问。

7 月 6 日，民主柬埔寨主席诺罗敦·西哈努克亲王、民柬联合政府总理宋双和民柬负责外交事务的副主席乔森潘于 7 月 3—6 日在北京会晤。民主柬埔寨三方领导人发表的一项新闻公报说，宋双和乔森潘是应诺罗敦·西哈努克亲王的邀请于 3 日来到北京的，三位领导人于 4 日在诺罗敦·西哈努克亲王的主持下举行会议，就当前的形势以及民主柬埔寨人民的正义斗争交换了意见。

9 月 28 日，以民主柬埔寨主席诺罗敦·西哈努克亲王为团长、联合政府总理宋双和负责外交事务的副主席乔森潘为副团长的民主柬埔寨代表团乘飞机由纽约到达北京，对中国进行正式友好访问，并参加中华人民共和国成立三十五周年庆祝活动。

10 月 28 日至 11 月 7 日，应国家主席李先念的邀请，缅甸联邦社会主义共和国总统吴山友和夫人一行对中国进行正式友好访问。

1985 年

3 月 4—8 日，应缅甸联邦社会主义共和国总统吴山友邀请，国家主席李先念偕夫人林佳楣对缅甸进行国事访问。

3月11—15日,应泰国国王普密蓬·阿杜德邀请,国家主席李先念偕夫人林佳楣对泰国进行国事访问。

5月13日,时任国务院总理在钓鱼台国宾馆会见民主柬埔寨联合政府总理宋双。宋双于5月11日抵京,应邀前来进行非正式友好访问。

9月13—25日,应中国政府邀请,新加坡共和国总理李光耀和夫人对中国进行正式友好访问。

11月20—28日,应中国政府邀请,马来西亚总理达图·斯里·马哈蒂尔·穆罕默德和夫人对中国进行正式访问。这是马哈蒂尔总理首次来中国访问。

12月7日,应中国政府的邀请,以民主柬埔寨主席诺罗敦·西哈努克亲王为团长、联合政府总理宋双和负责外交事务的副主席乔森潘为副团长的民主柬埔寨代表团开始对中国进行为期四天的正式友好访问。

1986 年

3月18日,中共中央总书记胡耀邦在中南海会见民主柬埔寨主席诺罗敦·西哈努克亲王和他的夫人莫尼克·西哈努克公主、民柬联合政府总理宋双、民柬负责外交事务的副主席乔森潘。

4月10—18日,应时任国务院总理的邀请,缅甸联邦社会主义共和国总理吴貌貌卡对中国进行正式友好访问。

9月6日,应中国政府的邀请,以民主柬埔寨主席诺罗敦·西哈努克亲王为团长、民柬联合政府总理宋双和负责外交事务的副主席乔森潘为副团长的民主柬埔寨代表团开始对中国进行为期五天的正式友好访问。

1987 年

2月23日至3月8日,应中国政府的邀请,泰王国国王储玛哈哇集拉隆功殿下代表普密蓬·阿杜德国王对中国进行正式访问。

8月29日,应中国政府的邀请,以民主柬埔寨主席诺罗敦·西哈努克亲王为团长的民主柬埔寨代表团开始对中国进行为期五天的正式友好访问。

1988 年

4 月 14—16 日，应国家主席李先念的邀请，菲律宾共和国总统科拉松·阿基诺对中国进行国事访问。这是科拉松·阿基诺担任菲律宾总统两年后第一次来中国访问。

9 月 14—22 日，应中国政府的邀请，新加坡共和国总理李光耀偕夫人对中国进行正式友好访问。

11 月 10—24 日，应泰王国政府总理差猜·春哈旺、澳大利亚总理罗伯特·霍克、新西兰总理戴维·朗伊的邀请，国务院总理李鹏对上述三国进行正式友好访问。

1989 年

3 月 14—17 日，应国务院总理李鹏的邀请，泰王国总理差猜·春哈旺上将偕夫人对中国进行正式友好访问。

10 月 24—26 日，泰王国总理差猜·春哈旺对中国进行工作访问。

1990 年

8 月 6—14 日，应印度尼西亚总统苏哈托、新加坡总理李光耀和泰国总理差猜·春哈旺的邀请，国务院总理李鹏对印度尼西亚和新加坡进行正式友好访问，对泰王国进行工作访问。

10 月 2 日，国家主席杨尚昆在钓鱼台国宾馆会见了马来西亚最高元首、亚洲曲棍球联合会主席苏丹·阿兹兰·沙阿。苏丹·阿兹兰·沙阿最高元首是应第 11 届亚运会组委会的邀请抵达北京前来观看比赛和参加闭幕式的。他是自 1974 年中马建交以来访问中国的第一位马来西亚最高元首。

10 月 16—24 日，应国务院总理李鹏的邀请，新加坡共和国总理李光耀对中国进行正式友好访问。这是自 1990 年 10 月 3 日中新两国建交以后新加坡总理的首次访华，也是李光耀总理第五次来中国进行友好访问。

11 月 14—19 日，应国家主席杨尚昆和国务院总理李鹏的邀请，印度尼西亚共和国总统苏哈托对中国进行国事访问。这是近 30 年来第一位印尼国家领导人对中国的访问。

11 月 14—15 日，应国务院总理李鹏的邀请，泰王国总理差猜·春哈旺对中国进行工作访问。

12 月 10—19 日，应马来西亚总理达图·斯里·马哈蒂尔·穆罕默德、菲律宾总统科拉松·阿基诺、老挝部长会议主席凯山·丰威汉和斯里兰卡总理迪·班·维杰通加的邀请，国务院总理李鹏对上述四国进行正式友好访问。

1991 年

6 月 5—15 日，应印度尼西亚共和国总统苏哈托和泰王国国王普密蓬·阿杜德邀请，国家主席杨尚昆对印度尼西亚和泰国进行国事访问。这是杨尚昆担任国家主席后首次访问东盟国家，也是自 1963 年以来，中国国家主席首次访问印度尼西亚。

7 月 13 日，柬埔寨全国最高委员会成员宋双、殷莫里、乔森潘、宋成抵达北京，前来参加于 7 月 16 日、17 日举行的柬埔寨全国最高委员会工作会议。柬埔寨全国最高委员会会议主席和召集人诺罗敦·西哈努克亲王和夫人莫尼克·西哈努克公主等到机场迎接。

8 月 20—25 日，应国家主席杨尚昆的邀请，缅甸联邦国家恢复法律和秩序委员会主席苏貌大将对中国进行工作访问。

9 月 6—12 日，应国家主席杨尚昆的邀请，马来西亚最高元首苏丹·阿兹兰·沙阿对中国进行国事访问。

9 月 9—16 日，应国家主席杨尚昆邀请，新加坡共和国总统黄金辉对中国进行国事访问。

9 月 22—25 日，应国务院总理李鹏的邀请，泰王国政府总理阿南·班雅拉春对中国进行正式友好访问。

10 月 22—25 日，应国务院总理李鹏的邀请，老挝人民民主共和国政府总理坎代·西潘敦对中国进行正式友好访问。这是坎代·西潘敦总理首次访华。

11 月 5—10 日，应中共中央总书记江泽民和国务院总理李鹏的邀请，越共中央总书记杜梅和越南社会主义共和国部长会议主席武文杰率领越南高级代表团对中国进行了正式访问。

1992 年

1 月 7—14 日，应新加坡共和国总统黄金辉和马来西亚最高元首苏丹·阿兹兰·沙阿的邀请，国家主席杨尚昆对新加坡和马来西亚进行国事访问。这是杨尚昆主席第一次访问马来西亚，也是对该国最高元首 1991 年 9 月访华的回访。

4 月 7 日，应国家主席杨尚昆邀请，柬埔寨国家元首、全国最高委员会主席诺罗敦·西哈努克亲王率领柬全国最高委员会代表团抵达北京，并从 9 日开始对中国进行正式访问。这是诺罗敦·西哈努克亲王返回金边后，以国家元首和全国最高委员会主席身份首次率团访华。诺罗敦·西哈努克亲王在抵达首都机场后发表的一份书面声明中说，这是柬埔寨实现重新统一、恢复和平、民族团结和主权后，柬全国最高委员会首次派代表团访问中国这个友好的国家，因此访问具有"历史性意义"。

4 月 26 日至 5 月 3 日，应国家主席杨尚昆的邀请，老挝人民革命党主席、老挝人民民主共和国主席凯山·丰威汉对中国进行正式友好访问。

11 月 30 日至 12 月 4 日，应越南社会主义共和国政府总理武文杰的邀请，国务院总理李鹏对越南社会主义共和国进行了正式友好访问。

1993 年

4 月 19—28 日，应国务院总理李鹏的邀请，新加坡总理吴作栋对中国进行正式访问。

4 月 25—30 日，应国家主席江泽民的邀请，菲律宾共和国总统菲德尔·拉莫斯对中国进行国事访问。这是菲德尔·拉莫斯自 1992 年 6 月 30 日就任总统以来第一次访问中国。

6 月 13—22 日，应国务院总理李鹏的邀请，马来西亚总理达图·斯里·马哈蒂尔·宾·穆罕默德对中国进行正式访问。

8 月 25 日至 9 月 3 日，应国务院总理李鹏的邀请，泰国总理川·立派对中国进行正式友好访问。

11 月 4 至 8 日，文莱达鲁萨兰国苏丹哈吉·哈桑纳尔·博尔基亚及其一行对中国进行友好访问。

11月9—15日，应国家主席江泽民的邀请，越南社会主义共和国主席黎德英对中国进行正式友好访问。

12月3—7日，应国务院总理李鹏的邀请，老挝人民革命党中央委员会主席、老挝人民民主共和国政府总理坎代·西潘敦对中国进行正式友好访问。

1994 年

1月17—21日，应国务院总理李鹏的邀请，柬埔寨王国政府第一首相诺罗敦·拉那烈和第二首相洪森率柬埔寨王国政府代表团对中国进行正式访问。

2月26—27日，应国务院总理李鹏的邀请，新加坡总理吴作栋对中国进行工作访问，并出席中新两国政府关于合作开发建设苏州工业园区协议的签字仪式。

5月11—13日，应国务院总理李鹏的邀请，马来西亚总理马哈蒂尔·穆罕默德对中国进行工作访问。这是马哈蒂尔自1981年当选总理以来的第三次访华。

6月2—4日，应国家主席江泽民的邀请，柬埔寨诺罗敦·西哈努克国王和诺罗敦·莫尼列·西哈努克王后对中国进行正式友好访问。

11月8—19日，应新加坡共和国总统王鼎昌、马来西亚最高元首端姑·贾阿法尔、印度尼西亚共和国总统苏哈托的邀请，国家主席江泽民对新加坡、马来西亚、印度尼西亚进行国事访问，并出席在印度尼西亚举行的亚太经济合作组织领导人非正式会议。

11月19—22日，应越南共产党中央委员会总书记杜梅和越南社会主义共和国主席黎德英的邀请，中共中央总书记、国家主席江泽民对越南进行正式友好访问。

12月26—28日，应缅甸联邦国家恢复法律和秩序委员会主席兼缅甸联邦总理丹瑞大将的邀请，国务院总理李鹏对缅甸联邦进行正式友好访问。

1995 年

5月11—21日，应国务院总理李鹏的邀请，新加坡共和国总理吴作栋对中国进行工作访问。

6 月 29 日至 7 月 6 日，应国家主席江泽民的邀请，老挝人民民主共和国主席诺哈·冯沙万对中国进行国事访问。

9 月 21 日至 28 日，应国家主席江泽民邀请，新加坡共和国总统王鼎昌对中国进行国事访问。新加坡内阁资政李光耀随同来访。

11 月 26 日至 12 月 2 日，应中共中央总书记、国家主席江泽民的邀请，越南共产党中央委员会总书记杜梅对中国进行正式友好访问。

1996 年

3 月 24—29 日，应国务院总理李鹏的邀请，泰国总理班汉·西巴阿差对中国进行正式访问。

6 月 27—28 日，应越南共产党中央委员会的邀请，中共中央政治局常委、国务院总理李鹏率领中国共产党代表团出席越南共产党第八次全国代表大会。

8 月 24—27 日，应国务院总理李鹏的邀请，马来西亚总理达图·斯里·马哈蒂尔·宾·穆罕默德对中国进行工作访问。

11 月 26 日至 12 月 5 日，应菲律宾共和国总统菲德尔·拉莫斯、印度共和国总统尚卡尔·达亚尔·夏尔马、巴基斯坦伊斯兰共和国总统法鲁克·艾哈迈德·汗·莱加里、尼泊尔国王比兰德拉·比尔·比克拉姆·沙阿·德瓦的邀请，国家主席江泽民对菲律宾、印度、巴基斯坦和尼泊尔四国进行国事访问。在此之前，江泽民主席于 11 月 24—25 日出席在菲律宾举行的亚太经济合作组织第四届领导人非正式会议。

1997 年

4 月 2—5 日，应国务院总理李鹏的邀请，泰王国总理差瓦立·永猜裕上将对中国进行正式访问。

4 月 27 日至 5 月 3 日，应国务院总理李鹏的邀请，新加坡共和国总理吴作栋对中国进行工作访问。

7 月 8—15 日，应国家主席江泽民的邀请，马来西亚最高元首端古·贾阿法对中国进行国事访问。

7 月 14—18 日，应中共中央总书记、国家主席江泽民的邀请，越南共产党中央委员会总书记杜梅对中国进行正式友好访问。

12 月 14—17 日，应东盟轮值主席、马来西亚总理马哈蒂尔·穆罕默德的邀请，国家主席江泽民赴马来西亚首都吉隆坡出席于 15 日和 16 日举行的东盟—中国、日本、韩国首脑非正式会晤和中国—东盟首脑非正式会晤。

1998 年

10 月 19—23 日，应国务院总理朱镕基的邀请，越南总理潘文凯对中国进行正式友好访问。

11 月 17—18 日，应当年亚太经合组织东道主马来西亚总理马哈蒂尔的邀请，国家主席江泽民出席在马来西亚吉隆坡举行的亚太经合组织第六次领导人非正式会议。

1999 年

1 月 24—31 日，应国务院总理朱镕基的邀请，老挝人民民主共和国政府总理西沙瓦·乔本潘对中国进行正式访问。

2 月 9—12 日，应国务院总理朱镕基的邀请，柬埔寨王国政府首相洪森亲王对中国进行正式访问。

2 月 25 日至 3 月 2 日，应中共中央总书记、国家主席江泽民的邀请，越南共产党中央委员会总书记黎可漂对中国进行正式友好访问。

4 月 27 日至 5 月 3 日，应国务院总理朱镕基的邀请，泰国总理川·立派对中国进行正式访问并出席昆明世界园艺博览会开幕式。

4 月 30 日，中国'99 昆明世界园艺博览会开幕。柬埔寨国王西哈努克和王后，以色列总统魏茨曼和夫人，津巴布韦总统穆加贝，吉布提总理哈马杜，泰国总理川·立派，国务院副总理、世博会中国组委会主任李岚清和夫人章素贞出席开幕式。

8 月 18—20 日，应国务院总理朱镕基的邀请，马来西亚总理马哈蒂尔来华进行工作访问。

8 月 23—26 日，应国家主席江泽民邀请，文莱达鲁萨兰国苏丹哈桑纳尔·博尔基亚对中国进行工作访问。

9 月 2—16 日，应泰国国王普密蓬·阿杜德、澳大利亚总督威廉·帕特里克·迪恩和新西兰总督迈克尔·哈迪·博伊斯的邀请，国家主席江泽民对上述三国进行国事访问。应今年亚太经合组织东道主新西兰总理珍妮·希普利的邀请，江泽民主席还出席了 9 月 12—13 日在新西兰奥克兰举行的亚太经济合作组织第七次领导人非正式会议。

11 月 22 日至 12 月 4 日，应马来西亚总理马哈蒂尔、菲律宾总统埃斯特拉达、新加坡总理吴作栋和越南总理潘文凯的邀请，国务院总理朱镕基对上述 4 国进行正式访问。他还出席在马尼拉举行的第三次东盟与中日韩领导人非正式会晤和东盟与中国领导人非正式会晤。

12 月 1—3 日，应国家主席江泽民的邀请，印度尼西亚共和国总统阿卜杜勒拉赫曼·瓦希德对中国进行了为期三天的国事访问。

2000 年

4 月 9—19 日，应国务院总理朱镕基的邀请，新加坡共和国总理吴作栋对中国进行正式访问。

5 月 16—20 日，应国家主席江泽民邀请，菲律宾总统约瑟夫·埃赫西托·埃斯特拉达对中国进行国事访问。

7 月 13—15 日，应国家主席江泽民的邀请，老挝人民民主共和国主席坎代·西潘敦对中国进行国事访问。

9 月 25—28 日，应国务院总理朱镕基的邀请，越南社会主义共和国政府总理潘文凯对中国进行工作访问。

10 月 16—31 日，应国家主席江泽民和夫人王冶坪的邀请，泰国王后诗丽吉·吉滴耶功代表普密蓬·阿杜德国王访问中国。

11 月 11—18 日，应老挝人民民主共和国主席坎代·西潘敦、柬埔寨国王诺罗敦·西哈努克和文莱达鲁萨兰国苏丹哈桑纳尔·博尔基亚的邀请，国家主席江泽民对上述三国进行国事访问。访问期间，江泽民主席出席于 15—16 日在文莱首都斯里巴加湾市举行的亚太经合组织（APEC）第八次领导人非正式会议。

11 月 24—25 日，应新加坡共和国总理吴作栋的邀请，国务院总理朱镕基出席在新加坡举行的东盟—中国、日本、韩国领导人会晤（10＋3）和中国—东盟领导人会晤（10＋1）。期间朱镕基总理还与日、韩领导人举行非正式的三边会晤，就三国合作以及三国与东盟的合作交换意见。

12月25—29日，应国家主席江泽民的邀请，越南社会主义共和国主席陈德良对中国进行正式友好访问。

2001 年

2月26—27日，博鳌亚洲论坛成立大会在中国海南博鳌举行。尼泊尔国王比兰德拉和马来西亚总理马哈蒂尔应中国政府的邀请作为特邀嘉宾出席。

3月29日，国务院总理朱镕基在中南海会见菲律宾总统特使杨应琳。

4月24—29日，应国家主席江泽民的邀请，马来西亚最高元首苏丹·萨拉赫丁·阿卜杜勒·阿齐兹·沙阿对中国进行国事访问。

5月9日，国家主席江泽民在香港会见前来参加"2001《财富》全球论坛年会"的泰国总理他信·西那瓦。

5月11—22日，应巴基斯坦首席执行官佩尔韦兹·穆沙拉夫、尼泊尔王国首相吉里贾·普拉萨德·柯伊拉腊、马尔代夫共和国总统穆蒙·阿卜杜勒·加尧姆、斯里兰卡民主社会主义共和国总统钱德里卡·班达拉奈克·库马拉通加和泰国总理他信·西那瓦的邀请，国务院总理朱镕基对上述5国进行正式访问。

5月15日，国家主席江泽民中午在中南海会见文莱苏丹哈桑纳尔·博尔基亚，宾主进行了亲切友好的交谈。同日，江泽民与哈桑纳尔·博尔基亚出席2001年亚太经合组织人力资源能力建设高峰会议开幕式并发表讲话。

8月27—29日，应国务院总理朱镕基的邀请，泰王国总理他信·西那瓦对中国进行正式访问。

9月12—22日，应国家主席江泽民的邀请，新加坡共和国总统纳丹对中国进行国事访问。这是纳丹就任总统以来对中国进行的首次访问。

10月21日，亚太经合组织（APEC）第九次领导人非正式会议在上海科技馆举行，国家主席江泽民主持。文莱苏丹博尔基亚、印度尼西亚总统梅加瓦蒂、日本首相小泉纯一郎、韩国总统金大中、马来西亚总理马哈蒂尔、菲律宾总统阿罗约、俄罗斯总统普京、新加坡总理吴作栋、泰国总理他信、越南总理潘文凯等出席会议。

10月29—31日，应国家主席江泽民的邀请，菲律宾总统格洛丽亚·

马卡帕加尔·阿罗约对中国进行国事访问。

11 月 4—11 日，应文莱达鲁萨兰国苏丹哈桑纳尔·博尔基亚和印度尼西亚共和国总统梅加瓦蒂·苏加诺普特丽的邀请，国务院总理朱镕基出席在文莱举行的第五次东盟与中国、日本、韩国（10＋3）领导人会议和东盟与中国（10＋1）领导人会议，并对印度尼西亚进行正式访问。在文莱会议期间，朱镕基总理还出席中日韩三国领导人非正式会晤。

11 月 30 日至 12 月 4 日，应中共中央总书记、国家主席江泽民的邀请，越南共产党中央委员会总书记农德孟对中国进行了正式友好访问。

12 月 12—15 日，应缅甸联邦国家和平与发展委员会主席丹瑞大将的邀请，国家主席江泽民对缅甸联邦进行国事访问。

12 月 19 日，国务院总理朱镕基在中南海紫光阁会见了受印度尼西亚总统梅加瓦蒂委托来华访问的梅加瓦蒂总统丈夫陶菲克、能源和矿产资源部长普尔诺莫、贸易和工业部长里妮、安置和地区设施部长苏纳尔诺、海洋事务和渔业部长罗赫明及税务和国营企业国务部长拉克萨马纳等。

2002 年

2 月 3—7 日，应国务院总理朱镕基的邀请，老挝人民民主共和国总理本南·沃拉芝对中国进行正式访问。

2 月 27 日至 3 月 1 日，应越共中央总书记农德孟和越南国家主席陈德良的邀请，中共中央总书记、国家主席江泽民对越南社会主义共和国进行正式友好访问。

3 月 24—28 日，应国家主席江泽民的邀请，印度尼西亚共和国总统迪雅·帕尔玛塔·梅加瓦蒂·斯迪雅瓦蒂·苏加诺普特丽对中国进行国事访问。这是她就任总统以来首次访华。

4 月 12 日，博鳌亚洲论坛首届年会在万泉河畔开幕。泰国总理他信·西那瓦、日本首相小泉纯一郎、韩国总理李汉东等出席。

11 月 1 日，应柬埔寨王国政府首相洪森的邀请，国务院总理朱镕基前往柬埔寨进行正式访问，并出席在金边举行的大湄公河次区域经济合作领导人会议、第六次东盟与中日韩（10＋3）领导人会议和东盟与中国

（10＋1）领导人会议。

2003 年

1 月 6—11 日，应国家主席江泽民的邀请，缅甸联邦国家和平与发展委员会主席丹瑞大将对中国进行国事访问。

2 月 18—20 日，应国务院总理朱镕基邀请，泰国政府总理他信·西那瓦对中国进行工作访问。

4 月 7—11 日，应中共中央总书记、国家主席胡锦涛的邀请，越南共产党中央委员会总书记农德孟对中国进行工作访问。

4 月 28 日，应泰国总理他信·西那瓦邀请，国务院总理温家宝出席在泰国首都曼谷举行的关于非典型肺炎问题的中国—东盟领导人特别会议。

6 月 12—14 日，应中共中央总书记、国家主席胡锦涛的邀请，老挝人民革命党中央主席、老挝人民民主共和国主席坎代对中国进行国事访问。

10 月 7—8 日，应印度尼西亚总统梅加瓦蒂的邀请，国务院总理温家宝在印尼巴厘岛出席第七次东盟与中日韩（10＋3）领导人会议、东盟与中国（10＋1）领导人会议及第五次中日韩领导人会晤。会议期间，温家宝总理出席首届东盟商业与投资峰会并发表演讲。

10 月 17—27 日，应泰王国国王普密蓬·阿杜德、澳大利亚总督迈克尔·杰弗里、新西兰总督西尔维娅·卡特赖特的邀请，国家主席胡锦涛对上述三国进行国事访问。其间，胡锦涛主席出席于 10 月 20—21 日在泰国首都曼谷举行的亚太经合组织第十一次领导人非正式会议。

11 月 2 日，博鳌亚洲论坛 2003 年年会在海南博鳌开幕。塔吉克斯坦总统拉赫莫诺夫、巴基斯坦总统穆沙拉夫、新加坡总理吴作栋等出席。

11 月 18—23 日，应国务院总理温家宝的邀请，新加坡总理吴作栋对中国进行工作访问。

2004 年

4 月 19—25 日，柬埔寨王国政府首相云升对中国进行访问。他首先抵达北京，第一站访问的是上海，此后赴海南出席博鳌亚洲论坛 2004 年年会。

4月24日，博鳌亚洲论坛在海南博鳌开幕。捷克总统克劳斯、柬埔寨首相云升、巴基斯坦总理贾迈利、美国前总统布什、巴基斯坦前总统莱加里、墨西哥前总统塞迪略、马来西亚前总理马哈蒂尔等出席开幕式。

5月20—24日，应国务院总理温家宝的邀请，越南社会主义共和国政府总理潘文凯对中国进行正式访问。

5月27日，应国务院总理温家宝的邀请，马来西亚总理阿卜杜拉·巴达维对中国进行正式访问。

6月22日，亚洲合作对话（ACD）第三次外长会议在中国青岛开幕。泰国总理他信·西那瓦出席。

7月11—17日，应国务院总理温家宝的邀请，缅甸联邦政府总理钦纽对中国进行正式友好访问。

9月1—3日，应国家主席胡锦涛的邀请，菲律宾共和国总统格洛丽亚·马卡帕加尔·阿罗约对中国进行国事访问。

9月3—5日，第三届亚洲政党国际会议在北京召开。出席会见和宴会的外方贵宾有：菲律宾基督教穆斯林民主力量党主席、菲律宾总统阿罗约，泰国泰爱泰党主席、泰国总理他信·西那瓦，柬埔寨人民党副主席、柬埔寨首相洪森，东帝汶独立革命阵线主席、东帝汶国民议会议长卢奥洛，柬埔寨奉辛比克党主席、柬埔寨国会主席拉那烈，菲律宾基督教穆斯林民主力量党总裁、菲律宾众议长德贝内西亚，叙利亚阿拉伯复兴社会党副总书记艾哈迈尔，越南共产党中央书记处书记、越南副总理武宽，老挝人民革命党中央委员、老挝副总理宋萨瓦，蒙古公民意志—共和党主席、国家大呼拉尔副主席（副议长）奥云，朝鲜劳动党中央检阅委员会委员长朴用硕等。应中国政府的邀请，柬埔寨首相洪森于会议前后对中国进行顺访。

9月20—22日，应国家主席胡锦涛邀请，文莱苏丹哈桑纳尔·博尔基亚对中国进行工作访问。

10月6—9日，应越南总理潘文凯的邀请，国务院总理温家宝对越南社会主义共和国进行正式访问，并出席在河内举行的第五届亚欧首脑会议。这是亚欧会议扩大后的首次会议。

11月3日，首届中国—东盟博览会在广西南宁开幕，柬埔寨首相洪森、老挝总理本南、缅甸总理梭温、泰国副总理比尼、越南副总理范家谦等出席开幕式。

11月28—30日，应老挝人民民主共和国总理本扬·沃拉吉的邀请，国务院总理温家宝出席在老挝首都万象举行的第八次东盟与中日韩领导人会议、中国与东盟领导人会议及第六次中日韩领导人会议，并对老挝人民民主共和国进行正式访问。

2005 年

1月5日，应印度尼西亚总统苏希洛·班邦·尤多约诺邀请，国务院总理温家宝出席6日在印度尼西亚首都雅加达举行的东盟地震和海啸灾后问题领导人特别会议。

2月28日至3月6日，应国家主席胡锦涛邀请，马来西亚最高元首端古·赛义德·西拉杰丁对中国进行国事访问。

4月20—28日，应文莱达鲁萨兰国苏丹哈桑纳尔·博尔基亚、印度尼西亚共和国总统苏西洛·班邦·尤多约诺和菲律宾共和国总统格洛丽亚·马卡帕加尔·阿罗约的邀请，国家主席胡锦涛对上述三国进行国事访问，并应印尼总统苏西洛和南非总统塔博·姆贝基的邀请出席在印尼举行的2005年亚非峰会和万隆会议50周年纪念活动。

4月23日，博鳌亚洲论坛2005年年会在海南博鳌开幕。马来西亚总理巴达维、澳大利亚总理霍华德、奥地利总理许塞尔、阿富汗副总统哈利利、新加坡内阁资政李光耀、哈萨克斯坦副总理叶西莫夫等出席。

6月30日至7月2日，应国务院总理温家宝的邀请，泰王国总理他信·西那瓦对中国进行正式访问。

7月4日，大湄公河次区域领导人与工商界代表对话会在昆明举行。柬埔寨王国首相洪森、老挝总理本扬、缅甸总理梭温、泰国总理他信、越南总理潘文凯和亚洲开发银行行长黑田东彦出席会议。

7月18—22日，应国家主席胡锦涛的邀请，越南社会主义共和国主席陈德良对中国进行国事访问。

7月27—30日，应国家主席胡锦涛的邀请，印度尼西亚共和国总统苏西洛·班邦·尤多约诺对中国进行国事访问。

8 月 10—14 日，应国家主席胡锦涛的邀请，柬埔寨国王诺罗敦·西哈莫尼对中国进行国事访问。这是西哈莫尼国王即位以来首次访华。

10 月 19 日，为期四天的第二届中国—东盟博览会在广西南宁开始举行，柬埔寨首相洪森、缅甸总理梭温、老挝国家副主席朱马利、泰国副总理颂奇、越南常务副总理阮晋勇以及东盟国家经贸部长出席了开幕式。

10 月 24—30 日，应国务院总理温家宝的邀请，新加坡共和国总理李显龙对中国进行正式访问。

10 月 31 日至 11 月 2 日，应越南共产党中央委员会总书记农德孟和越南社会主义共和国主席陈德良的邀请，中共中央总书记、国家主席胡锦涛对越南进行正式友好访问。

12 月 11—15 日，应马来西亚总理阿卜杜拉·艾哈迈德·巴达维的邀请，国务院总理温家宝出席在吉隆坡举行的第九次中国—东盟领导人会议（10＋1），第九次东盟与中日韩领导人会议（10＋3）和首届东亚峰会等会议，并对马来西亚进行正式访问。

2006 年

2 月 14—18 日，应国务院总理温家宝的邀请，缅甸联邦政府总理梭温对中国进行正式访问。

4 月 7—8 日，应柬埔寨王国政府首相洪森的邀请，国务院总理温家宝对柬埔寨王国进行正式访问。

6 月 27 日至 7 月 2 日，应中共中央总书记、国家主席胡锦涛的邀请，老挝人民革命党中央委员会总书记、老挝人民民主共和国主席朱马利·赛雅贡对中国进行国事访问。

8 月 22—26 日，应中共中央总书记、国家主席胡锦涛的邀请，越南共产党中央委员会总书记农德孟对中国进行正式友好访问。

10 月 30 日，中国—东盟建立对话关系 15 周年纪念峰会在广西南宁荔园山庄国际会议中心举行。文莱苏丹博尔基亚、柬埔寨首相洪森、印度尼西亚总统苏西洛、老挝总理布阿索内、马来西亚总理巴达维、缅甸总理梭温、菲律宾总统阿罗约、新加坡总理李显龙、泰国总理素拉育和越南总理阮晋勇出席会议。

11月15—20日，应越南共产党中央委员会总书记农德孟，越南社会主义共和国主席阮明哲，老挝人民革命党中央委员会总书记、老挝人民民主共和国主席朱马里·赛雅颂的邀请，中共中央总书记、国家主席胡锦涛先后对越南和老挝进行国事访问。胡锦涛主席还于11月17—19日出席在越南河内举行的亚太经合组织（APEC）第十四次领导人非正式会议。

2007 年

1月13—16日，应菲律宾共和国总统格罗丽亚·马卡帕加尔·阿罗约的邀请，国务院总理温家宝出席在菲律宾宿务举行的第十次中国与东盟领导人会议、第十次东盟与中日韩领导人会议及第二届东亚峰会，并对菲律宾共和国进行正式访问。其间，温家宝总理还主持第七次中日韩领导人会议。

4月21日，博鳌亚洲论坛2007年年会在海南博鳌开幕，菲律宾总统阿罗约，巴基斯坦总理阿齐兹等出席。

5月15—18日，应国家主席胡锦涛邀请，越南社会主义共和国主席阮明哲对中国进行国事访问。

5月28日，应国务院总理温家宝邀请，泰王国总理素拉育·朱拉暖对中国进行正式访问。

8月22—28日，应国务院总理温家宝邀请，老挝政府总理波松·布帕万对中国进行正式访问。

10月2日，2007年世界夏季特殊奥林匹克运动会在上海开幕，冰岛总统格里姆松、菲律宾总统阿罗约、乌兹别克斯坦副总理伊纳莫娃、国际特殊奥林匹克委员会主席蒂姆·施莱佛和国际特殊奥林匹克委员会名誉主席尤尼斯·肯尼迪·施莱佛等出席。

10月28—31日，第四届中国—东盟博览会、中国—东盟商务与投资峰会在广西南宁举行。柬埔寨首相洪森、老挝总理波松、越南总理阮晋勇、文莱王储穆赫塔迪·比拉等外国领导人出席博览会开幕式。

11月18—22日，应新加坡总理李显龙邀请，国务院总理温家宝对新加坡进行正式访问，并出席在新加坡举行的第十一次东盟与中日韩领导人会议、中国与东盟领导人会议和第三届东亚峰会。其间，温家宝总理还出席第八次中日韩领导人会议。

2008 年

3月29—31日，应老挝政府总理波松·布帕万邀请，国务院总理温家宝对老挝进行工作访问并出席在万象举行的大湄公河次区域经济合作（GMS）第三次领导人会议。

5月30日至6月2日，应中共中央总书记、国家主席胡锦涛的邀请，越南共产党中央委员会总书记农德孟对中国进行正式友好访问。

6月30日至7月3日，应国务院总理温家宝邀请，泰王国总理沙马·顺达卫对中国进行正式访问。

8月8日，北京第二十九届奥林匹克运动会开幕式在国家体育场隆重举行。出席开幕式的各国各地区贵宾有：土库曼斯坦总统别尔德穆哈梅多夫、马来西亚最高元首米詹、乌兹别克斯坦总统卡里莫夫、文莱苏丹哈桑纳尔、吉尔吉斯斯坦总统巴基耶夫、老挝国家主席朱马利、阿富汗总统卡尔扎伊、哈萨克斯坦总统纳扎尔巴耶夫、柬埔寨国王西哈莫尼、菲律宾总统阿罗约、塔吉克斯坦总统拉赫蒙、朝鲜最高人民会议常任委员会委员长金永南、越南国家主席阮明哲、韩国总统李明博、蒙古国总统恩赫巴亚尔、巴基斯坦总理吉拉尼、日本首相福田康夫、俄罗斯总理普京、泰国总理沙马、缅甸总理吴登盛等。

10月22—25日，第五届中国—东盟博览会和中国—东盟商务与投资峰会在广西南宁举行。柬埔寨首相洪森、缅甸总理吴登盛、越南副总理黄忠海和老挝国家副主席本扬等出席。

10月22—27日，应国务院总理温家宝邀请，新加坡共和国总理李显龙对中国进行正式访问，并出席第七届亚欧首脑会议。

10月24—25日，第七届亚欧首脑会议在北京举行。出席开幕式的亚欧会议成员领导人或代表有文莱苏丹哈桑纳尔、印度尼西亚总统苏西洛、韩国总统李明博、蒙古国总统恩赫巴亚尔、菲律宾总统阿罗约、柬埔寨首相洪森、印度总理辛格、日本首相麻生太郎、老挝总理波松、马来西亚总理巴达维、巴基斯坦总理吉拉尼、新加坡总理李显龙、泰国总理颂猜、越南总理阮晋勇、缅甸外长吴年温等。

2009 年

4 月 18 日，博鳌亚洲论坛 2009 年年会在海南博鳌开幕。越南总理阮晋勇、伊朗第一副总统达乌迪、缅甸总理吴登盛、蒙古国总理巴亚尔、哈萨克斯坦总统纳扎尔巴耶夫和巴基斯坦总统扎尔达里等出席。

6 月 2—5 日，应国务院总理温家宝邀请，马来西亚总理纳吉布·敦·拉扎克对中国进行正式访问。

6 月 24—27 日，应国务院总理温家宝的邀请，泰国总理阿披实·维乍集瓦对中国进行正式访问。

9 月 6—13 日，应中共中央总书记、国家主席胡锦涛的邀请，老挝人民革命党中央委员会总书记、老挝人民民主共和国主席朱马利·赛雅贡对中国进行工作访问。

10 月 16 日，第十届中国西部国际博览会暨第二届中国西部国际合作论坛在成都开幕。柬埔寨首相洪森、越南总理阮晋勇等出席开幕式。

10 月 20—24 日，第六届中国—东盟博览会在广西南宁举办。老挝总理波松，菲律宾众议长诺格拉雷斯，缅甸国家和平与发展委员会第一秘书长丁昂敏乌，越南常务副总理阮生雄等出席。老挝是本届博览会主题国。

10 月 23—25 日，应泰国总理阿披实·维乍集瓦邀请，国务院总理温家宝出席在泰国华欣举行的第十二次中国与东盟领导人会议、第十二次东盟与中日韩领导人会议和第四届东亚峰会。

11 月 10—13 日，应马来西亚最高元首米詹和新加坡共和国总统纳丹邀请，国家主席胡锦涛对上述两国进行国事访问。应新加坡总理李显龙邀请，国家主席胡锦涛出席于 11 月 14—15 日在新加坡举行的亚太经合组织第十七次领导人非正式会议。

2010 年

4 月 10 日，博鳌亚洲论坛 2010 年年会在海南博鳌开幕。老挝国家主席朱马利、丹麦首相拉斯穆森、蒙古国总理巴特包勒德、阿富汗副总统哈利利、东帝汶副总理古特雷斯、柬埔寨国务大臣兼计划部大臣蔡唐等出席开幕式。

4月30日，中国2010年上海世界博览会开幕式在上海世博文化中心举行，出席开幕式的世界各地领导人有：亚美尼亚总统萨尔基相、刚果（布）总统萨苏、朝鲜最高人民会议常任委员会委员长金永南、法国总统萨科齐、加蓬总统邦戈、肯尼亚总统齐贝吉、马拉维总统穆塔里卡、马里总统杜尔、密克罗尼西亚联邦总统莫里、蒙古国总统额勒贝格道尔吉、巴勒斯坦国总统阿巴斯、韩国总统李明博、塞舌尔总统米歇尔、土库曼斯坦总统别尔德穆哈梅多夫、柬埔寨首相洪森、欧盟委员会主席巴罗佐、哈萨克斯坦总理马西莫夫、荷兰首相巴尔克嫩德、越南总理阮晋勇。

5月28日至6月3日，应韩国总统李明博、日本首相鸠山由纪夫、蒙古国总理巴特包勒德和缅甸总理吴登盛邀请，国务院总理温家宝对上述四国进行正式访问，并出席在韩国济州岛举行的第三次中日韩领导人会议。

6月9日，"中菲建交35周年"纪念日这一天，上海世博园菲律宾馆迎来国家馆日。菲律宾总统格洛丽亚·马卡帕加尔·阿罗约出席该馆的庆祝仪式。

8月16—23日，新加坡总统纳丹对中国进行为期8天的访问。

9月2—7日，新加坡总理李显龙对中国进行正式访问。

9月7—11日，应国家主席胡锦涛邀请，缅甸联邦国家和平与发展委员会主席丹瑞对中国进行国事访问。

11月12日，第十六届亚洲运动会在广州开幕。出席开幕式的各国领导人有：巴基斯坦总统扎尔达里、泰国总理阿披实、伊朗副总统赛义德鲁、新加坡副总理张志贤、东帝汶副总理古特雷斯、越南副总理张永仲、不丹亲王吉格耶尔、文莱亲王苏弗里、阿联酋亲王艾哈迈德。

12月13日，应国务院总理温家宝邀请，柬埔寨首相洪森抵达北京，开始对中国进行5天的正式访问。

2011 年

1月20日，越共中央总书记阮富仲在河内会见正在越南访问的胡锦涛总书记特使、中联部部长王家瑞。

2月18日，中共中央总书记、国家主席胡锦涛在人民大会堂会见越共中央总书记阮富仲特使、越共中央对外部部长黄平君。

4月27—30日，应马来西亚总理穆罕默德·纳吉布、印度尼西亚共和国总统苏希洛·班邦·尤多约诺邀请，国务院总理温家宝对上述两国进行正式访问。其中，对马来西亚的访问是温家宝时隔六年之后再次对马来西亚进行访问。

5月26—28日，应国家主席胡锦涛邀请，缅甸联邦共和国总统吴登盛对中国进行国事访问。

6月22日，国务院总理温家宝在中南海紫光阁会见印尼总统苏希洛的特使、经济统筹部长哈达。

8月30日至9月3日，应国家主席胡锦涛邀请，菲律宾总统贝尼尼奥·阿基诺三世对中国进行国事访问。

9月18—21日，应中共中央总书记、国家主席胡锦涛邀请，老挝人民革命党中央总书记、老挝人民民主共和国主席朱马利·赛雅贡对中国进行正式友好访问。

10月10日，国家副主席习近平在人民大会堂会见来访的缅甸总统特使、外交部长吴温纳貌伦。

10月11—15日，应中共中央总书记、国家主席胡锦涛的邀请，越南共产党中央委员会总书记阮富仲对中国进行正式访问。

10月21日，第八届中国—东盟商务与投资峰会在广西南宁开幕。马来西亚总理纳吉布、柬埔寨首相洪森、缅甸副总统吴丁昂敏乌、老挝副总理宋萨瓦、泰国副总理吉滴叻、越南副总理阮春福以及文莱工业和初级资源部部长叶海亚、新加坡贸工部部长林勋强、菲律宾贸工部副部长马拉雅、印尼贸易部部长助理穆赫达塔尔、东盟秘书长素林出席开幕式。

11月17—21日，应东盟轮值主席国印度尼西亚总统苏希洛、文莱苏丹和国家元首哈桑纳尔·博尔基亚邀请，国务院总理温家宝出席在印尼巴厘岛举行的第14次中国—东盟（10＋1）领导人会议暨中国—东盟建立对话关系20周年纪念峰会、第14次东盟与中日韩（10＋3）领导人会议和第六届东亚峰会，并对文莱进行正式访问。

2012 年

3月22—24日,应国家主席胡锦涛的邀请,印度尼西亚共和国总统苏西洛·班邦·尤多约诺对中国进行国事访问。

3月30日至4月2日,应柬埔寨国王诺罗敦·西哈莫尼邀请,国家主席胡锦涛对柬埔寨王国进行国事访问。

4月1日,国务院总理温家宝在广西钦州与马来西亚总理纳吉布共同出席中马钦州产业园区开园仪式。

4月17—19日,应国务院总理温家宝邀请,泰王国总理英拉·西那瓦对中国进行正式访问。

5月28日至6月1日,首届中国(北京)国际服务贸易交易会在北京国家会议中心举办。老挝总理通辛、卡塔尔首相哈马德、津巴布韦总理茨万吉拉伊、肯尼亚副总统穆西约卡、萨摩亚副总理福诺托,世界贸易组织、联合国贸发会议、经合组织负责人等出席开幕式。

9月2日,第二届中国—亚欧博览会暨中国—亚欧经济发展合作论坛在乌鲁木齐市隆重开幕。吉尔吉斯斯坦总统阿坦巴耶夫、柬埔寨首相洪森、哈萨克斯坦总理马西莫夫、塔吉克斯坦总理阿基洛夫等国家元首和政府首脑出席。

9月2—7日,应国务院总理温家宝邀请,新加坡共和国总理李显龙对中国进行正式访问。

9月21日,第九届中国—东盟博览会在广西南宁开幕。缅甸总统吴登盛、老挝总理通辛、越南总理阮晋勇、马来西亚副总理毛希丁、泰国副总理吉滴呦、菲律宾总统特使内政部长罗哈斯等出席。

11月4—6日,国务院总理温家宝应邀赴万象出席第九届亚欧首脑会议并对老挝进行正式访问。

11月18—21日,应东盟轮值主席国柬埔寨王国首相洪森、泰王国总理英拉·钦那瓦邀请,国务院总理温家宝出席在柬埔寨金边举行的第15次中国—东盟(10+1)领导人会议、东盟与中日韩(10+3)合作15周年纪念峰会和第七届东亚峰会,并对柬埔寨和泰国进行正式访问。

2013 年

4月4—7日，文莱苏丹哈桑纳尔·博尔基亚对中国进行为期3天的国事访问并出席博鳌亚洲论坛2013年年会。

4月7日，博鳌亚洲论坛2013年年会在海南省博鳌开幕。文莱苏丹哈桑纳尔·博尔基亚、哈萨克斯坦总统纳扎尔巴耶夫、缅甸总统吴登盛、秘鲁总统乌马拉、赞比亚总统萨塔、芬兰总统尼尼斯托、墨西哥总统培尼亚、柬埔寨首相洪森、新西兰总理约翰·基、澳大利亚总理吉拉德、阿尔及利亚民族院议长本萨拉赫、蒙古国家大呼拉尔主席恩赫包勒德、第67届联合国大会主席耶雷米奇等外国领导人和国际组织负责人应邀来华出席年会。

6月19—21日，应国家主席习近平邀请，越南社会主义共和国主席张晋创对中国进行国事访问。

8月16日，第二届亚洲青年运动会开幕式在江苏省南京市奥林匹克体育中心体育馆举行。柬埔寨国王诺罗敦·西哈莫尼出席开幕式。

8月25—31日，应国务院总理李克强邀请，新加坡共和国总理李显龙对中国进行正式访问。

9月3日，第十届中国—东盟博览会和中国—东盟商务与投资峰会在广西南宁国际会展中心开幕。缅甸总统吴登盛、柬埔寨首相洪森、老挝总理通辛、泰国总理英拉、越南总理阮晋勇和新加坡副总理张志贤出席。

9月26—30日，应中共中央总书记、国家主席习近平邀请，老挝人民革命党中央总书记、国家主席朱马里偕夫人对中国进行正式友好访问。

10月2—8日，国家主席习近平对印度尼西亚、马来西亚进行国事访问并出席在印尼巴厘岛举行的亚太经济合作组织（APEC）第二十一次领导人非正式会议。

10月9—15日，应东盟轮值主席国文莱达鲁萨兰国苏丹哈桑纳尔·博尔基亚、泰王国总理英拉·西那瓦、越南社会主义共和国总理阮晋勇邀请，国务院总理李克强出席在文莱斯里巴加湾市举行的第16次中国—东盟（10＋1）领导人会议、第16次东盟与中日韩（10＋3）领导人会议和第八届东亚峰会，并对文莱、泰国、越南进行正式访问。

2014 年

4 月 8—12 日，应国务院总理李克强邀请，老挝人民民主共和国总理通邢·塔马冯对中国进行正式访问并出席博鳌亚洲论坛 2014 年年会。

4 月 10 日，博鳌亚洲论坛 2014 年年会在海南博鳌开幕。澳大利亚总理阿博特、韩国总理郑烘原、老挝总理通邢、纳米比亚总理根哥布、巴基斯坦总理谢里夫、东帝汶总理沙纳纳、俄罗斯副总理德沃尔科维奇、越南副总理武德担等出席。

5 月 20—21 日，亚洲相互协作与信任措施会议第四次峰会在上海举行。峰会期间，俄罗斯总统普京、哈萨克斯坦总统纳扎尔巴耶夫、吉尔吉斯斯坦总统阿坦巴耶夫和伊朗总统鲁哈尼四位国家元首访华，阿富汗总统卡尔扎伊、阿塞拜疆总统阿利耶夫、蒙古国总统额勒贝格道尔吉、巴基斯坦总统侯赛因、塔吉克斯坦总统拉赫蒙、柬埔寨首相洪森、联合国秘书长潘基文等国家元首、政府首脑、国际组织负责人与会。

5 月 27 日至 6 月 1 日，应国务院总理李克强邀请，马来西亚总理达图·斯里·穆罕默德·纳吉布·宾·敦·阿卜杜尔·拉扎克对中国进行正式访问。

7 月 28 日，中共中央总书记、国家主席习近平在人民大会堂同老挝人民革命党中央总书记、国家主席朱马里举行会谈。

6 月 27—30 日，应国家主席习近平邀请，缅甸联邦共和国总统吴登盛对中国进行国事访问。

9 月 3—8 日，应国家主席习近平邀请，马来西亚最高元首哈利姆对中国进行国事访问。

11 月 8 日，加强互联互通伙伴关系对话会在北京钓鱼台国宾馆举行。出席对话会的各国领导人及国际组织负责人有：孟加拉国总统哈米德、老挝国家主席朱马里、蒙古国总统额勒贝格道尔吉、缅甸总统吴登盛、塔吉克斯坦总统拉赫蒙、柬埔寨首相洪森、巴基斯坦总理谢里夫，联合国亚太经社会执行秘书阿赫塔尔、上海合作组织秘书长梅津采夫。

11 月 10—11 日，2014 年亚太经合组织（APEC）第二十二次领导人非正式会议在北京举行。会议期间，中国国家主席习近平分别会见了缅甸总统吴登盛、孟加拉国总统哈米德、老挝人民民主共和国国家主席朱马里、巴基斯坦总理谢里夫、蒙古国总统额勒贝格道尔吉、印度尼西亚总统佐科、加拿大总理哈珀、泰国总理巴育、新加坡总理李显龙、俄罗斯总统普京、马来西亚总理纳吉布、日本首相安倍晋三、文莱苏丹哈桑纳尔、越南国家主席张晋创、巴布亚新几内亚总理奥尼尔、韩国总统朴槿惠、菲律宾总统阿基诺、秘鲁总统乌马拉、智利总统巴切莱特、美国总统奥巴马、墨西哥总统培尼亚等多国领导人。

11月12—14日，应东盟轮值主席国缅甸联邦共和国总统吴登盛邀请，国务院总理李克强出席在缅甸内比都举行的第十七次中国—东盟（10＋1）领导人会议、第十七次东盟与中日韩（10＋3）领导人会议和第九届东亚峰会，并对缅甸进行正式访问。

12月19日，应泰王国总理巴育·占奥差邀请，国务院总理李克强赴泰国曼谷出席大湄公河次区域经济合作领导人第五次会议。

12月22—23日，应国务院总理李克强邀请，泰王国总理巴育·占奥差对中国进行正式访问。

2015 年

3月25—28日，应国家主席习近平邀请，印度尼西亚共和国总统佐科·维多多对中国进行国事访问并出席博鳌亚洲论坛2015年年会。

3月28日，博鳌亚洲论坛2015年年会在海南博鳌开幕。亚美尼亚总统萨尔基相、奥地利总统菲舍尔、印度尼西亚总统佐科、尼泊尔总统亚达夫、斯里兰卡总统西里塞纳、乌干达总统穆塞韦尼、赞比亚总统伦古、澳大利亚总督科斯格罗夫、哈萨克斯坦总理马西莫夫、马来西亚总理纳吉布、荷兰首相吕特、瑞典首相勒文、卡塔尔副首相阿勒马哈茂德、俄罗斯第一副总理舒瓦洛夫、泰国副总理兼外长他纳萨等外国领导人出席。

4月7—10日，应中共中央总书记、国家主席习近平邀请，越共中央总书记阮富仲对中国进行正式访问。

4月21日，国家主席习近平抵达印度尼西亚首都雅加达，应印度尼西亚共和国总统佐科邀请出席亚非领导人会议和万隆会议60周年纪念活动。

6月29日至7月4日，应国家主席习近平邀请，新加坡共和国总统陈庆炎对中国进行国事访问。

9月3日，纪念中国人民抗日战争暨世界反法西斯战争胜利70周年大会在北京隆重举行。出席纪念大会的外国嘉宾有：白俄罗斯总统卢卡申科，波黑主席团主席乔维奇，柬埔寨国王西哈莫尼，捷克总统泽曼，刚果民主共和国总统卡比拉，埃及总统塞西，哈萨克斯坦总统纳扎尔巴耶夫，吉尔吉斯斯坦总统阿塔姆巴耶夫，老挝国家主席朱马里，蒙古国总统额勒贝格道尔吉，缅甸总统吴登盛，巴基斯坦总统侯赛因，巴布亚新几内亚总督奥吉奥，韩国总统朴槿惠，俄罗斯总统普京，塞尔维亚总统尼科利奇，南非总统祖马，苏丹总统巴希尔，塔吉克斯坦总统拉赫蒙，东帝汶总统鲁瓦克，乌兹别克斯坦总统卡里莫夫，委内瑞拉总统马杜罗，越南国家主席张晋创，埃塞俄比亚总理海尔马里亚姆，瓦努阿图总理基尔曼，阿根廷总统代表、副总统兼参议长布杜，古巴国务委员会第一副主席兼部长会议第一副主席迪亚斯—卡内尔，阿尔及利亚总统代表、民族院议长本·萨拉赫，波兰众议长基达瓦—布翁斯卡，朝鲜劳动党中央政治局委员、党中央书记崔龙海，泰国总理代表、副总理兼国防部长巴维，印度尼西亚总统特使、人类发展与文化统筹部长普安，澳大利亚政府代表、退伍军人事务部长罗纳尔森，巴西总统代表、国防部长瓦格纳，法国政府代表、外长法比尤斯，匈牙利政府代表、外长西亚尔托，印度政府代表、外交国务部长辛格，意大利政府代表、外交与国际合作部长真蒂洛尼，利比亚政府代表、外长达伊里，马来西亚政府特使、总理对华事务特使黄家定，荷兰政府特使、国务大臣威灵克，突尼斯总统代表、国防部长奥沙尼，新西兰总理特使、前副总理麦金农，新加坡政府特使、前副总理黄根成，英国首相特使、前司法大臣克拉克，加拿大政府代表、驻华大使赵朴，德国政府代表、驻华大使柯慕贤，卢森堡政府代表、驻华大使石泰嵋，美国政府代表、驻华大使博卡斯，欧盟驻华代表团团长史伟，联合国秘书长潘基文，世界卫生组织总干事陈冯富珍，联合国教科文组织总干事博科娃，联合国工业发展总干事李勇，红十字国际委员会主席莫雷尔，上海合作组织秘书长梅津采夫，上海合作组织地区反恐机构执委会主任张新枫，独联体执行秘书列别杰夫，集体安全条约组织秘书长博尔久扎，亚信秘书处执行主任宫建伟，德国前总理施罗德，菲律宾前总统、马尼拉市市长埃斯特拉达，圣马力诺前执政官、圣中友协主席泰伦齐，东帝汶前总统奥尔塔，英国前首相布莱尔。

10月14日，亚洲政党丝绸之路专题会议在北京开幕。塞浦路斯总统阿纳斯塔夏季斯，柬埔寨人民党主席、首相洪森，蒙古民主党主席、议长赞·恩赫包勒德，格鲁吉亚议长乌苏帕什维利，亚洲政党国际会议联合主席德贝内西亚出席开幕式并分别致辞。

11月5—6日，应越南共产党中央委员会总书记阮富仲、越南社会主义共和国主席张晋创邀请，中共中央总书记、国家主席习近平对越南进行国事访问。

11月6—7日，应新加坡共和国总统陈庆炎邀请，国家主席习近平对新加坡进行国事访问。

11月17—19日，应菲律宾共和国总统阿基诺邀请，国家主席习近平赴菲律宾马尼拉出席亚太经合组织第二十三次领导人非正式会议。

11月20—23日，应东盟轮值主席国马来西亚总理纳吉布邀请，国务院总理李克强出席在马来西亚吉隆坡举行的第十八次中国—东盟（10＋1）领导人会议、第十八次东盟与中日韩（10＋3）领导人会议和第十届东亚峰会，并对马来西亚进行正式访问。

2016 年

3月23日，澜沧江—湄公河合作首次领导人会议在海南三亚国际会议中心举行，泰国总理巴育、柬埔寨首相洪森、老挝总理通邢、缅甸副总统赛茂康和越南副总理范平明出席。

3月24日，博鳌亚洲论坛2016年年会开幕，柬埔寨首相洪森、老挝总理通邢、立陶宛总理布特克维丘斯、尼泊尔总理奥利、泰国总理巴育、印尼副总统卡拉、缅甸副总统赛茂康、哈萨克斯坦第一副总理萨金塔耶夫、韩国副总理柳一镐、俄罗斯副总理德沃尔科维奇、越南副总理范平明等出席。

5月3—5日，应中共中央总书记、国家主席习近平邀请，老挝人民革命党中央委员会总书记、老挝人民民主共和国主席本扬·沃拉吉对中国进行正式友好访问。

6月2—4日，应国家主席习近平邀请，柬埔寨王国诺罗敦·西哈莫尼国王对中国进行国事访问。

8月17—21日，应国务院总理李克强邀请，缅甸联邦共和国国务资政昂山素季对中国进行正式访问。这是缅新一届政府成立以来，缅甸领导人首次访华。国务资政是缅甸本届政府新设立的领导职位，在缅国家机构职位礼宾排名中在总统之后，其他领导人之前。

9月4—5日，二十国集团（G20）领导人第十一次峰会在杭州举办，二十国集团成员和嘉宾国领导人、有关国际组织负责人出席。国家主席习近平分别会见加拿大总理特鲁多、沙特王储继承人穆罕默德、印度尼西亚总统佐科、塞内加尔总统萨勒、老挝国家主席本扬、巴西总统特梅尔、新加坡总理李显龙、美国总统奥巴马、阿根廷总统马克里、南非总统祖马、土耳其总统埃尔多安、乍得总统代比、意大利总理伦齐、俄罗斯总统普京、埃及总统塞西、墨西哥总统培尼亚、印度总理莫迪、澳大利亚总理特恩布尔、泰国总理巴育、法国总统奥朗德、韩国总统朴槿惠、西班牙首相拉霍伊、德国总理默克尔、英国首相特蕾莎·梅、日本首相安倍晋三，与哈萨克斯坦总统纳扎尔巴耶夫举行会谈。

9月6—9日，应东盟轮值主席国老挝总理通伦邀请，国务院总理李克强出席在老挝万象举行的第十九次中国—东盟（10＋1）领导人会议暨中国—东盟建立对话关系25周年纪念峰会、第十九次东盟与中日韩（10＋3）领导人会议和第十一届东亚峰会，并对老挝进行正式访问。

9月10—15日，应国务院总理李克强邀请，越南社会主义共和国政府总理阮春福对中国进行正式访问。

9月11—14日，中国—东盟博览会、中国—东盟商务与投资峰会在广西南宁举行，越南总理阮春福、柬埔寨首相洪森、缅甸副总统吴敏瑞、老挝副总理宋赛、泰国副总理巴金出席开幕式并分别致辞。

10月13—17日，应柬埔寨王国国王西哈莫尼邀请，国家主席习近平对柬埔寨进行国事访问。

10月18—21日，应国家主席习近平邀请，菲律宾共和国总统罗德里戈·罗亚·杜特尔特对中国进行国事访问。

10月31日至11月5日，应国务院总理李克强邀请，马来西亚总理纳吉布对中国进行正式访问。

11月28日至12月1日，应国务院总理李克强邀请，老挝政府总理通伦对中国进行正式访问。

2017 年

1 月 12—15 日，应中共中央总书记、国家主席习近平的邀请，越南共产党中央委员会总书记阮富仲对中国进行正式访问。

4 月 6—11 日，应国家主席习近平邀请，缅甸联邦共和国总统吴廷觉对中国进行国事访问。

5 月 11—15 日，应国家主席习近平邀请，越南主席陈大光对中国进行国事访问并出席"一带一路"国际合作高峰论坛。

5 月 13—17 日，应国务院总理李克强邀请，柬埔寨王国首相洪森对中国进行正式访问并出席"一带一路"国际合作高峰论坛。

5 月 14—15 日，"一带一路"国际合作高峰论坛在北京举行。5 月 15 日，"一带一路"国际合作高峰论坛圆桌峰会在北京举行，阿根廷总统马克里、白俄罗斯总统卢卡申科、智利总统巴切莱特、捷克总统泽曼、印度尼西亚总统佐科、哈萨克斯坦总统纳扎尔巴耶夫、肯尼亚总统肯雅塔、吉尔吉斯斯坦总统阿坦巴耶夫、老挝国家主席本扬、菲律宾总统杜特尔特、俄罗斯总统普京、瑞士联邦主席洛伊特哈德、土耳其总统埃尔多安、乌兹别克斯坦总统米尔济约耶夫、越南国家主席陈大光、柬埔寨首相洪森、埃塞俄比亚总理海尔马里亚姆、斐济总理姆拜尼马拉马、希腊总理齐普拉斯、匈牙利总理欧尔班、意大利总理真蒂洛尼、马来西亚总理纳吉布、蒙古国总理额尔登巴特、缅甸国务资政昂山素季、巴基斯坦总理谢里夫、波兰总理希德沃、塞尔维亚总理武契奇、西班牙首相拉霍伊、斯里兰卡总理维克勒马辛哈、联合国秘书长古特雷斯、世界银行行长金墉、国际货币基金组织总裁拉加德出席会议。

9 月 5 日，新兴市场国家与发展中国家对话会在厦门举办。金砖国家领导人巴西总统特梅尔、俄罗斯总统普京、印度总理莫迪、南非总统祖马和对话会受邀国领导人埃及总统塞西、几内亚总统孔戴、墨西哥总统培尼亚、塔吉克斯坦总统拉赫蒙、泰国总理巴育出席对话会。

9 月 12—14 日，文莱苏丹哈桑纳尔·博尔基亚对中国进行国事访问，并出席第 13 届中国—东盟博览会。

9 月 12 日，第十四届中国—东盟博览会和中国—东盟商务与投资峰会在广西南宁开幕。文莱苏丹哈桑纳尔·博尔基亚、柬埔寨首相洪森、越南常务副总理张和平、老挝副总理宋赛、哈萨克斯坦第一副总理马明出席了开幕式并分别致辞。

9 月 19—21 日，应国务院总理李克强邀请，新加坡共和国总理李显龙对中国进行正式访问。

11 月 10—11 日，应越南社会主义共和国主席陈大光邀请，国家主席习近平赴越南岘港出席亚太经合组织（APEC）第二十五次领导人非正式会议。

11 月 12—14 日，应越南共产党中央委员会总书记阮富仲、越南社会主义共和国主席陈大光，老挝人民革命党中央委员会总书记、老挝人民民主共和国主席本扬邀请，中共中央总书记、国家主席习近平对越南、老挝进行国事访问。

11 月 12—16 日，应东盟轮值主席国菲律宾总统杜特尔特邀请，国务院总理李克强出席在菲律宾马尼拉举行的第 20 次中国—东盟（10＋1）领导人会议、第 20 次东盟与中日韩（10＋3）领导人会议和第 12 届东亚峰会等活动，并对菲律宾进行正式访问。

11 月 30 日至 12 月 3 日，中国共产党与世界政党高层对话会在北京举行。12 月 1 日，中共中央总书记、国家主席习近平在人民大会堂出席中国共产党与世界政党高层对话会开幕式。开幕式后，高层对话会举行第一次全体会议。柬埔寨人民党主席、政府首相洪森，缅甸国务资政昂山素季，俄罗斯"统一俄罗斯"党总委员会主席团副书记热列兹尼亚克，美国共和党全国委员会司库安东尼·帕克，埃塞俄比亚人民革命民主阵线副主席、政府副总理德梅克等出席。

2018 年

1 月 10—11 日，应柬埔寨王国首相洪森邀请，国务院总理李克强赴柬埔寨金边出席澜湄合作第二次领导人会议并对柬埔寨进行正式访问。

4 月 8—12 日，新加坡总理李显龙应邀对中国进行工作访问并出席博鳌亚洲论坛 2018 年年会。

4 月 8—11 日，博鳌亚洲论坛 2018 年年会在海南博鳌举办。奥地利总统范德贝伦、菲律宾总统杜特尔特、蒙古国总理呼日勒苏赫、荷兰首相吕特、巴基斯坦总理阿巴西、新加坡总理李显龙、联合国秘书长古特雷斯、国际货币基金组织总裁拉加德等外方领导人出席。

5月6—8日，应印度尼西亚共和国总统佐科·维多多邀请，国务院总理李克强对印度尼西亚进行正式访问。

5月30日，中共中央总书记、国家主席习近平在北京同来华访问的老挝人民革命党中央总书记、国家主席本扬·沃拉吉举行会谈。

8月17—21日，应国务院总理李克强邀请，马来西亚总理马哈蒂尔对中国进行正式访问。

9月12日，第15届中国—东盟博览会、中国—东盟商务与投资峰会，在广西南宁拉开帷幕。本届博览会以"共建21世纪海上丝绸之路，构建中国—东盟创新共同体"为主题，持续至9月15日。第15届中国—东盟博览会主题国柬埔寨首相洪森、副首相贺南洪，缅甸副总统敏瑞，越共中央政治局委员、越南副总理王庭惠，老挝副总理兼财政部长宋迪，特邀合作伙伴坦桑尼亚桑给巴尔革命政府第二副总统赛义夫·阿里·伊迪，泰国科技部部长素威·梅信西，文莱外交与贸易部第二部长艾瑞万，新加坡贸工部兼国家发展部高级政务部长许宝琨、马来西亚国际贸易与工业部副部长王建民、菲律宾贸工部副部长诺拉·克拉多、印度尼西亚贸易部国家出口发展总司长阿琳达、东盟副秘书长阿拉丁·里诺等出席第15届中国—东盟博览会和商务与投资峰会开幕大会。

11月5—10日，首届中国国际进口博览会在上海开幕。捷克总统泽曼、多米尼加总统梅迪纳、萨尔瓦多总统桑切斯、肯尼亚总统肯雅塔、立陶宛总统格里包斯凯特、克罗地亚总理普连科维奇、埃及总理马德布利、格鲁吉亚总理巴赫塔泽、匈牙利总理欧尔班、老挝总理通伦、马耳他总理穆斯卡特、巴基斯坦总理伊姆兰·汗、俄罗斯总理梅德韦杰夫、越南总理阮春福、英国约克公爵安德鲁王子、国际货币基金组织总裁拉加德、世界银行行长金墉、世界贸易组织总干事阿泽维多等外方领导人出席。

11月12—16日，应新加坡总理李显龙邀请，国务院总理李克强对新加坡进行正式访问并出席第21次中国—东盟（10＋1）领导人会议、第21次东盟与中日韩（10＋3）领导人会议和第13届东亚峰会。

11月18—21日，应文莱达鲁萨兰国苏丹哈桑纳尔、菲律宾总统杜特尔特邀请，国家主席习近平对文莱、菲律宾进行国事访问。此系习近平主席对两国首访,也是中国国家元首时隔13年再次往访。

2019 年

1月20—23日,应国务院总理李克强邀请,柬埔寨首相洪森对中国进行正式访问。此访是洪森首相2019年首次出访。

3月28日,博鳌亚洲论坛2019年年会在海南博鳌开幕,老挝总理通伦、韩国总理李洛渊、卢森堡首相贝泰尔、圣多美和普林西比总理热苏斯等出席。

4月25日至5月1日,应中共中央总书记、国家主席习近平邀请,老挝人民革命党中央总书记、国家主席本扬·沃拉吉对中国进行国事访问并出席第二届"一带一路"国际合作高峰论坛。

4月25—27日,中国在北京主办第二届"一带一路"国际合作高峰论坛。4月27日,主题为"共建'一带一路'、开创美好未来"的第二届"一带一路"国际合作高峰论坛领导人圆桌峰会举行,阿塞拜疆总统阿利耶夫,白俄罗斯总统卢卡申科,文莱苏丹哈桑纳尔,智利总统皮涅拉,塞浦路斯总统阿纳斯塔夏季斯,捷克总统泽曼,吉布提总统盖莱,埃及总统塞西,哈萨克斯坦总统纳扎尔巴耶夫,肯尼亚总统肯雅塔,吉尔吉斯斯坦总统热恩别科夫,老挝国家主席本扬,蒙古国总统巴特图勒嘎,莫桑比克总统纽西,尼泊尔总统班达里,菲律宾总统杜特尔特,葡萄牙总统德索萨,俄罗斯总统普京,塞尔维亚总统武契奇,瑞士联邦主席毛雷尔,塔吉克斯坦总统拉赫蒙,乌兹别克斯坦总统米尔济约耶夫,阿联酋副总统兼总理、迪拜酋长穆罕默德,奥地利总理库尔茨,柬埔寨首相洪森,埃塞俄比亚总理阿比,希腊总理齐普拉斯,匈牙利总理欧尔班,意大利总理孔特,马来西亚总理马哈蒂尔,缅甸国务资政昂山素季,巴基斯坦总理伊姆兰·汗,巴布亚新几内亚总理奥尼尔,新加坡总理李显龙,泰国总理巴育,越南总理阮春福,印度尼西亚副总统卡拉,联合国秘书长古特雷斯、国际货币基金组织总裁拉加德出席会议。

4月28日,2019年中国北京世界园艺博览会在北京开幕。刚刚参加完第二届"一带一路"国际合作高峰论坛的捷克总统泽曼、吉布提总统盖莱、吉尔吉斯斯坦总统热恩别科夫、尼泊尔总统班达里、塔吉克斯坦总统拉赫蒙、柬埔寨首相洪森、缅甸国务资政昂山素季、巴基斯坦总理伊姆兰·汗、新加坡总理李显龙、日本首相特别代表二阶俊博等外方领导人出席。

5月15日，亚洲文明对话大会在北京开幕。柬埔寨、希腊、新加坡、斯里兰卡、亚美尼亚等国家元首和政府首脑，蒙古国领导人，联合国教科文组织等国际组织负责人出席大会。

8月28日至9月1日，应国家主席习近平邀请，菲律宾共和国总统杜特尔特访问中国。

11月2—5日，应泰国总理巴育·占奥差邀请，国务院总理李克强出席在泰国举行的第22次中国—东盟（10＋1）领导人会议、第22次东盟与中日韩（10＋3）领导人会议和第14届东亚峰会（EAS），并对泰国进行正式访问。

2020 年

1月5—9日，应国务院总理李克强邀请，老挝政府总理通伦对中国进行正式访问。

1月17—18日，应缅甸联邦共和国总统温敏邀请，国家主席习近平对缅甸进行国事访问。这是时隔19年，中国最高领导人再次访问缅甸。

2月5日，柬埔寨首相洪森临时决定到访中国，以"展示柬埔寨政府和人民对中国政府和人民抗击疫情的大力支持"。洪森首相是新冠疫情暴发后首位访问中国的外国领导人。

7月21日，国务院总理李克强在人民大会堂应约同老挝总理通伦举行视频会晤。

2021 年

5月21日，国务院总理李克强在北京中南海紫光阁同马来西亚总理穆希丁举行视频会晤。

11月15日，国务院总理李克强在北京中南海紫光阁同柬埔寨首相洪森举行视频会晤。

12月3日，中共中央总书记、国家主席习近平在北京同老挝人民革命党中央总书记、国家主席通伦举行视频会晤。

2022 年

2 月 4—20 日，北京举办 2022 年冬奥会。出席北京 2022 年冬奥会开幕式及相关活动的国际政要有：俄罗斯总统普京、柬埔寨国王西哈莫尼、新加坡总统哈莉玛、哈萨克斯坦总统托卡耶夫、吉尔吉斯斯坦总统扎帕罗夫、塔吉克斯坦总统拉赫蒙、土库曼斯坦总统别尔德穆哈梅多夫、乌兹别克斯坦总统米尔济约耶夫、埃及总统塞西、沙特王储穆罕默德、卡塔尔埃米尔塔米姆、阿联酋阿布扎比王储穆罕默德、波兰总统杜达、塞尔维亚总统武契奇、卢森堡大公亨利、摩纳哥亲王阿尔贝二世、阿根廷总统费尔南德斯、厄瓜多尔总统拉索、蒙古国总理奥云额尔登、巴基斯坦总理伊姆兰·汗、波黑部长会议主席特盖尔蒂亚、巴布亚新几内亚总理马拉佩、韩国国会议长朴炳锡、阿塞拜疆副总理阿赫梅多夫、泰国公主诗琳通及国际奥委会主席巴赫、联合国秘书长古特雷斯、联大主席沙希德、世界卫生组织总干事谭德塞、世界知识产权组织总干事邓鸿森、新开发银行行长特罗约、上海合作组织秘书长张明等。

7 月 25—26 日，应国家主席习近平邀请，印度尼西亚共和国总统佐科·维多多访问中国。这是北京冬奥会后中方接待的首位外国元首。

10 月 30 日至 11 月 1 日，应中共中央总书记、国家主席习近平邀请，越南共产党中央委员会总书记阮富仲对中国进行正式访问。

11 月 8—13 日，应柬埔寨王国首相洪森邀请，国务院总理李克强赴柬埔寨出席第 25 次中国—东盟（10＋1）领导人会议、第 25 次东盟与中日韩（10＋3）领导人会议和第 17 届东亚峰会（EAS）并对柬埔寨进行正式访问。

11 月 14—17 日，应印度尼西亚共和国总统佐科邀请，国家主席习近平赴印尼巴厘岛出席二十国集团（G20）领导人第十七次峰会。

11 月 17—19 日，应泰王国总理巴育·占奥差邀请，国家主席习近平赴泰国曼谷出席亚太经合组织（APEC）第二十九次领导人非正式会议并对泰国进行访问。

11 月 29 日至 12 月 1 日，应中共中央总书记、国家主席习近平邀请，老挝人革党中央总书记、国家主席通伦对中国进行国事访问。

2023 年

1 月 3—5 日，应国家主席习近平邀请，菲律宾共和国总统费迪南德·罗慕尔德兹·马科斯对中国进行国事访问。

2 月 9—11 日，应国务院总理李克强邀请，柬埔寨王国首相洪森对中国进行正式访问。

3 月 30 日，博鳌亚洲论坛 2023 年年会在海南开幕，新加坡总理李显龙、马来西亚总理安瓦尔、西班牙首相桑切斯、科特迪瓦总理阿希以及国际货币基金组织总裁格奥尔基耶娃应邀出席年会。应国务院总理李强邀请，新加坡总理李显龙、马来西亚总理安瓦尔、西班牙首相桑切斯结合出席年会对中国进行正式访问。

6 月 25—28 日，应国务院总理李强邀请，越南总理范明政对中国进行正式访问，并出席在天津举行的第十四届夏季达沃斯论坛。

7 月 28 日，第三十一届世界大学生夏季运动会在四川省成都市隆重开幕。出席开幕式的国际贵宾有：印度尼西亚总统佐科和夫人伊莉亚娜、毛里塔尼亚总统加兹瓦尼、布隆迪总统恩达伊施米耶、圭亚那总统阿里、格鲁吉亚总理加里巴什维利。印度尼西亚总统佐科来华出席开幕式并访华。

9 月 5 日，应东盟轮值主席国印度尼西亚总统佐科和印度共和国政府邀请，国务院总理李强赴印度尼西亚出席东亚合作领导人系列会议并对印度尼西亚进行正式访问，赴印度出席二十国集团领导人第十八次峰会。

9 月 14—16 日，应国务院总理李强邀请，柬埔寨首相洪玛奈对中国进行正式访问。洪玛奈于 2023 年 8 月接替长期领导柬埔寨的父亲洪森，担任首相一职。洪玛奈选择中国作为其组阁后正式访问的首个国家，此次访华是他就任以来首次正式访问。

9 月 17 日，第二十届中国—东盟博览会和中国—东盟商务与投资峰会在广西南宁开幕。柬埔寨首相洪玛奈、老挝总理宋赛、马来西亚总理安瓦尔、越南总理范明政、印度尼西亚副总统马鲁夫、泰国副总理兼商业部长普坦、东盟秘书长高金洪等出席。

9 月 23 日，第十九届亚洲运动会在浙江省杭州市隆重开幕。出席开幕式的国际贵宾有：柬埔寨国王西哈莫尼、叙利亚总统巴沙尔和夫人阿斯玛、科威特王储米沙勒、尼泊尔总理普拉昌达、东帝汶总理夏纳纳、韩国总理韩德洙、马来西亚下议院议长佐哈里和夫人诺莱妮，以及文莱苏丹代表苏弗里亲王、卡塔尔埃米尔代表焦安亲王、约旦亲王费萨尔、泰国公主希里婉瓦丽等王室代表。

10 月 16—18 日，应国家主席习近平邀请，印度尼西亚共和国总统佐科·维多多来华出席第三届"一带一路"国际合作高峰论坛，并对中国进行国事访问。

10 月 17—18 日，第三届"一带一路"国际合作高峰论坛在北京举行。阿根廷总统费尔南德斯，智利总统博里奇，刚果共和国总统萨苏，印度尼西亚总统佐科，哈萨克斯坦总统托卡耶夫，肯尼亚总统鲁托，老挝国家主席通伦，蒙古国总统呼日勒苏赫，俄罗斯总统普京，塞尔维亚总统武契奇，斯里兰卡总统维克拉马辛哈，土库曼斯坦民族领袖、人民委员会主席别尔德穆哈梅多夫，乌兹别克斯坦总统米尔济约耶夫，越南国家主席武文赏，柬埔寨首相洪玛奈，埃及总理马德布利，埃塞俄比亚总理阿比，匈牙利总理欧尔班，莫桑比克总理马莱阿内，巴基斯坦总理卡卡尔，巴布亚新几内亚总理马拉佩，泰国总理赛塔，尼日利亚副总统谢蒂马，阿联酋总统特别代表、哈伊马角酋长国酋长卡西米，法国总统特别代表、前总理拉法兰，希腊总理高级代表、发展部部长斯克雷卡斯等 20 多国国家元首、政府首脑、高级代表，以及联合国秘书长古特雷斯、新开发银行行长罗塞夫等国际组织负责人出席开幕式。习近平主席同出席第三届"一带一路"国际合作高峰论坛的所有外方领导人都举行了会谈会见。老挝人民革命党中央总书记、国家主席通伦来华出席第三届"一带一路"国际合作高峰论坛并进行工作访问。

附 录 2

中国对外签署自由贸易协定（FTA）的
时间表（截至 2023 年年底）

签约对象	签署重要协议的时间
中国—东盟	2002 年 11 月，签署《中国—东盟全面经济合作框架协议》 2004 年 11 月，签署《中国—东盟全面经济合作框架协议货物贸易协议》和《服务贸易协议》 2009 年 8 月，签署《投资协议》 2010 年 10 月，签署《〈中国—东盟全面经济合作框架协议货物贸易协议〉第二议定书》 2011 年 11 月，签署《关于实施中国—东盟自贸区〈服务贸易协议〉第二批具体承诺的议定书》 2012 年 11 月，签署《关于修订〈中国—东盟全面经济合作框架协议〉的第三议定书》、《关于在〈中国—东盟全面经济合作框架协议〉下〈货物贸易协议〉中纳入技术性贸易壁垒和卫生与植物卫生措施章节的议定书》 2015 年 11 月，签署《中华人民共和国与东南亚国家联盟关于修订〈中国—东盟全面经济合作框架协议〉及项下部分协议的议定书》
中国—智利	2005 年 11 月，签署《中华人民共和国政府和智利共和国政府自由贸易协定》 2008 年 4 月，签署《中华人民共和国政府和智利共和国政府自由贸易协定关于服务贸易的补充协定》 2012 年 9 月，签署《中华人民共和国政府与智利共和国政府自由贸易协定中关于投资的补充协定》 2017 年 11 月，签署《中华人民共和国政府与智利共和国政府关于修订〈自由贸易协定〉及〈自由贸易协定关于服务贸易的补充协定〉的议定书》

续表

签约对象	签署重要协议的时间
中国—巴基斯坦	2003年11月，签署《中华人民共和国政府与巴基斯坦伊斯兰共和国政府优惠贸易安排》 2006年11月，签署《中国—巴基斯坦自由贸易协定》 2008年10月，签署《中国—巴基斯坦自由贸易协定补充议定书》 2009年2月，签署《中国—巴基斯坦自贸区服务贸易协定》 2015年4月，签署《中华人民共和国政府和巴基斯坦伊斯兰共和国政府自由贸易区服务贸易协定银行业服务议定书》 2019年4月，签署《中华人民共和国政府和巴基斯坦伊斯兰共和国政府关于修订〈自由贸易协定〉的议定书》
中国—新西兰	2008年4月，签署《中华人民共和国政府和新西兰政府自由贸易协定》 2021年1月，签署《中华人民共和国政府与新西兰政府关于升级〈中华人民共和国政府与新西兰政府自由贸易协定〉的议定书》
中国—新加坡	2008年10月，签署《中华人民共和国政府和新加坡共和国政府自由贸易协定》 2011年8月，签署《关于修改〈中华人民共和国政府和新加坡共和国政府自由贸易协定〉的议定书》 2018年11月，签署《中华人民共和国政府与新加坡共和国政府关于升级〈自由贸易协定〉的议定书》 2023年12月，签署中华人民共和国政府和新加坡共和国政府关于进一步升级《自由贸易协定》的议定书
中国—秘鲁	2009年4月，签署《中华人民共和国政府和秘鲁共和国政府自由贸易协定》
中国—哥斯达黎加	2010年4月，签署《中华人民共和国政府和哥斯达黎加共和国政府自由贸易协定》
中国—冰岛	2013年4月，签署《中华人民共和国政府和冰岛政府自由贸易协定》
中国—瑞士	2013年8月，签署《中华人民共和国政府和瑞士联邦政府自由贸易协定》

续表

签约对象	签署重要协议的时间
中国—韩国	2015 年 6 月,签署《中华人民共和国政府和大韩民国政府自由贸易协定》
中国—澳大利亚	2015 年 6 月,签署《中华人民共和国政府和澳大利亚政府自由贸易协定》
中国—格鲁吉亚	2017 年 5 月,签署《中华人民共和国政府和格鲁吉亚政府自由贸易协定》
中国—马尔代夫	2017 年 12 月,签署《中华人民共和国政府和马尔代夫共和国政府自由贸易协定》
中国—毛里求斯	2019 年 10 月,签署《中华人民共和国政府和毛里求斯共和国政府自由贸易协定》
中国—柬埔寨	2020 年 10 月,签署《中华人民共和国政府和柬埔寨王国政府自由贸易协定》
RCEP	2020 年 11 月,签署《区域全面经济伙伴关系协定》(RCEP)
中国—厄瓜多尔	2022 年 7 月,签署《中华人民共和国政府与尼加拉瓜共和国政府关于自由贸易协定早期收获的安排》 2023 年 5 月,签署《中华人民共和国政府和厄瓜多尔共和国政府自由贸易协定》
中国—尼加拉瓜	2023 年 8 月,签署《中华人民共和国政府和尼加拉瓜共和国政府自由贸易协定》
中国—塞尔维亚	2023 年 10 月,签署《中华人民共和国政府和塞尔维亚共和国政府自由贸易协定》

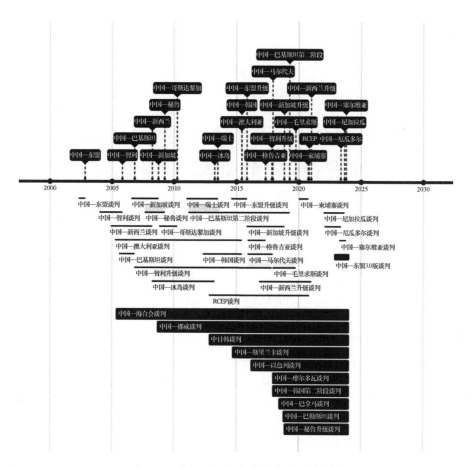

附 1-1　中国自贸区战略演进阶段示意图

注：时间轴上方，标签表示中国与对象国家/地区签署自贸协定的时间。时间轴下方，横线表示中国与对象国家/地区的自贸协定已结束谈判并已签署协议，横线长度代表谈判时长。条状表示中国与对象国的自贸协定谈判尚未结束，条状的起点表示自贸谈判起点，条状终点表示自贸谈判截至 2023 年年底的状态。

附 录 3

中国对外签署双边投资协定（BIT）的
时间表（截至 2023 年年底）

年份（年）	国家/地区
1982	中国—瑞典
1983	中国—德国
1984	中国—法国 比利时—卢森堡经济联盟（BLEU）— 中国 中国—芬兰 中国—挪威
1985	中国—意大利 中国—泰国 中国—丹麦 中国—荷兰 奥地利—中国 中国—新加坡 中国—科威特
1986	中国—斯里兰卡 中国—英国 中国—瑞士

年份（年）	国家/地区
1988	中国—波兰 澳大利亚—中国 中国—日本 中国—马来西亚 中国—新西兰
1989	中国—巴基斯坦 保加利亚—中国 中国—加纳
1990	中国—俄罗斯 中国—土耳其
1991	中国—巴布亚新几内亚 中国—匈牙利 中国—蒙古 中国—捷克 中国—斯洛伐克
1992	中国—葡萄牙 中国—西班牙 中国—乌兹别克斯坦 玻利维亚—中国 中国—吉尔吉斯斯坦 中国—希腊 亚美尼亚—中国 中国—菲律宾 中国—哈萨克斯坦 中国—韩国 中国—乌克兰 阿根廷—中国 中国—摩尔多瓦 中国—土库曼斯坦 中国—越南

续表

年份（年）	国家/地区
1993	白俄罗斯—中国 中国—老挝 阿尔巴尼亚—中国 中国—塔吉克斯坦 中国—格鲁吉亚 中国—克罗地亚 中国—阿联酋 中国—爱沙尼亚 中国—斯洛文尼亚 中国—立陶宛 中国—乌拉圭
1994	阿塞拜疆—中国 中国—厄瓜多尔 智利—中国 中国—冰岛 中国—埃及 中国—秘鲁 中国—罗马尼亚 中国—牙买加 中国—印度尼西亚
1995	中国—阿曼 中国—摩洛哥 中国—以色列 中国—古巴 中国—塞尔维亚
1996	中国—沙特阿拉伯 中国—毛里求斯 中国—津巴布韦 中国—黎巴嫩 中国—赞比亚

年份（年）	国家/地区
1996	柬埔寨—中国 孟加拉国—中国 阿尔及利亚—中国 中国—叙利亚
1997	中国—加蓬 喀麦隆—中国 中国—尼日利亚 中国—苏丹 中国—马其顿 中国—刚果民主共和国 中国—南非
1998	中国—也门 佛得角—中国 中国—埃塞俄比亚 巴巴多斯—中国
1999	中国—卡塔尔 巴林—中国
2000	中国—刚果 博茨瓦纳—中国 中国—伊朗 文莱—中国
2001	中国—塞浦路斯 中国—塞拉利昂 中国—莫桑比克 中国—肯尼亚 中国—尼日利亚 中国—约旦 中国—荷兰 中国—缅甸

续表

年份（年）	国家/地区
2002	波斯尼亚和黑塞哥维那—中国 中国—特立尼达和多巴哥 中国—科特迪瓦
2003	中国—圭亚那 中国—吉布提 中国—德国
2004	贝宁—中国 中国—拉脱维亚 中国—乌干达 中国—突尼斯 中国—芬兰
2005	中国—朝鲜 比卢经济联盟（BLEU）—中国 中国—赤道几内亚 中国—西班牙 中国—纳米比亚 中国—几内亚 中国—马达加斯加 中国—捷克 中国—葡萄牙
2006	中国—瓦努阿图 中国—俄罗斯 中国—印度
2007	中国—塞舌尔 中国—韩国 中国—哥斯达黎加 中国—法国

续表

年份（年）	国家/地区
2008	中国—墨西哥 中国—哥伦比亚
2009	中国—瑞士 中国—马里 中国—马耳他 巴哈马—中国
2010	乍得—中国 中国—利比亚
2011	中国—乌兹别克斯坦 中国—刚果民主共和国
2012	加拿大—中国
2013	中国—坦桑尼亚
2015	中国—土耳其
2023	安哥拉—中国

附 录 4

中国人民银行和其他中央银行或
货币当局双边本币互换一览表
（截至 2023 年年底）

序号	国家/地区	协议签署时间	互换规模	期限（年）
1	韩国	2009.4.20 2011.10.26（续签） 2014.10.11（续签） 2020.10.22（续签）	1800 亿元人民币/38 万亿韩元 3600 亿元人民币/64 万亿韩元（续签） 3600 亿元人民币/64 万亿韩元（续签） 4000 亿元人民币/70 万亿韩元（续签）	5
2	香港	2009.1.20 2011.11.22（续签） 2014.11.22（续签） 2020.11.25（续签）	2000 亿元人民币/2270 亿港元 4000 亿元人民币/4900 亿港元（续签） 4000 亿元人民币/5050 亿港元（续签） 5000 亿元人民币/5900 亿港元（续签）	5
3	马来西亚	2009.2.8 2012.2.8（续签） 2015.4.17（续签） 2018.8.20（续签）	800 亿元人民币/400 亿马来西亚林吉特 1800 亿元人民币/900 亿马来西亚林吉特（续签） 1800 亿元人民币/900 亿马来西亚林吉特（续签） 1800 亿元人民币/1100 亿马来西亚林吉特（续签）	3
4	白俄罗斯	2009.3.11 2015.5.10（续签）	200 亿元人民币/8 万亿白俄罗斯卢布 70 亿元人民币/16 万亿白俄罗斯卢布（续签）	3

续表

序号	国家/地区	协议签署时间	互换规模	期限（年）
5	印度尼西亚	2009.3.23 2013.10.1（续签） 2018.11.19（续签） 2022.1.27（续签）	1000亿元人民币/175万亿印尼卢比 1000亿元人民币/175万亿印尼卢比（续签） 2000亿元人民币/440万亿印尼卢比（续签） 2500亿元人民币/550万亿印尼卢比（续签）	3
6	阿根廷	2009.4.2 2014.7.18（续签） 2017.7.18（续签） 2023.6.9（续签）	700亿元人民币/380亿阿根廷比索 700亿元人民币/900亿阿根廷比索（续签） 700亿元人民币/1550亿阿根廷比索（续签） 1300亿元人民币/4.5万亿比索（续签）	3
7	冰岛	2010.6.9 2013.9.11（续签） 2016.12.21（续签）	35亿元人民币/660亿冰岛克朗 35亿元人民币/660亿冰岛克朗（续签） 35亿元人民币/660亿冰岛克朗（续签）	3
8	新加坡	2010.7.23 2013.3.7（续签） 2016.3.7（续签）	1500亿元人民币/300亿新加坡元 3000亿元人民币/600亿新加坡元（续签） 3000亿元人民币/640亿新加坡元（续签）	3
9	新西兰	2011.4.18 2014.4.25（续签） 2017.5.19（续签）	250亿元人民币/50亿新西兰元 250亿元人民币/50亿新西兰元（续签） 250亿元人民币/50亿新西兰元（续签）	3
10	乌兹别克斯坦	2011.4.19	7亿元人民币/1670亿乌兹别克苏姆	3
11	蒙古国	2011.5.6 2012.3.20（扩大） 2014.8.21（续签） 2017.7.6（续签） 2023.8.1（续签）	50亿元人民币/1万亿蒙古图格里克 100亿元人民币/2万亿蒙古图格里克（续签） 150亿元人民币/4.5万亿蒙古图格里克（续签） 150亿元人民币/5.4万亿蒙古图格里克（续签） 150亿元人民币/7.25万亿蒙古图格里克（续签）	3

续表

序号	国家/地区	协议签署时间	互换规模	期限（年）
12	哈萨克斯坦	2011.6.13 2014.12.14（续签）	70 亿元人民币/1500 亿哈萨克斯坦坚戈 70 亿元人民币/2000 亿哈萨克斯坦坚戈（续签）	3
13	泰国	2011.12.22 2014.12.22（续签） 2021.1.8（续签）	700 亿元人民币/3200 亿泰铢 700 亿元人民币/3700 亿泰铢（续签） 700 亿元人民币/3700 亿泰铢（续签）	5
14	巴基斯坦	2011.12.23 2014.12.23（续签）	100 亿元人民币/1400 亿巴基斯坦卢比 100 亿元人民币/1650 亿巴基斯坦卢比（续签）	3
15	阿联酋	2012.1.17 2015.12.14（续签）	350 亿元人民币/200 亿阿联酋迪拉姆 350 亿元人民币/200 亿阿联酋迪拉姆（续签）	3
16	土耳其	2012.2.21 2015.9.26（续签）	100 亿元人民币/30 亿土耳其里拉 120 亿元人民币/50 亿土耳其里拉（续签）	3
17	澳大利亚	2012.3.22 2015.3.30（续签） 2018.3.30（续签）	2000 亿元人民币/300 亿澳大利亚元 2000 亿元人民币/400 亿澳大利亚元（续签） 2000 亿元人民币/400 亿澳大利亚元（续签）	3
18	乌克兰	2012.6.26 2015.5.15（续签） 2018.12.10（续签）	150 亿元人民币/190 亿乌克兰格里夫纳 150 亿元人民币/540 亿乌克兰格里夫纳（续签） 150 亿元人民币/620 亿格里夫纳（续签）	3
19	巴西	2013.3.26	1900 亿元人民币/600 亿巴西雷亚尔	3
20	英国	2013.6.22 2015.10.20（续签） 2018.11.12（续签） 2021.11.12（续签）	2000 亿元人民币/200 亿英镑 3500 亿元人民币/350 亿英镑（续签） 3500 亿元人民币/400 亿英镑（续签） 3500 亿元人民币/400 亿英镑（续签）	5

续表

序号	国家/地区	协议签署时间	互换规模	期限（年）
21	匈牙利	2013.9.9 2016.9.12（续签）	100 亿元人民币/3750 亿匈牙利福林 100 亿元人民币/4160 亿匈牙利福林（续签）	3
22	阿尔巴尼亚	2013.9.12 2018.4.13（续签）	20 亿元人民币/358 亿阿尔巴尼亚列克 20 亿元人民币/342 亿阿尔巴尼亚列克（续签）	3
23	欧央行	2013.10.8 2016.9.27（续签） 2019.10.25（续签） 2022.10.10（续签）	3500 亿元人民币/450 亿欧元 3500 亿元人民币/450 亿欧元（续签） 3500 亿元人民币/450 亿欧元（续签） 3500 亿元人民币/450 亿欧元（续签）	3
24	瑞士	2014.7.21 2017.7.21（续签）	1500 亿元人民币/210 亿瑞士法郎 1500 亿元人民币/210 亿瑞士法郎（续签）	3
25	斯里兰卡	2014.9.16	100 亿元人民币/2250 亿斯里兰卡卢比	3
26	俄罗斯	2014.10.13	1500 亿元人民币/8150 亿俄罗斯卢布	3
27	卡塔尔	2014.11.3	350 亿元人民币/208 亿里亚尔	3
28	加拿大	2014.11.8 2021.1.13（续签）	2000 亿元人民币/300 亿加拿大元 2000 亿元人民币（续签）	5
29	苏里南	2015.3.18	10 亿元人民币/5.2 亿苏里南元	3
30	亚美尼亚	2015.3.25	10 亿元人民币/770 亿德拉姆	3
31	南非	2015.4.10	300 亿元人民币/540 亿南非兰特	3
32	智利	2015.5.25	220 亿元人民币/22000 亿智利比索	3
33	塔吉克斯坦	2015.9.3	30 亿元人民币/30 亿索莫尼	3
34	摩洛哥	2016.5.11	100 亿元人民币/150 亿摩洛哥迪拉姆	3
35	塞尔维亚	2016.6.17	15 亿元人民币/270 亿塞尔维亚第纳尔	3
36	埃及	2016.12.6	180 亿元人民币/470 亿埃及镑	3
37	尼日利亚	2018.4.27	150 亿元人民币/7200 亿奈拉	3
38	沙特阿拉伯	2023.11.20	500 亿元人民币/260 亿沙特里亚尔	3
总金额			37587 亿元人民币	

后　记

2020 年，在我学习国际关系的第十个年头，在更多只能依靠线上云端查找文献资料的情形下，我完成了博士学位论文终稿的写作。十年很长，足以让一个国关"门外汉"学会从理论化的国关视角观察这个波诡云谲的现实世界；但十年又很短，在慢慢求知生涯中，它仅仅是敲开国际关系研究大门的起点。

须臾之间，四年已逝。入职工作后再打开尘封许久的文档，在原有博士论文基础上进行补充修改，完成了本书的书稿，透过字里行间回想当时的写作心境，结合工作后的研究体会，又有一番新的感悟。

最突出的感受是，第一，世界主要大国早已不再"单打独斗"，对伙伴支持的争取以及对伙伴关系的经营可能是新时期大国开展战略竞争与外交博弈最为重要的一项内容，因此，对伙伴关系的研究需要与时俱进地不断向前推进。在经济外交领域，从美国近年来接连对华发动的关税战、技术战、金融战就可以很明显看到，美国的霸权护持越来越需要依靠盟伴的协同和追随，排斥和孤立成为其打压他国的常用手段。从形式上看，较为灵活松散的国际协议逐渐成为美国笼络盟伴的偏好方式，这或许是现实制度主义在当今世界中的一种"回响"。在这样的国际战略背景之下，如何"把朋友搞得多多的，敌人搞得少少的"，应当成为中国外交至少是中国经济外交亟须攻克的一个重要课题。

第二，外交有重点，择伴有先后，东南亚地区仍然是中国深化发展伙伴关系的重点区域。稳定的战略支持和可靠的地缘保障是大国参与国际竞争博弈必不可少的要素。对于中国而言，地处中国周边的东南亚就是这种支持与保障的主要来源。从必要性上看，东南亚是中国确保本国生存空间安全的天然地理屏障，是中国塑造稳定和平的周边发展环境的重要组成部分；从可行性上看，中国与东南亚是"搬不走的邻居"，东南亚对中国有明显的经济依赖关系，中国客观上对东南亚有较强的辐射影响力；从可能性上看，东南亚多以发展中国家经济体为主，未来经济增长潜能巨大，在国际经济格局中的地位明显上升，将会是大国伙伴竞争的焦点。因此，在未来研究中，还需保持对东南亚地区的关注。

第三，理解中国经济外交，需要"把论文写在祖国的大地上"。国际关系问题从来都不是"空中楼阁"，某种意义上，它是"多米诺骨牌"，是国内层面的需求与问题向国际层面的输出和传导。因此，深入开展调查研究、着力提高调查研究质量必不可少，才能更大程度地减少研究中的"想当然"。因工作需要，我参与了一些对企业、地方、部委等相关部门的调研活动，来自经济外交一线人员的实践经历和所见所闻常常能给我带来许多震撼。从国内层面出发去理解中国经济外交的动力来源，可能是我下一步要努力的方向。

在我看来，学术研究无异于一场冒险。我们需要用理论知识武装自己，砍去现实丛林里干扰认知的繁杂枝丫，使前进的道路更加明确、畅通；同时也需要实践经历不断升级理论工具，开拓更广阔的冒险世界；还需要足够的热爱，支撑自己熬过漫漫旅途中方向选择的困惑与舟车劳顿的艰辛。我希望，以这本书作为我学术旅途的又一起点，坚守初心，关注现实，努力做党和国家最需要的学问与研究。此去经年，唯有热爱不负坚持。

我要感谢所有为本书提供巨大支持和建设性意见的人们，以及许多给予我本人以无私帮助和无限鼓励的大家，是你们让我有了更多继续前行、不懈探索、不断成长的信心和勇气。最后，谨以我喜欢的一句台词作结。

"To reach the unreachable star."

"去摘，那遥不可及的星。"

孙　忆

2024 年 1 月 21 日